学长学姐讲专业

——读专业，懂就业，知规划

文志强 编

团结出版社

图书在版编目（CIP）数据

学长学姐讲专业：读专业，懂就业，知规划 / 文志
强编 . -- 北京：团结出版社，2023.7
　　ISBN 978-7-5234-0155-2

　　Ⅰ．①学… Ⅱ．①文… Ⅲ．①大学生－职业选择
Ⅳ．① G647.38

　　中国国家版本馆 CIP 数据核字（2023）第 086854 号

出　　版：团结出版社
　　　　　（北京市东城区东皇城根南街84号　邮编：100006）
电　　话：（010）65228880　65244790
网　　址：http://www.tjpress.com
E-mail：65244790@163.com
经　　销：全国新华书店
印　　刷：武汉市籍缘印刷厂
装　　订：武汉市籍缘印刷厂

开　　本：170mm×240mm　　16开
印　　张：24.25
字　　数：405千字
版　　次：2023年7月　第1版
印　　次：2023年7月　第1次印刷

书　　号：978-7-5234-0155-2
定　　价：78.00元

前言 "

你想在生涯规划时紧跟时代热潮吗？你想在大学毕业时找到一份心仪的工作吗？你想在升学或就业的选择中寻找到适合自己的发展道路吗？《学长学姐讲专业》将立足各热门专业特征，客观分析专业形势发展，总结职业发展典型经验，为即将步入大学、步入工作、考研或出国的各位量身定制专业生涯规划方案。

据统计，2022 年我国高考报名人数 1193 万人，毕业大学生人数达到惊人的 1076 万，又是史上最难就业季。2022 年考研报名人数为 457 万，相较 2021 年增加 80 万人！2022 年公务员报考人数 202 万人，相较去年同期增长 43.5 万人！教师资格证考试报名人数由十年前的 17.2 万人次跃升至 2022 年的 1144 万人次！

一个又一个增长数字的背后，展现的是目前摆在无数年轻人面前的升学、就业以及考编的难关。从选择科目、选择大学、选择专业、选择将来就业的行业与企业，当代的年轻人需要在一个个拥挤的独木桥前一次次选择自己未来人生的方向，作家路遥在《人生》的首页里这样写道："人生的道路虽然漫长，但紧要处常常只有几步，特别是当人年轻的时候。"大学专业的选择绝对能称之为年轻人要紧的选择之一。在目前严峻的就业形势下，专业的重要性不言而喻。

什么人不需要研究专业选择与专业生涯规划？第一种，行行出状元的天才型选手，读任何专业都可以成为大学教授、专家这样的顶尖水平，即使是不喜欢的专业也能逼迫自己学到顶尖的水平；第二种，家庭具有强大的资源，可以把人生当作一场经历，走弯路失败无所谓，可以不断试错、折腾；第三种，立志从事一般销售、前台接待此类非专业性事务工作。然而现实是，我们大多数人不属于这三种人的范畴。

事实上，当前的就业形势虽然严峻，但是不同专业之间找工作难易的差异相当明显，查阅各大院校的就业质量报告等数据就不难发现，针对应届大学生的薪资收入与就业率，不同档次的大学没有不同专业之间的差距大。而近些年来严峻的就业形势，一大批就业困难的专业的学生，无奈从事技术含量较低的基础性事务工作或转行。而不限制专业的公务员招考岗位通常要竞争激烈数倍，不限制专业的文员等低门槛技术岗位又通常容易被其他人取代。

所以我们要重视专业，专业很大程度上代表着未来的行业，家长要为孩子进行规划，而学生更要通过学习把握自己的选择。很多时候不是我们不重视大学专业的选择或规划，信息不够、存在误区、错误信息、缺乏趋势判断以及简单效仿他人，"我以为""我听说""隔壁家孩子如何"这些因素导致我们并不能做出适合自己的选择。

翻阅这本书的读者，可能是即将面临高考志愿选择的考生或家长、准备转专业或跨考的大学生抑或是刚上大学试图了解本专业未来的一些机会与选择。本书针对大学专业选择的一系列问题，选取了大学中关注度较高的十余个专业，分别由该专业毕业的优秀硕博学长学姐以及行业工作多年的前辈执笔撰写。通过专业解析、误区解读、升学、就业、规划等一系列学生关心、家长揪心的方面进行全方面解读，希望能够客观地为帮助大家理解，帮助大家做好高考志愿、转专业、升学、就业等关键节点的选择。

目录 "

第一章　中国语言文学
——百搭的文科"万金油"专业

引言

汉语言文学专业知识涉及范围广、内容多样，既能够培养同学的语言与协调能力、丰富同学的知识架构，也可以帮助同学将课上所学充分运用到社会实践中。该学科具备一定的理论性与应用性，有利于培养国家和社会所需要的综合型人才。

汉语言文学专业作为一个文理兼收且非常受到文科生青睐的专业，某种意义上是文科生的"万金油专业"。汉语言文学专业的整体出路比较丰富，比如有同学希望成为一名语文教师而对汉语言文学专业存有好感，还会有同学心怀作家梦而渴望学习该专业，那么汉语言文学专业究竟是学什么？未来的就业前景如何呢？高考志愿选择中，同学们应该注意什么问题呢？文中将为您解答。

一、汉语言文学专业介绍与特点

（一）什么是汉语言文学专业？

汉语言文学专业属中国语言文学类，修业年限为四年（特殊情况除外），毕业后授予文学学士学位。另外同大类下还设有汉语言、汉语国际教育、中国少数民族语言文学、古典文献学、应用语言学、秘书学、中国语言与文化、手语翻译等专业。

汉语言文学是我们一般意义上对中文的理解。我们从小就学习语文，但大学里的汉语言文学专业则要学习更为深入的内容。该专业同学主要掌握汉语及中国文学方面的基本知识（包括中国古代文学、现当代文学、语言学概论、现代汉语等），受到学科理论、发展历史、研究现状等方面的系统教育和业务能力的基础训练，具备扎实的专业基础知识、丰富的语文教育教学技能以及深厚的科学人文素养（表现在鉴赏、评价、表达、探究等能力上），是可以在文化、出版、传媒机构、党政机关等企事业部门及其他文教科研机构从事与汉语言文字运用相关工作（如公关文秘、编辑出版、创作评论、文化宣传、创意策划、教学研究等）的中国语言文学学科高层次应用型人才。

（二）汉语言文学的研究对象

汉语言文学专业的研究对象主要由"语言""文学""文化"三部分构成。

表 1-1　汉语言文学专业的研究对象及主要内容

研究对象	主要课程	主要内容
语言	古代汉语、现代汉语、语言学概论、语音学、训诂学、音韵学、方言调查等。	了解语言的基本理论、基础知识，指导语言的规范运用。

续表

研究对象		主要课程	主要内容
文学	文学史	中国古代文学、中国现代文学、中国当代文学、外国文学、比较文学等。	熟悉中国文学发展的历史与现状（文学流派、现象和代表作家），阅读经典文学作品，培养基本文学常识，提升文学素养，了解国外文学概况，形成中西文学对比的观念。
	文学理论	文学概论、中国古代文论、西方文论、中国古典文献学、中国文学批评史、文艺美学等。	将文学作为研究对象，系统掌握文学的基本命题和原理，提高文学鉴赏水平及对文学现象的分析、评价、阐述能力。
文化		中国文化概论、民俗学等。	了解中国文化发展与演变内涵，把握中国文化特质。
其他		基础写作、作品选等。	培养具备扎实的文字功底与丰富的文化素养。

根据表1–1可以看出，汉语言文学专业涉及语言、文学史、文学理论、思想文化等诸多方面，其中语言和文学是汉语言文学专业的主要研究对象。语言学研究汉语的词汇、语法、汉字、语音等，词汇是汉民族智慧的结晶，语法是人们认识世界的方式，汉字是解密中华文明的钥匙。通过语言学的训练，可以培养学生的理性思辨能力和语言表达能力。文学主要研究古今中外的文学作品、流派、代表作家等，通过精读文学经典可以提升学生的人文素养，涵养精神气质，训练语言表达能力和创新思维能力。

（三）汉语言文学专业的前景解析

（1）汉语言文学专业的优势分析

广泛培养综合能力。掌握汉语语言及文学等方面的基础理论、基本知识，熟悉有关语言文字的方针、政策及相应规范，了解学科的理论前沿及发展动态，培养开阔的文化视野和良好的人文素养、审美水平和创新精神；掌握文献检索、资料查询的基本方法，具备一定的科学研究和实际工作能力；拥有较强的语言与文字表达、人际沟通及分析和解决问题能力。

就业面广。汉语言文学专业就业面广，可以尝试多种类型的岗位，如汉语言文学研究与教学、新闻编辑、新媒体、文案、文学评论、文化宣传等。

（2）汉语言文学专业的机会分析

就业率最高的专业之一。汉语言文学专业人才在各个行业中都不可或缺，特别是学校和教育机构对于汉语言人才的需求量非常大。据新浪教育相关信息显示，汉语言文学专业本科生毕业后就业率达 84.92%，居文科前列，是非常值得报考的热门专业。

发展潜力十足，易晋升。比如像办公室文秘、助理这样的基础岗位，上升空间大，基本可以沿着行政助理—行政主管—行政总监的方向发展。

（3）报考汉语言文学专业需要考虑的因素

学习内容纷繁复杂。汉语言文学专业的课程既有横向描写也有纵向梳理，且古今中外相结合。除了语言、文学、文化等常规研究对象外，汉语言文学专业还设置了各种各样的选修科目，同学需要通过查阅大量文献、依靠背诵和记忆才能巩固文学基础，提升文学素养。

就业薪资普通。汉语言文学专业最主要的就业方向就是当老师、文秘或者考公务员，如果考生可以顺利考取公务员，就业薪酬和福利是相对较好的，但是公务员考试竞争激烈，通过率低。如果毕业后选择当老师，则需要积累更多的阅历和经验，且教师行业依靠政府、学校提升薪水较为不易，倘若毕业想获得高薪，选择汉语言文学专业是不太适合的。

专业性不强，容易被替代。汉语言文学专业涉及的面比较广泛，但是涉及领域的专业性不强，容易被其他跨学科专业人才替代，与工程、医学、企业管理等相比发展方向不够明确。

高校毕业生人数增加。随着高校的连年扩招，更多的大学毕业生等待就业，大学生就业形势变得异常严峻。面对如此情形，汉语言文学专业未来也不容乐观。

高等教育从精英转向大众，越来越多的人获得了接受高等教育的机会，然而随之而来的是社会市场上存在的各种就业歧视，很多职业都要求应聘者的学历为 211、985 院校毕业，这使得非 211、985 院校毕业的学生在激烈的市场竞争中丧失优势。

二、对汉语言文学专业认识方面的误区

（一）读了汉语言文学专业就能当老师？

不少人会想当然地认为读了汉语言文学专业就能当老师，其实汉语言文学专业与教师之间还有很长一段距离。

首先，要考取教师资格证。通常大三上学期就可报名，经过笔试、面试、体检、认定等环节才能拿到教师资格证。按照教育部 2021 年发布的《教育类研究生和公费师范生免试认定中小学教师资格改革实施方案》，招收教育类研究生、公费师范生的高等学校从 2021 年起，可参加免试认定改革。实施免试认定改革的高等学校应根据培养目标分类对本校教育类研究生、公费师范生开展教育教学能力考核，考核合格的 2021 届及以后年份毕业生可凭教育教学能力考核结果，免考国家中小学教师资格考试部分或全部科目。通俗来讲，就是从 2021 年起，教育类研究生和公费师范生无须参加全国性的教师资格证考试，只需通过学校考核即可获得教师资格证。

其次，要考取普通话等级证书并达到相应级别。语文老师普通话等级要求二级甲等及以上，其他学科普通话等级要求二级乙等及以上。获得中小学教师资格证需要达到相应的普通话等级。可以说，教师资格证和普通话等级证书是教师行业的敲门砖，二者缺一不可。

最后，还要参加教师招聘考试。不管是公立学校的老师，还是私立学校的老师，只有经过笔试、面试、体检、政审等多重考核环节，才能成为一名正式的老师。

综上所述，并不是读了汉语言文学专业就能当老师，要经过层层考核、艰辛付出，才能成为一名光荣的人民教师。

（二）读了汉语言文学专业就能当作家？

北京大学中文系杨晦教授就曾在课上"宣言"：本专业不培养任何作家，请有这种想法的同学马上转系。汉语言文学专业不培养作家，充其量培养批判家。很多同学是抱着作家梦来到汉语言文学专业的，上了大学才发现，此中文系非彼中文系。现实世界的中文系，却是上不完的文学史和语言学。回顾那些知名作家，许多都不是学习汉语言文学专业的，例如鲁迅、余华弃医从文，徐志摩曾学习银行学、政治经济学，科幻小说作家刘慈欣是一名电力工程师。所以，可以说学习汉语言文学专业与当作家没有必然联系。

所以，学汉语言文学不一定能当作家，读其他专业也有可能成为作家，能否成为作家与所学专业没有本质关联，关键的是自身的文采与兴趣、生活阅历与感悟。

（三）汉语言文学专业就是阅读文学作品吗？

"汉语言文学就是阅读文学作品"这种说法是十分片面的。汉语言文学专业基本上可以分为两大块内容：文学和语言。文学研究包括三方面内容：文学史、文学批评和文学理论。文学史以文学产生、发展、演变的状况以及文学发展的经验和规律为研究对象，包括中国古代文学、现当代文学、西方文学、东方文学的发展脉络，作家流派、文学主张等；文学批评主要是以作家、作品、文学运动、文学思潮的评论为对象；文学理论以人类社会历史的文学活动作为其研究对象，与文学史和文学批评对于具体的文学作品的研究不同，它是对文学的一般原理的研究。语言研究也是汉语言文学专业的一大学习内容，主要是以汉字和汉语为研究对象，研究范围包括语言的性质、功能、结构、运用和历史发展，以及其他与语言有关的问题。

（四）男生不能学汉语言文学专业？

大学汉语言文学专业中，确实存在女生多男生少的现象，这也是文科专业的普遍现象。但这不代表男生不能学汉语言文学，汉语言文学专业不限制男生报考，公务员、教师等职业也不限制男生报考。"男生不能学汉语言文学专业"

这种偏见是长期以来人们对男女性别的刻板印象造成的。

事实上，有些男生非常适合学汉语言文学专业，这类男生喜欢阅读文学作品，有着独到的见解，擅长写作。在以后的就业中竞争力极强，优势十分明显。此外，男生读汉语言文学专业还有以下优势。

（1）就业竞争力强

汉语言文学专业本来男生就少，在公务员招聘中还会特设男性岗位，这类岗位报名人数较少，与女性岗位相比，竞争不太激烈，通过率相对较高。

（2）有益于找到优秀的伴侣

大学里汉语言文学专业男生少女生多，毕业后如果能到党政机关、事业单位、重点企业、学校等处工作，可以遇到很多优秀女性，在这种情况下更容易找到优秀的另一半。

（五）语文不好不能学汉语言文学？

高中语文不等于汉语言文学。大学的汉语言文学其实和高中语文关联不是非常密切，也就大一时候学的古代汉语用得上高中的文言知识基础。选择专业时最主要考虑自己的爱好，高中语文不好并不影响什么，如果你对汉语和文学非常感兴趣，可以放心大胆地选择这个专业。

三、汉语言文学专业学习内容

（一）核心课程

专业基础（必修）课程：文学概论、语言学概论、古代汉语、现代汉语、中国古代文学、中国现当代文学、外国文学等。

专业（选修）课程：语音学、训诂学、音韵学、方言调查、比较文学、汉语史、文字学、中国古典文献学、中国文学批评史、民间文学等。各高校根据自身办学层次、教育目标及学科条件自主设置。

下面对汉语言文学专业的核心课程进行举例分析。

（1）文学史方向（以中国现当代文学为例）

中国现当代文学课程是为汉语言专业开设的必修课程，它既是一门核心课程，也是汉语言专业的主干课程，在本专业课程体系中居于重要地位。通过这门课程的学习，学生可以掌握现当代文学的基本知识，可以较为清晰地了解从1917年前后至今这一时期的中国现当代文学的历史发展进程，较为深入地理解在此期间出现的文学运动、文学论争、文艺思潮等文学现象，掌握不同文学社团、不同文学流派、不同类型的作家创作情况及其在文学史上产生的影响和作用，从而分析、把握现当代的作家、作品思想与艺术的基本特征，领悟这一阶段文学历史的本质。

（2）语言学方向（以古代汉语为例）

古代汉语课是汉语言文学专业的基础课和工具课，要求学生掌握中国古代的汉字、词汇、句子结构、语法还有诗词格律方面的内容，具备读懂一般难度文言文的能力，并能运用这些知识来分析文言材料中的相关语言现象。如说明各类句型（宾语前置句、被动句式、判断句等）的特点；指出词类活用现象并对其类型加以分析；辨认文言虚词的用法及词性；能运用文字学知识解释古书中的用字现象等。学生应当明确古代汉语课的性质以及这门课与其他课程的区别，从而准确把握学习的着眼点。

（3）文学理论方向（以文学概论为例）

文学概论课是文艺学（一门以文学为对象，以揭示文学基本规律、介绍相关知识为目的的学科）的五个分支之一。文学概论不像文学史那样对作家、作品、文学运动和文学思潮进行具体的分析、评论，它以哲学方法论为总的指导，从理论的高度和宏观的视野上阐明文学的性质、特点和规律，建立起文学的基本原理、概念范畴及相应方法。课程内容主要包括文学观念、文学语言组织、文学形象系统、叙事作品、抒情作品、文学的风格、文学创作、文学接受、文学的源流等方面，这些方面构成了文学理论课的基础。

（4）文化方向（以中国文化概论为例）

中国文化概论课系统而又简约地带领大家领略中国文化历史及其风采，从地理环境、经济基础、社会政治结构、发展历程、文化交流、语言文字、科学技术、教育、文学、艺术、史学、伦理道德、宗教、哲学以及传统文化的特点、基本精神、价值系统等方面来介绍中国文化。通过这门课程的学习，学生可以掌握有关中国文化的基本理论观点、历史传承及各类文化的内涵、行为和思维模式，了解中国文化分析的方法，对中国文化现象进行理论分析和思维延伸，进一步正确认识中华民族文化的特点，增强热爱并促进文化发展的意识，并在提高认识的基础上，加强自身的人文精神素养和文化修养，为以后的工作和学习打下必备的传统文化根基。

（二）汉语言文学专业学习的乐趣与难点

倘若你真正热爱汉语言文学专业，探索它的过程本身就充满无穷无尽的乐趣。在数千年的文学历史中徜徉流转，在繁芜复杂的理论迷宫中来来回回，在形形色色的语言细缝里欣赏玩味……这里有无尽的宝库：古代文学、现当代文学、古汉语、文艺学、现代汉语、外国文学、民俗学、东方文学，等等，每一种都值得你穷尽一生的时间去钻研，如果这确实是你心之所向。

汉语言文学，对于真正喜爱它的人来说，是一门新颖独特且让人意想不到的学科，你不仅能够利用丰富的知识武装头脑、修炼自身，更能将专业所学运用到生活、工作的实践当中去。而对于不喜欢它的人来说，也可以视为一种较常选取的谋生手段。

汉语言文学专业主要依靠理解、记忆，其难点就在于一些专业术语比较枯燥、抽象，需要静下心来，多花时间去分析。很多学生认为只要多背多记就可以达到自己想要的效果，这种观念显然是错误的，在理解的基础上记忆是这门专业学生必须具备的条件。

知识面的扩充以及持续不断地练习。汉语言文学专业接触的文学和语言学类书籍不胜枚举，想要做到面面俱到更是难上加难，学生也只能根据自己的兴趣和需求圈定范围，做到有的放矢。另外大量的写作练习也是汉语言文学专业的重要组成部分，语言、情感、逻辑及思想深度一样都不能少。

四、汉语言专业适合或不适合哪些学生？

（一）适合报考群体

语言文学爱好者。兴趣是最好的老师，如果你是一名语言文学爱好者，对该领域有一定了解或者未来打算从事这方面工作的，可以选择汉语言文学专业，在进修中提升自己，面对更好的工作环境。

性格沉稳，思维活跃，能静下心来看书（"博览群书，修身养性"），也能在细微处发现问题。

有较好的逻辑思维和理解分析能力。很多人认为汉语言文学专业是文科专业，所以不需要逻辑思维，其实不然，对作品的分析、评价也是需要逻辑性的。另外语言学相比文学更能考验学生的逻辑思维和理解分析能力。

有不错的记忆力，能用多重思维理解专业知识，做到内化于心。汉语言文学专业需要背诵的内容很多，如作品年代、作者、背景、流派，等等，就像古代私塾里要求背诵四书五经一样，汉语言文学专业同样需要背诵经典作品，这意味着学生想要学好这个专业，需要较好的记忆能力。

文笔较好，有良好的文字表达能力，并能掌握一些话语沟通的小技巧。

准备报考公务员、事业编。汉语言文学是公务员、事业编的首选专业，很多岗位都对这个专业开放，且基本上都是"铁饭碗"。

（二）不适合报考群体

性格浮躁，静不下心。上面提到，汉语言文学专业学习内容丰富多样，需要查阅大量文献才能学好、用好，如果只追求一时的收获，建议不要选择这门专业。

没有明确的专业方向，不得不选。专业学习本身就是深入一个领域的过程，没有轻松容易之说，许多学生因为目标模糊选择了汉语言文学，感到枯燥乏味也并不奇怪。

对就业有要求的。汉语言文学专业就业面广，但薪资整体较为普通。如果你渴望拥有一个高福利、高待遇的工作，可以尝试进入其他专业性较强的领域。

五、汉语言文学专业就业情况

汉语言文学专业毕业生去向包括党政机关、各类企事业单位、新闻媒体编辑出版单位、广告公司、各级教学和科研机构单位等,从事的职业有记者、编辑、教师、秘书、文案、策划、宣传及管理等,就业范围比较广泛,类型较为多样。

(一)党政机关、事业单位

各级党政机关、事业单位的文件起草、文件处理、会议纪要等工作都需要从事文字性工作的专业人员,这也是汉语言文学在公务员考试中如此热门的原因之一。

(1)新闻编辑

岗位内容:负责对报道区域每日新闻编辑、推荐和相关页面内容更新;负责时政新闻原创稿件的编辑,制作专题及策划;负责同对口部门及机构的长期关系维护等。

薪资待遇:月平均4500～6000元,按照国家规定享受福利待遇。

职业发展及人才供求关系:近年来党政机关及各类事业单位对新闻编辑人才的需求呈上升趋势,特别是那些既懂新闻理论又懂网络操作的技能型新闻人才更是供不应求,另外该岗位也具有广阔的发展空间,除了正常的内部晋升、提拔之外,现在有很多遴选的机会可以供在职公务员参加选拔。

(2)报刊宣传

岗位内容:协助领导进行思想政治宣传、精神文明建设和单位文化建设工作;广泛组织稿件,把好文稿质量关,负责报刊的编辑、校对、出刊、寄送和存档工作等。

薪资待遇:6000～9000元,按照国家规定享受福利待遇。特别注意:中央党政机关宣传人员薪资待遇相较于其他省市有一定优势,一些部门的员工还能通过内部申请和单位政策得到北京市户口和福利购房。

职业发展及人才供求关系:供不应求,相较其他党政部门、事业单位的提拔机会更多一些。

（二）企业单位

汉语言文学专业的学生散布在各行各业大大小小的公司企业中，包括在国企和私企里从事文秘、市场策划、广告文案、行政管理、编辑宣传等工作，发挥中文专业特长。

（1）文秘

岗位内容：各种会议的管理，组织并协调公司各种工作的正常开展；负责起草综合性文件材料；筹办各类会议，做好会议记录及纪要的编写，督促会议决定的贯彻执行，保证公司各项工作顺利。

薪资待遇：4500 ~ 6000 元，劳务津贴 + 奖金（不同企业奖励制度不同）

职业发展及人才供求关系：供求关系错位，汉语言文学专业学生的整体素质现状与企业的用人要求产生了矛盾（倾向于选择文秘专业），而另一方面学生的就业期望也比较高，所以就陆续出现了学生找不到工作，而企业又招不到人的情况。

（2）市场策划

岗位内容：负责公司新闻、大事件、品牌推广等文案策划撰写；负责企业季刊、行业周报的编辑策划工作；负责展会设计和推广活动等文案的策划和撰写；负责公司自媒体日常内容的更新及维护。

薪资待遇：8000 ~ 12000 元，劳务津贴 + 奖金（不同企业奖励制度不同）

职业发展及人才供求关系：随着我国经济的高速发展，市场策划人才的需求缺口越来越大，就业前景比较可观，当然企业对专业能力要求也在逐步提升，会更愿意高薪聘请或提拔那些专业能力过硬的人。

（3）广告文案

岗位内容：创意概念生产者，负责创意构思，组织团队提炼创意理念及传播口号；根据客户的需要组织开展创意头脑风暴，并帮助创意梳理策略等。

薪资待遇：6000 ~ 8000 元（房地产薪资居首，其他行业偏低），劳务津贴 + 奖金（不同企业奖励制度不同）

职业发展及人才供求关系：市场策划和广告文案岗位都需要具备一定的市场营销知识，但后者更离不开创新思维，现在的毕业生越来越倾向于选择这方面的工作，竞争压力较大。该岗位总体来看发展势头较好，只要能力跟得上，未来就会有不错的加薪升职机会。

（三）新闻媒体编辑出版单位

新闻媒体、出版单位与汉语言等文学类专业直接对口，毕业生可以在报社、杂志社、出版社、电视台、广播电台等单位从事记者、编导、主持人、策划人员、编辑等工作。

（1）记者

岗位内容：负责杂志刊物等媒体产品的采编工作；配合活动及宣传报道，配合编辑的组稿、文案撰写工作等。

薪资待遇：7000 ～ 12000 元（记者的收入水平具有不确定性，除基本工资之外，外采也会有一些收入，另外发布会或者推介会也会有赞助。）

职业发展及人才供求关系：岗位竞争激烈。信息社会的分工更加细化，受众知识、文化水平提升，记者需要在全能型的基础上向专家型转变。专家型记者的职业发展前景好，但工作压力较大，对身体素质的要求高。

（2）编辑

岗位内容：完成报刊的选题策划、组稿约稿、相关稿件的采编及图片的拍摄；完成每期报纸的设计、排版及发放工作等。

薪资待遇：5000 ～ 9000 元，基本工资 + 绩效工资 + 补贴 + 提成

职业发展及人才供求关系：目前报社和杂志社效益不好，前景暗淡，人才流失比较严重，收入也比其他媒体少很多，但能提供不少的锻炼机会，既培养了同学的理解力和洞察力，又能帮助其体验到人生百态。

（3）编导

岗位内容：带领团队拍摄制作各类广告片、形象宣传片及专题性栏目用片。

薪资待遇：7000 ～ 12000 元（以编导行业人才就业分布最多的北京、上海、广东、重庆、浙江等 5 个省市为例，其平均工资收入水平要超出当地平均工资水平一倍以上）。

职业发展及人才供求关系：编导制作人才正成为炙手可热的人物，市场需

求量逐年加大，电影、电视的拍摄，大量广告、宣传片、纪录片、专题片及新闻节目的播出等都离不开后期制作人员，可以说十分热门。汉语言文学专业较编导专业竞争相对较弱，但在文字表达和文案策划上还是颇具优势。最关键的是要有足够的兴趣，还要努力提升自己的专业水平。

（四）各级教学和科研机构单位

各级教学和科研机构单位主要从事教学和教学研究相关工作。

（1）教师

岗位内容：承担课程讲授、课堂讨论等相关教学工作，参加各类教研活动并按要求提交相关工作报告；负责学员出勤、请假、续费、公告通知、信息传达等问题并将意见、建议和反馈传达给相关负责人员；建立学生档案与成长记录，与家长积极互动，及时与家长沟通、反馈。

薪资待遇：中小学教师平均 4000 ~ 8000 元（随所在城市、具体岗位及个人能力而变），待遇包括基本工资、年终十三薪、公积金等。大学教师6000 ~ 15000 元（随所在城市、具体岗位及个人能力而变，待遇包括基本工资、课时费、学校奖金福利等。任期内考核优秀者，可以优先晋升。）

职业发展及人才供求关系：教师职业是最受欢迎的职业之一（供不应求），工作稳定且自主性强，有寒暑假且待遇好，而且教书育人也是一件很有成就感的事情，受人尊敬。如果自己本身对于语言文字研究或者是教学有一定的兴趣，可以继续从事这一专业，进行相关的研究工作，这当然需要一定的专业知识水平与教学科研能力。

（2）科研人员

岗位内容：以学科研究工作为主，设计实验并进行数据的统计分析；承担国家和地方重大科研任务，承担技术推广和社会服务，完成岗位设定的工作要求并在相应任务中做出一定贡献，发挥较好作用等。

薪资待遇：5000 ~ 10000 元，不定期有科研经费、课题费、专家补贴等，待遇较好。

职业发展及人才供求关系：科研人员就业前景广阔，属于热门岗位。科研工作最大的压力来源于科研项目和基金竞争，想要做好科研工作，还是需要付出艰苦的努力，并非所有人都能做好。

（五）自由职业者

当前与汉语言文学专业相关的自由职业有作家、自媒体编辑等。

（1）作家

工作内容：搜集创作素材，在生活中寻找创作灵感；创作文艺作品；修改初稿，并向报纸、杂志、出版社投稿；听取责任编辑的修改意见，进一步完善作品；配合出版商、合作媒体、剧团等进行作品的宣传推介活动；与读者、观众互动交流，听取他们的意见和建议。

薪资待遇：8000 ~ 10000 元，不同的签约级作品拥有不同的稿酬资助标准。

职业发展及人才供求关系：作家可以和报纸、杂志、出版社、文化公司等签约成为职业作家，也可以在新闻、出版、文化、教育部门等工作，在业余时间进行创作，还可以自由创作，不定期将作品投给出版社以获取稿酬，知名的文学作家一部作品就会有很高的报酬。

（2）自媒体编辑

工作内容：运营和维护企业微信和微博账号，增加粉丝数，提高关注度及互动率；负责制定微信、微博运营策略及日常内容策划，定期开展营销活动；快速响应社会、行业热点话题，对微博、微信账号的关注度及内容效果负责等。

工薪资待遇：3000 ~ 9000 元，收入不稳定，波动性很大。

职业发展：专职做自媒体有很多的风险因素，对于一个普通人来说，想要长期保持高质量，稳定输出存在很大难度。所以可以将自媒体当作一个副业，如果工作之余有比较充足的时间，可以随时随地创作一些小作品，真正想要做大做强，还是要依靠团队。

六、汉语言文学专业升学

（一）考研现状

据研招网公布的历年数据，考研人数从 2015 年的 165 万到 2022 年的 457 万，七年时间增长了 292 万。

同时，文学的国家线历年基本上是 13 个学科门类里最高的，2022 年创历史新高，达到 367 分。

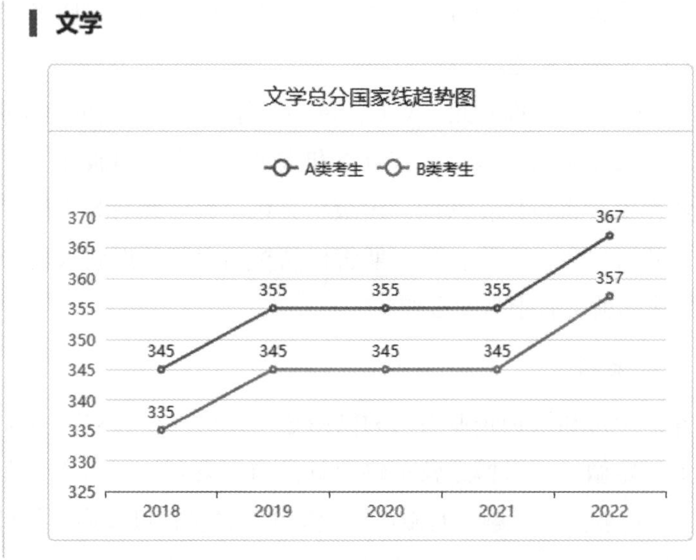

文学

图1-1　文学总分国家线趋势图

图源自研招网（https://yz.chsi.com.cn/kyzx/zt/lnfsx2022.shtml）

（二）专业及研究方向

文学是一个学科门类，包括中国语言文学、外国语言文学和新闻传播学三大专业类别。以中国语言文学为例，其包含的二级学科包括文艺学、汉语言文字学、语言学及应用语言学、中国古代文学、中国现当代文学、中国古典文献学、比较文学与世界文学、少数民族语言文学八个类别，即所说的"考研方向"。此外，本科汉语言文学专业的学生还可以报考学科教学（语文）专业的专硕，属于教育学门类，毕业授予教育硕士，侧重教育教学实践，课程中教育学类内容较多；结合实践机会较多。

（三）二级学科方向介绍

（1）文艺学

文艺学就是研究文学理论、文学史、文学批评。文艺学相比其它中文系专业，更需要哲学和理论上的功底，与哲学联系紧密，理论性，思辨性较强，是一个非常偏理论的学科。

研究方向：文学理论、文艺美学、文学批评、文化与诗学、西方文论、中西比较诗学、中国古典诗学、中国文学批评史等。

（2）语言学及应用语言学

是一个偏实用的学科，主要研究语言在各个领域中实际应用的，属于语言学。该学科主要可以分为理论语言学和应用语言学两大块。前者倾向于理论研究，探讨特定语言的语言、词法、句法、语义、语用的共时结构和历史演变规律；后者泛指语言学理论或方法运用在其他领域及学科而产生的应用型交叉学科，实用性更强。对外汉语在某些高校是应用语言学的一个分支。

研究方向：理论语言学、应用语言学、社会语言学及方言学、语音信息处理、语言测试、文化语言学、语音学、对外汉语教学等。

（3）汉语言文字学

语言类的传统学科，分为现代汉语和古代汉语两个大方向。它包括传统的文字学、音韵学、训诂学以及现代汉字学、汉语语音学、语法学、语义学、语用学、修辞学等一系列学科。主要研究从上古到现代的汉语的口语系统与文字系统的演变规律、结构特征和现实状况。现代汉语侧重于研究现代普通话和方言，与语言学及应用语言学联系紧密；古代汉语侧重研究古文字（甲骨文、金文、隶书等）、古音韵、训诂、词汇等，与历史文献学、考古学和古代文学关系密切。

研究方向：汉语方言、汉语史、汉语词汇学、现代汉语语法修辞、音韵文字训诂、中古汉语词汇语法、汉语语音学、汉语发展史、汉字信息处理、对外汉语教学等。

(4) 中国古典文献学

以整理和研究中国古代典籍、弘扬传统文化为宗旨。整理文学作品总集、历代作家别集的校点、笺注、辑佚、编著、作家、作品基本史料的整理研究，撰写作家传记、文学活动编年、作品系年以及写作本事、流派演变的记述与考证。基本上学习的是有关古典文献的目录、版本、校勘、辨伪、辑佚，古典文献的标点、注释、检索以及出土文献的整理，主要讲的就是对于古典文献的整理。

研究方向：先秦两汉魏晋南北朝文学文献、唐宋文学文献、元明清文学文献。

(5) 中国古代文学

文学里面报考最热门之一，以古代文学发展的历史，文学体裁的演变，历代作家作品，文学流派，文学现象、典籍、文论、各个时期文学承前启后的关系为研究对象，因而要求考生具有一定的古文功底和文学作品的鉴赏能力，熟悉某一段历史阶段的文学发展情况。

研究方向：先秦两汉文学、魏晋隋唐文学、宋元文学、明清及近代文学、分体文学史、古代文论等。

(6) 中国现当代文学

指新文化运动以来的文学，包括现代文学和当代文学。主要是探讨文学与乡土文化，启蒙文化，政治意识形态之间的联系，以此来认识和回应当代社会巨变所带来的新的文学，文化问题。

研究方向：中国现代文学、中国当代文学、儿童文学、戏剧影视文学、科幻文学、民间文学、当代文化与文学研究、二十世纪中国文学思潮、中国现当代文学与乡土文化等。

(7) 中国少数民族语言文学

主要学习有关民族的语言、文献，了解相关理论、发展历史、研究现状等方面的情况，并接受从事专业工作所需业务能力的训练。该专业地域性比较强，仅有少数高校开设。

（8）比较文学与世界文学

一门复合型的学科。其研究立足于吸收传统世界文学研究的成果，打破固有的学科界限，把世界文学、欧美文学纳入全球整体格局中，弘扬中华民族文化。该专业要求考生具有较为扎实的中外文学功底和开阔的文化视野，具备良好的外语能力，能够熟练阅读外文文献。

研究方向：中外文学关系、比较文学与文论、世界华人文学研究、外国文学与翻译研究、比较文学理论、西方文学与中西比较文学、东方文学与东方比较文学、比较诗学、欧美文学、国外中国学等。

（四）考研考试科目：公共课和专业课

公共课：英语（一）/（二）、政治。

专业课：视每个学校情况而定，分为专业课一和专业课二。

每个院校的招生标准都是不同的，建议先确定目标院校，去看目标院校的招生简章，里面会详细说明考试的参考书目、招生人数等。历年真题、报录比等资料一般不公开，可以通过知乎、微博等方式联系往届的学长学姐获取信息。

七、汉语言文学专业高考志愿择校推荐

（一）第四轮教育部学科评估结果

中国语言文学专业学科评级来自 2017 年底教育部公布的第四轮全国中国语言文学学科评估结果。

扫二维码查看详细评估结果

（请看中文–表1– 中国语言文学第四轮学科评估）

（二）院校推荐

（1）师范类院校推荐

截至目前我国师范类高校中共有6所是教育部直属的，分别为北京师范大学、华东师范大学、东北师范大学、华中师范大学、陕西师范大学、西南大学。这6所教育部直属师范大学是首批实行师范生免费教育的试点高校。而且都是原211工程、双一流高校，值得报考。此外，南京师范大学、首都师范大学、上海师范大学也是不错的选择。

（2）综合类院校推荐

北京大学、复旦大学、南京大学、浙江大学、山东大学、四川大学、中国人民大学、南开大学、武汉大学、中山大学等。

（三）择校建议

（1）按照专业、城市、学校的优先级顺序进行择校

首先根据自己的兴趣爱好和特长确定想学的专业，如果热爱教育事业，喜欢与学生沟通，就选择师范类专业，如果热爱文学、热爱写作，或将来想考公务员、事业编制，或进入报社媒体，可以选择汉语言文学专业。

然后选择城市，是一线城市、二线城市还是三线城市，还是在家乡附近。如果考生想开阔眼界，并且没有严重的恋家情结，可以选择去北上广深等一线城市读大学。但是如果考生有严重的恋家情结，建议在家乡附近上大学，录取率较高，且对气候、饮食、环境等方面都比较熟悉，能尽快适应大学生活。在一线城市上大学和在家乡上大学各有优点，可以根据个人的偏好来选择。

最后选择学校时，可以从学校的排名、优势专业、师资力量等方面进行综合考量。

（2）全方位搜集信息

重点关注学校当年的招生章程、招生计划、往年在本省的提档线、师资力量、专业设置、优势学科，等等。

八、汉语言文学专业学长学姐说

（一）多读书

汉语言文学最主要学习的内容，就是研究中国语言的词语、句法，赏析古今诗歌、散文、小说等众多的文学作品。汉语言文学专业需要阅读的东西包括作品和理论论著两部分，作品一般是大家都比较熟悉的来自古今中外的文学文本（比如中国的四大名著），论著主要是汉语言专业研究者的研究著作。当然汉语言文学专业的学生阅读的范围不应当仅局限在专业相关领域，还需要有历史、哲学、心理学等各个学科的知识作为辅助、支撑。最后，在阅读的基础上还要培养独立思考的能力。

（二）多感悟

汉语言文学是文科，但不是死记硬背的学科，最好能将记忆和理解结合起来。一方面是理解性记忆知识，另一方面是鉴赏文学作品。鉴赏文学更需要感悟力、理解力、思考力。此外，还要增加社会阅历，丰富人生体验，文学是关于人和社会的学科，与人的生活分不开，所以读者要把自己带入作品中理解，与作者共情，用自己已有的人生体验去感受作者的情感。

（三）多表达

汉语言文学特别关注口语表达能力和书面表达能力。既要练好"嘴皮子"又要练好"笔杆子"，做到"站起来能讲、坐下来能写"，努力成长为能够独当一面、堪当大任的有用之才。

九、相近专业介绍

根据教育部最新公布的《普通高等学校本科专业目录》可知，中国语言文学类专业属于文学门类，包括汉语言文学、汉语言、汉语国际教育、中国少数民族语言文学、古典文献学、应用语言学、秘书学、中国语言与文化和手语翻译等9个专业。

（一）汉语言文学

说起汉语言文学，可以这样来简单形容：当面对美景时，有的人只会说"好美、好漂亮"的话，而有的人却说"落霞与孤鹜齐飞，秋水共长天一色""大漠孤烟直，长河落日圆"，这就显示出语言的丰富与贫乏，也显示了文学素养的差异。大多数人对汉语言文学的刻板印象是常见的古诗词，也可能会想到初中高中学习过的鲁迅的文章。古诗词和小说固然是这个专业会涉及的内容，但实际上汉语言文学专业涉及的内容非常多。

汉语言文学专业属于中国语言文学类，是热门专业，招生人数多，开设此专业的高校也较多。主要学习文学、语言、文化类课程。

（二）汉语言

汉语言专业培养能够从事语言文字教学与研究工作或与此专业相关工作的专门人才。通过该专业的学习，使学生具有坚实宽厚的文史哲基础知识和理论，扎实的语言学理论基础和汉语及汉语史知识，一定的语言分析能力，较强的写作能力、古籍阅读能力和外语能力。

汉语言容易和汉语言文学混淆，但二者是有区别的。总体来说，汉语言偏重于语言研究，汉语言文学更注重于文学修养与内涵。

（三）汉语国际教育

"全世界都在学中国话，孔夫子的话越来越国际化。"用这句歌词来形容当下正席卷世界多国的"汉语热"，一点都不过分。目前，除中国之外，全球学习使用汉语的人数，已超过1亿。世界各国如火如荼学汉语，孔子学院、汉语桥、国际汉字书写大赛等活动也为外国人学汉语提供了宽广而有趣的平台。但是汉语教师仍有较大缺口，所以汉语国际教育专业应运而生。

汉语国际教育也属中国语言文学类专业，授予文学学士学位。汉语国际教育专业主要培养具有汉语国际教育基本素养及基本技能和汉、英（外）双语知识及实际运用能力，能在各类学校从事国际汉语教学与汉语国际推广工作和在国内外相关部门与文化企事业单位从事中外文化交流，以及相关文秘工作的双语型、跨文化、复合型、实践型专门人才。

如果毕业后想从事汉语教师的工作，建议考取《国际汉语教师证书》，并参加孔子学院国际中文教育志愿者项目，积累教学经验。

（四）中国少数民族语言文学

中国少数民族语言文学专业要求学生掌握中国少数民族语言文学的基本知识以及与专业有关的新闻、历史、哲学、艺术、计算语言学、心理学、教育学、行政管理学、文书学、逻辑学、民族学等相关学科的知识，具有较强的语言、文学修养和鉴赏能力，能阅读古典文献，掌握有关民族文献资料的查询方法，有较强的写作能力和一定的实际工作能力以及初步的科研能力。

尽管少数民族语言文学专业没有民族上的报考限制，但是，开设院校少且多在西部地区，由于语言的限制，报考者大多为本地或本民族考生。其学术研究专业性强，招生人数非常有限，因此其报考人数也相对较少。如果你十分喜欢少数民族文化，并对少数民族语言有一定了解，愿意前往西部领略别样的风土人情，建议你报考这个专业。

（五）古典文献学

说起古典文献，大家的第一印象是那些泛黄的古书，古典文献学一方面要研究这些古书的内容、研究古籍的辨伪（鉴别真伪）、辑佚（辑录散佚的文献），以及古籍的分类。所以，古典文献学的研究内容十分丰富，如果考生对以上内容感兴趣，可以选择这一专业。

古典文献学专业学生主要学习古籍整理和中国古典文献学方面的基本知识，受到有关理论、发展历史、研究现状等方面的系统教育和业务能力的基本训练。培养具有扎实的古典文献学理论基础和较高的理论素养，系统掌握中国古典文献学专业知识和专业特长，熟练掌握科学研究的思路、方法和研究文章的写作技巧，能够在高等院校、科研机构、政府机关、新闻单位、出版机构、图书馆、企业等部门独立的承担相关工作的人才。

（六）应用语言学

应用语言学通俗来讲，就是关于语言的应用的学科，主要研习语言学、语义、语法、语音等方面的基本知识和理论，研究各种与语言有关的实际问题，包括语言教学、国家通用语言文字（普通话和规范汉字）的建立和规范化、文字的创制和改革、辞书编纂等。这些是较为传统的应用语言学，近几年随着计算机技术水平的提高，语言的应用开始与计算机结合起来，例如语音识别、机器翻译、计算机辅助教学、中文信息处理等。应用语言学是语言学与计算机相结合的综合性学科，对从业人员的专业素养要求较高，需要具备文科和理科两种不同的知识体系，所以学习难度较大。此专业开设院校较少，学科实力较为雄厚的只有北京大学。

（七）秘书学

说起秘书，我们首先想到的就是公司里的文员职位，负责为董事长或总经理安排日程、筹备会议、订机票、订酒店等，与其他公司联系业务、草拟合同文件。我们对"秘书"这一职业存在许多刻板印象，认为他们的工作就是干些杂活，不需要专业知识，事实并不是这样，秘书学这一专业就是为秘书岗位而设的专业，培养专业化的秘书人才。

秘书学主要研究秘书工作的产生与发展、职能与环境、性质与作用、规律与特征、原则与要求、发展与趋势等方面的基本理论和知识，接受文书写作、打字速记、档案管理、公关礼仪等技能训练，在各类企事业单位从事秘书工作，包括日程管理、来访接待、会议安排、文书写作、信息搜集等。

（八）中国语言与文化

语言与文化是密不可分的，语言是文化的载体，例如牛郎织女、孟姜女哭长城、愚公移山等中国传统故事都需要用语言才能表达出来，某一地区的民俗文化也要通过语言得以传播。另一方面，文化的内涵十分丰富，包括语言在内，语言本身就是文化的一部分，语言和文化是部分与整体的关系，语言本身就是人类文化长期积淀的智慧结晶，汉语、汉字是中华文化的一部分，英语是西方文化的一部分，日语是日本文化的一部分。语言（汉字、语音、词汇和语法）和文化就是这一专业学习的两大主要内容。

中国语言与文化专业主要研究中国语言及文化的相关历史与知识，为文化传播、历史传承提供底蕴及支持，培养能够在高等和中等学校进行汉语言文学教学和教学研究的教师、教学研究人员及其他教育工作者。例如：在报社采访、出版社杂志、社编辑、党政机关文化宣传部门等从事编辑、报告、宣传、文秘等工作。

（九）手语翻译

手语老师的工作并不简单，电视上的手语主持人为 2780 万听障人群沟通着有声世界，生活中的手语老师为听障人群将听觉世界变为视觉可见的世界，帮助他们了解那个他们永远也无法接触的有声世界。

手语翻译专业架起了聋听沟通的桥梁，培养具有博爱精神和人文情怀，扎实的手语、汉语基础，较强的手语汉语互译能力和多元文化交际与沟通能力，高素质应用型手语翻译工作者。例如：为听障人士提供将口语翻译成手语的服务。

关于专业选择的建议。综合来说，推荐顺序为：汉语言文学、汉语言文学（师范）> 汉语国际教育 > 汉语言、古典文献学、应用语用学、中国语言与文化 > 秘书学 > 中国少数民族语言文学 > 手语翻译。

（十）其他

汉语言文学与汉语言文学（师范类）的区别：

一是培养目标不同。师范类的汉语言文学更加侧重语文教师方向。而非师范类的汉语言文学专业偏学术研究。汉语言文学专业要求学生具备扎实的中国语言文学学科知识基础，具备较为突出的文艺鉴赏能力、理论思维能力、写作和口头表达能力、文化创意能力和外语应用能力。理论性较强，偏学术研究。而汉语言文学（师范类）培养明于师德，具有高尚的人文情怀和出众的师范气质；精于教学，具备全面的语言文学专业素养、出色的知识整合能力和语文教学能力；善于育人，具有较强的班级管理和综合育人能力；敏于发展，具有突出的反思精神和创新意识，具备较强的研究能力终身学习的自觉意识，能够成为所在单位教学与管理骨干的学者型卓越中学语文教师。培养具有高尚的师德修养、深厚的汉语言文学专业素养、突出的教育教学能力和较强的科研能力，扎根基层、乐于奉献、锐意创新、持续发展的卓越中学语文教师。

二是课程设置不同。师范类院校的汉语言文学专业在课程设置方面，除专业课程以外，还会涉及师范教育课程，主要包括心理学、教育学、语文教学论、现代教育技术、教育研究方法、师德养成与班级管理、微格教学和其他各类选修课。在大三大四的时候师范类专业还会进行教学实习、试讲、课程设计等。而非师范类专业则不需要学习教育类的相关课程。

第二章　新闻传播
——培养观察社会的综合型人才

引言

　　提到新闻传播学类专业，大家的印象里可能只有一个空泛的概念，新闻传播学作为一个包罗万象的专业确实包含了门类众多的知识领域。但要是提起王冰冰、白岩松等大家耳熟能详的人物，想必大家也会对这个专业有一个大概的初印象。其实如果要问新传专业毕业以后究竟是做什么工作？大概可以涉及记者、主持人、编辑、策划、影视制作、平面设计、老师、新媒体人、企业家等行业，因为和其他许多学科，如政治学、经济学、社会学、心理学等有着交叉点，所以新传可以说是一门"万金油"专业。

　　新传专业在文科专业中的报考热度一直居高不下，每年也有很多同学怀揣着成为一名新闻记者的梦想来报考这个专业。那么新传专业究竟是怎样的一门专业？大众对于新传专业的误区有哪些？学习新传专业的未来出路是什么？希望本文能够给广大考生和家长带来一个初步的解答。

一、新闻传播学类专业介绍与特点

（一）什么是新闻传播学类专业？

新闻传播学类专业（以下简称为新传专业）是国家一级学科，是研究执政党的新闻活动、传播活动及其他各类信息传播现象的学科。

新闻传播学类专业下设广告学、网络与新媒体、新闻学、传播学、广播电视学、编辑出版学、国际新闻、数字出版等专业，新闻传播学类专业文理兼收，对学生的文字功底、人际交往能力和沟通能力有较高的要求。

该专业培养具有宽口径、厚基础、强能力、高素质特征的新闻传播专门人才，且有从事舆论宣传、新闻媒体、文化管理、出版发行、教育科研等部门工作的素质和能力。

（二）新闻传播学类专业的研究对象

本学科以人类社会信息传播为对象，从功用、关系和人类生存三个维度，研究不同形态和类型的社会信息传播与人类社会的关系。从性质上，兼跨人文学科与社会科学。本学科的研究以往主要是围绕大众传媒的新闻传播而展开，在近些年，其研究范围和视野大大扩展，社会传播、媒介文化、数字传播、信息和文化产业等各个方面，也成为本学科研究的重要内容。

本学科的理论大致可分为三部分，一是作为人的存在的传播与交往，包括交往与人的本性，交往沟通与人的主体性，传播、交往与人的日常存在，等等；二是作为关系的交往和传播，比如传播手段变迁与社会关系的呈现，传播和交往政治及其关系，人们的生存空间与传播，传播与经济、贸易关系，等等；三是侧重于传播对于社会的功能，或者侧重于信息生产和传播过程，包括内容、手段、制作、生产机制、政策制度以及受众、效果等；或者视新闻传播为社会文化现象，着力于叙述结构、符号及其表达，揭示其意义价值、现实建构与权力关系。

（三）新闻传播学类专业的前景解析

（1）新闻传播学类专业的优势分析——就业范围广，需求高

从就业方向看，在这样一个万物皆媒的时代，任何一个组织机关都需要宣传、公关、媒体、运营专业的人才。从专业特性来说，这是一个能让你领悟到社会学、人类学、政治学等多种学科魅力的人文学科，理想化一点，学习新传，能让自己离事实更近一点。

（2）新闻传播学类的机会分析——娱乐业传媒业繁荣，机会变多

在这个智能设备普及，传媒业、娱乐业繁荣的时代，传媒业不断渗透进各行各业，并深度合作和融合，如传统电商＋新传＝直播卖货，为了顺应时代变化，传统媒体也开始转型，引入新兴技术，拓展新的业务，由此，新传专业衍生了许多细分专业，诞生了许多新的职业，出现了全新的机会。

（3）新闻传播学类的前景分析——新传职业或将被边缘化

随着5G融媒体时代的到来，传媒业随之发生巨大变化，对新传专业来说，机遇与威胁并存，5G融媒体时代将进一步降低内容生产门槛，在"全民记者"盛行的时代，传统新闻人职业或将被边缘化，因此，新传专业的学科改革刻不容缓。

二、对新闻传播学类专业认识方面的误区

（一）新传是冷门专业？

首先，可以明确地回答——新传专业不是冷门专业，尤其是文科考生或选考历史的考生中新闻传播类专业仍受一定的欢迎。随着互联网的发展、媒介传播能力和传播范围的拓展，我们早已进入信息社会，信息渗透到社会的各个方面，每种行业都离不开新闻传播。在当下的社会环境中，各行各业对于新传人才的需求量都会越来越大。

（二）学新传没前景，粉领子工资低？

网络中流传着这样一个说法，看见学士服粉色领子就知道你月薪三千，这用以嘲讽学文科工资低，事实上，与理工科相比，文科工资确实比较低，但是比起其他文科专业甚至部分理科专业来说，新传的平均工资并不是很低。

新闻传播学平均工资 7000 元左右，超过 48% 的本科专业平均工资。如果按照工作经历和工龄计算，应届毕业生 5000 元左右，0–2 年 5950 元，3–5 年 8850 元。本科生的平均毕业工资，根据城市和大学的不同，肯定会有所不同。新闻传播学专业毕业在大城市工资肯定和小城市工资不一样。北京上海的新闻传播学专业毕业生平均工资是 8000，而这还不包括那些互联网公司和新媒体的超高工资工作的数据。另一方面，在三、四线城市，新闻传播学不够发达。不过也有很多新闻传播学专业的本科毕业生都转行了，平均工资在 6000 左右。

传媒业内拿高工资的人才大有人在，所谓三百六十行行行出状元，无论什么专业，总会有人学得好，有人学得不好。与其抱怨所学专业没前途，不如励精图治，早日成为行业佼佼者。

（三）学新传只能当记者？

说到新闻专业，家长和高中学生会联想到什么？很多人第一时间会说记者，或是主持人。其实，这是对我们专业最大的误解，是由于不了解而产生的刻板印象，新传能做的工作远远不止记者。新传是一门与其学科有很多交叉的学科，因此最大的特点就是万金油。记者、主持人、编辑、企业家、高校老师甚至明星，你可以成为任何你想成为的人，新传带来你的不应该只是一份学历，而是敢于去做的勇气。

（四）新传专业不是名校毕业就没用？

从小到大，我们常常听到这样的话，一朝考入名校从此飞黄腾达，与其他需要学历的专业相比，传媒行业会更加注重你的综合能力与专业实力，并没有像金融这些金字塔尖的专业一样非常看重名校光环，同时媒体行业比较繁荣的长三角、珠三角地区，企业招聘的灵活度与开放程度也相对更高，普通学历的同学只要有能力也更有机会脱颖而出。

学历再高，如果只是思想上的巨人，行动上的侏儒，也没有企业会接收。普通本科的同学，只要积累了足够的一技之长与独到之处，入职抖音、阿里巴巴、腾讯等大厂甚至入职新华社的也大有人在，更有努力的同学毕业一年就进入大公司核心岗位。对于任何专业的同学，名校毕业都是一个比较明显的优势，但任何一个行业都会有竞争，有压力，所以前途实际上始终掌握在自己手中。

（五）新传专业就是学习写作？

新传专业学习新闻，但不只是学习写新闻，新传专业还有许多各有特点和侧重点的细分专业，广播电视学的学生要学习节目制作、广告学的学生要学习广告策划、产品营销，传播学的学生要学习各种研究方法、网络与新媒体的学生要学习各种设计、制图软件，等等。因此，新传专业学习写作，远远不够。

三、新闻传播学类专业学习内容

（一）核心课程

（1）公共课

大学语文、大学英语、计算机应用基础、体育、思想道德修养与法律基础、形势与政策、毛泽东思想概论、中国近现代史纲要、马克思主义基本原理等。

（2）专业核心课程

新闻学概论：是我国高等院校新闻类专业的基础课程之一，是研究新闻的性质、特征、发生、发展、传播及其规律的一门学科。该课程旨在使学生把握新闻活动的本质与特征，掌握新闻传播规律，同时尽可能涉及前沿的新闻理论，从而提高学生的新闻专业素养，用以指导新闻实践，适应社会对新闻事业高素质人才的需求。

传播学概论：是新传类专业中的核心课程，是所有传播学专业学生的必修课，该课程的教学内容将在教材的基础上适时采纳鲜活的传播动态和媒介资讯，又将糅合国内外传播学者的最新科研成果。在该课程的教学中，既注重传播基础知识的教学，又将结合前沿理论对最新传播现象进行讲解，还会分析本土的、当今时代的传播现象和媒介事件。

新闻采访与写作：是新传专业的一门核心课程，该课程具有一定的理论性，更具有更强的实践性。通过理论教学与紧密结合采写实践活动，学生能正确理解和掌握新闻采写的基本理论、基本概念、基本观点，培养学生发现新闻的能力，具备新闻采访和写作的基本技能。

广播电视学概论：为新闻学专业、广播电视学专业一年级学生的必修基础课，通过该课程使学生掌握广播电视学的基础理论，了解广播电视媒体的历史、机制、运营、规律、特点、节目、管理等内容。

网络传播概论：是新传专业的一门专业基础课，该课程重点讲授网络传播的特点、功能以及网络新闻的采集、写作、编辑以及新闻网站的建设等基础知识，同时研究网络传播中的受众、网络传播的宏观影响、网络传播中的文化现象以及网络传播中的若干法律等问题，培养学生解决网络传播中的实际问题。

广告学概论：是广告学专业的重要基础课程，其任务是系统讲授广告学涉及的各门专业知识，包括广告概述、广告简史、广告表现战略和媒体策略等，其教学目的是使学生们进行一般的广告策划、创意和文案写作，能够从事广告活动，胜任广告业务中的一般工作。

（二）新闻传播学类专业学习的乐趣与难点

（1）新传专业的乐趣

新传专业课程非常有趣，涉及的内容多种多样，比如教你怎么使用摄像机的摄影课，剪辑视频的线性编辑课，图片设计的实践课程等。其次，新传专业课程的内容非常贴近现实，新传的学子总是能在课堂上看到现实中的新闻头条、广告案例。最后，新传是一门非常需要创意和实践能力的学科，课后作业的可能是拍个 MV、小短剧或是采访校园名人等，这对喜欢动手的同学来说会非常有吸引力。

（2）新传专业的难点

很多人都认为，新传专业没有什么门槛级别特别高的内容，那既然如此，在老师教的基本都是理论、皮毛的东西下，做什么才是能得到真才实学？所以学生就需要进行大量的实践。另外，都说新传是杂家，本身作为众多学科的十字路口，跟心理学、社会学、人类学、政治经济都有交叉性。这就意味着，踏入新传这一专业，就对人文素养有比较高的要求，所以新传专业对实践和理论都有比较高的要求，当然，学什么东西和个人的长处短处也有关系。有的人天生新闻敏感强，也有自己的积淀，可以有理有据一针见血，看谈吐、文章就知道功底。有的人并不擅长抓重点，也不知道如何去分析事件，面对拷下来的素材也没有自己的想法，所以新传专业学习起来还是比较难的。

四、新闻传播学类专业适合哪些学生

（一）具有感受学术的能力

毕竟同学们即将从高中进入大学，尽管新闻传播学是应用学科，可能你本来就没有从事研究和教学的志向，但是也要按照学术来对待，培养基本的学术素养是必要的。

（二）具有传播实践的能力

对于新传的学生来说，手握丰富的实习实践经历对自己未来的职业发展和学习成长是很重要的，因为大多数的同学都想要在学业完成之后进入到业界进行工作，那么能够在学生期间，在丰富的实习实践过程中，提升自己对于事物的认知能力、对于事件的把控能力、对于问题的分析能力以及对于整体的参与能力当然是一件非常好的事情了。

（三）具有培养广泛的学习兴趣的能力

新闻传播是一种社会性的职业传播活动，古今中外、三教九流、天文地理、草木岩石、人情世故、百科知识，都要懂得一些。因为你面对的是社会，不像其他学科那样较为"专业"，经济、法律、历史、地理、文学、工科和各种具体的理科，等等，这些学科的常识，新闻传播学专业的人，都需要知道一点。

五、新闻传播学专业就业介绍

新闻传播类专业就业方向主要有以下几种。

（一）传统媒体及其互联网业务

目前传统纸质媒体、广播电视媒体和期刊是我国传媒市场的中流砥柱，他们依然是新闻潮流的主角，也是新闻传播专业毕业生的首选。对于学习新闻与传播专业的同学来说，去做新闻记者或者进入媒体从事一些编辑或者采访工作都是与专业非常对口的岗位。毕竟很多同学都是从小就有"新闻梦""记者梦"的，不过由于新媒体在很大程度上撼动了传统媒体在信息领域的"垄断"地位。因此，现在的传统媒体与我们父辈时代的传统媒体相比就没有那么"香"了。这也是许多媒体开始求新求变，追求媒介融合，打造全媒体、融媒体的原因所在。

传统媒体方向，毕业以后可以选择进入国家级主流媒体比如新华社、《人民日报》，等等，除此之外，各级地方电视台，国家部委、科研机构、杂志社报社都提供了新传专业非常对口的工作岗位；除报纸外，广播电视台也是新闻传播专业未来的就业首选，而且据数据统计，我国广播电视从业人员数量的年增长率约为4%，可以看出未来对这方面的人才需求很大。

现在的传统媒体并不是一些同学想象的那样"呆板、僵化"，而是大多要求记者有着更加全面的新媒体技能，也就是所谓的"全能记者"，即要求记者不仅会采访、会写稿，还可能要会剪视频，会运营公众号等。如果你想要实现"新闻梦"，为公众还原事件真相，为社会的信息传递与交流贡献一份力量的话，那么学习新闻传播专业将为你提供一块打开传统媒体大门的敲门砖。

（二）互联网公司

随着互联网大厂的越做越大，每年进入互联网大厂的新传毕业生们越来越多，对毕业生的要求也越来越高。这些大厂不仅包括腾讯、阿里巴巴、百度等成立较早的互联网公司，还包括字节、美团、斗鱼直播等后起之秀。大厂的实习经历促使这些实习生在毕业后凭借丰富的实战经验顺利地进入大厂工作，并如愿以偿地拿到令人艳羡的年薪。

根据《2020年中国本科生就业报告》显示，几乎每年都有超过七成的毕业生选择进入社会工作，而在这些进入社会工作的学生中，进入互联网大厂就业的以名校本科生或者研究生居多。

（三）其他企业网络业务

国企央企等大企业宣传、运营岗位对新传专业毕业生来说也是个不错的选择，每年各大企业都会在校园招聘大量新传学生负责企业的网络业务，毕竟在这个"营销时代"，宣传、运营是不可或缺的岗位，这也正是新传学子所擅长的。

（四）自媒体或mcn

笔者之前有了解过一些同学报考新闻与传播专业的理由，就是希望以后从事自媒体行业。现在的自媒体已经不像五年前那样"拍了就能火"。我们现在身处于信息爆炸的时代之中，所以自媒体对专业性内容的需求越来越高，因此未来自媒体将会走向越来越专业的道路，去迎合越来越多的人对专业知识的需求。而新闻与传播专业的技能优势与知识优势至少能够保证你的内容质量，在推广和宣传上，大家也可能更有经验。

举个例子，B站上某知名美食博主，就曾有在省级广电工作的经历，另一位美食UP主则曾是央视的战地记者，目前也仍然在为央视制作一些内容。这两位无论是从内容水平上，还是拍摄质量上都比许多业余的自媒体质量更高。所以如果你本身有创意、有一技之长，再结合专业优势，仍然有可能在竞争激烈的自媒体行业站稳脚跟。

（五）体制内：考公务员/选调生/进高校

（1）考公务员

一直被誉为"铁饭碗"的公务员、事业编制等岗位，往往是各类专业争抢的热门职位，而对于新闻与传播专业来讲，基本上除了一些明确规定专业限制的技术岗位，新闻传播类专业可以选择报考的岗位较多。并且由于有新闻与传播专业的基础，在一些事业单位的宣传部门，大家也能更具有优势。其中需要特别注意的是新闻传播类专业大部分的公务员报考岗位主要集中在新闻学这一个专业上，其他如广告学等专业涉及较少。

（2）选调生

选调生则是另一种可以进入机关单位工作的方式，是各省党委组织部门有计划从高等院校选调品学兼优的应届大学本科及以上的毕业生到基层工作。一般来说，如果你从双一流重点院校毕业，那么在招考的时候是不限制户籍的，而对于非双一流重点院校的应届毕业生来讲，则需要限制户籍或者生源地。根据"上海交通大学就业网"公布的数据，近五年选调生就业人数持续增加，而其中以硕士选调生增长速度最快，这说明选调也成为大家考虑的主要发展方向。往届毕业生也有成功选调到"文联"等部门的经历。

（3）高校

对于新闻与传播专业的同学，甚至大多数的文科专业同学来讲，进高校也是其中一个选择。

进高校有两种方式：第一种是行政岗位，即到高校中当辅导员或行政部门的工作人员，等等。另一种则是去当高校教师，不过这个出路对学历的要求大多很高。目前来讲，绝大多数高校招聘教师都需要博士及以上学历，而一些双一流高校则不仅要求国内的硕博经历，还要求有海外名校的硕博经历，所以对于人才的选拔条件也是十分严格的。尽管一些学校，目前还可以凭借"双985"名校的硕士学位入职高校教师岗位，但是随读研读博成为越来越多人的选择，未来高校教师的学历门槛将会越来越高这也是不争的事实，如果大家有志于从事教育行业，可以考虑继续深造，如有必要还需获取海外名校经历。

六、新闻传播学专业升学介绍

（一）新闻传播类考研现状及建议

新闻传播学是国家一级学科，包括广告学、网络与新媒体、新闻学、传播学、广播电视学、编辑出版学、国际新闻、数字出版等二级专业学科。相关二级学科专业会在第九节详细论述，这里不再展开介绍。

一般来说，新传考研分为学硕和专硕，学硕一般有新闻学、传播学等方向；专硕统称为新闻与传播，但其有多种细分方向，比如新闻实务、传媒经济、媒介经营管理、财经新闻等，一般要根据院校的专业水平和研究领域进行细分。

因为新传不考数学且比较欢迎具有双学科背景的同学，所以一直都是跨专业考研最热门的选项之一，2021年新闻与传播的国家线为367分，大家可别小看这个分数。对于新传学子来说，考到国家线只是第一步，要想进好学校，起码要400分往上，而且进了复试，还不代表考生一定能够上岸，因为复试也是有一定淘汰比例的。2021年部分院校考研报录比如表1所示。

表2-1　2021年部分院校考研报录比

院校	新传学硕报录比	新传专硕报录比
上海交大	46.3:1	26.5:1
暨南大学	13.6:1	12.7:1
上海大学	28.6:1	37.9:1
四川大学	13.2:1	21:1
湖南大学	18.6:1	37.5:1
西南大学	11.5:1	25.3：1
中南大学	/	19.1:1

既然新传考研这么难，那为什么如此多的毕业生挤破头也想上岸呢？当然是因为有价值，研究生比起本科生来说有各种各样的好处。

（二）研究生的优势

①增加就业机会。研究生的学历比本科生高，如果毕业院校给力，含金量高的话，在行业中会更吃香。职场中的上升空间和就业机会都要比本科生高得多，所以单单是为了这个都要努力考研。

②收入更高。研究生学历的工资收入一般均要相较于本科学历会更丰厚一些。

③实现科研理想。虽说大学就已经对学术进行了专业划分，但是大学教育都是浅尝辄止，学生都只是对该专业有着初步的了解，只有研究生期间的学习，才能让人深入地了解一个学科。如果你喜欢某一门学科，并想深入研究，那么读研究生是很好的一种方式。

④重新选择专业的机会。有很多高考选择了不适合自己的专业之后，会通过考研跨专业考研进入自己感兴趣的专业，虽然有一定的难度，但只要努力也是有机会。更何况在学校读了几年书，想法也会更成熟。

⑤评职称机会大。研究生学历其实在工作后评职称的话，会方便很多。毕竟高学历的毕业生只要是专业能力过硬的话，评职称的机会比起一般的本科生要大得多，未来也会走得更远一些。

⑥申请大城市人才引进落户。当然，不同的城市要求也是不一样的，但是多数城市的研究生不管是落户、买房、就业都有一定的优惠政策，研究生要是有毕业证和学位证双证齐全就可以申请人才引进落户。

⑦接触更多更优秀的人才。都知道朋友的圈子很重要，而选择什么样的大学其实就是选择什么样的圈子。而考研之后所面对的都是同样比较优秀的人才，拓展了自己的圈子，同时认识更多优秀的人对未来也有好处。

⑧开阔眼界。考上研究生的话，可以接触到很多公费出国的项目，如果自己能够争取得到的话，不仅可以开阔眼界，对未来就业也是一种资历。当然更多的还是提升个人的能力，特别是对一些普通本科院校毕业生来说。

七、报考建议

（一）学科排名

新传专业学科评级来自 2017 年底教育部公布的第四轮全国新闻传播学学科评估结果。

扫二维码查看详细评估结果

（请看新闻传播学–表2–新闻传播学第四轮学科评估）

（二）报考建议

如果确定要报新传类专业，最好提前看一下各个学校这个专业究竟水平如何。以笔者的经验可以从以下两方面确认：一看这个专业的硕士点开设时间，如果开设时间较早，它就会有一些固定的就业资源。二看它是否有博士点，有博士点的学校一般很强。

高考决定报考新传专业的学生，需提前了解全国开设新传的高校及其排名，这里给大家列出了几所新传评级较高，各有特色的高校。

（1）985 高校

中国人民大学、华中科技大学、复旦大学

（2）211 高校

中国传媒大学、暨南大学、苏州大学、上海大学

（3）普通本科

河北大学（虽然河北大学是双非院校但新传学科评级与深圳大学、中山大学同档，师资力量雄厚。）

（4）特色学院

浙江传媒学院（浙传无论是师资还是就业资源、地理位置都占据优势，其在业内的认可度也是很高，拥有"北中传，南浙传"的名号）、北京印刷学院（2017年发布的第四轮学科评估结果显示，北京印刷学院新闻传播学在北京市属高校中稳居第一名，在北京市所有参评高校中位列第五，仅排在中国人民大学、中国传媒大学、清华大学、北京大学之后。）

八、新闻传播学专业学长学姐说

作为一名还在深造的普通新传学子，笔者对即将就读或想要报考新传类专业的学弟学妹有几句话想说：热门专业就和热门工作一样，总是在不断变化。在笔者上高中的时候，计算机专业的分数线还并不显著地高于其他热门理工科专业；更久远之前，土木工程也是很有吸引力的专业。BAT有过疯狂造富的阶段，江浙公务员工资曾傲视全国，然而大厂会有裁员潮，公务员也会大规模降薪。在这个不断变化的时代，在专业的选择上，我们的家长和同学一定不要盲目追热门，要充分考虑学习兴趣，并具有一定的前瞻性。

对于文科、社科类的专业而言，首先要消除的误解就是把专业和具体工作岗位联系起来。学新闻不代表会当记者，学广播电视也未必就要去电视台。最重要的是，要认识到大学，特别是研究型大学，在校内还是以传授理论为主，具体的职业技能要靠自己去培养提升。

在移动互联网大行其道的今天，各大高校的新传学院或多或少和社会的实际需求存在不小的脱节，不光是编辑出版学，新闻学、广播电视学等专业概莫能外。读了新传，并不能成为一个拍短视频的高手，也不会自动获得写新闻稿的能力，一切要靠自己在课下去探索学习。

从功利的角度讲，新闻传播学专业不是一个很硬核的专业，就业的门槛也不高。如果想提升自己的竞争力，最好努力成为一个复合型人才。无论是摄影、剪辑还是运营公众号，还是学习经济、金融、编程，都可以成为就业时的利器，越早准备越从容。

九、相近专业介绍

（一）新闻学

（1）什么是新闻学？

一般认为，新闻学是研究新闻事业和新闻工作规律的一门学科。一般来说，新闻学专业培养的是具备系统的新闻理论知识与技能、宽广的文化与科学知识，熟悉我国新闻、宣传政策法规，能在新闻、出版与宣传部门从事编辑、记者与管理等工作的新闻学高级专门人才。

浙江大学传媒与国际文化学院教授吴飞说，新闻专业的重要性是不需要论证的，因为每个人的生活都需要接收和了解信息，只有通过专业的学习和训练，才能够写出最好的报道，写出符合新闻专业主义理念、符合每个人需求的好报道。否则你的写作可能变成"流言家的乐园"，也可能变成"小说家的故事"，而不是真实、全面、准确的信息。这就是为什么经常有人说新闻学专业的学生比起其他专业的学生在写新闻的把握度上要更准确些，上手快些。

新闻学专业是一门实践性非常强的专业。很多高校都要求新闻专业的毕业生要有一定量的实践作品，才能修满学分毕业。所以，实习是新闻专业学生必修的，也必须学好的一门课。此外，由于媒体的行业特殊性，也对学生的人际交往能力和沟通能力提出了较高的要求。因此，在学习过程中，本专业学生也须注意培养这方面的能力和技巧。

以往，新闻学专业学生的主要课程涵盖了新闻学相关的各个方面，包括新闻学概论、新闻采访与写作、新闻史、传播学概论、新闻摄影等专业课程。根据高校不同，开设的课程还可能包括广告学、心理学、公共关系学等相关课程，以帮助学生更好地理解新闻传播规律，掌握新闻传播技巧。

而现在，随着互联网技术的跃进式发展，市场对新闻专业人才的需求也发生了相应的变化。如果毕业生在学习期间，多学习一些设计、网页制作、新媒体应用等相关课程，会对就业大有裨益。

（2）新闻学专业与就业

2022年新闻学全国普通高校毕业生规模为20000—22000人，其中男性占比21%，女性占比79%，以往，新闻记者被很多人称为"无冕之王"，这也造成在填报志愿时考生和家长对新闻学专业的盲目追逐，但事实上呢？新闻记者仅仅是千万种职业之一而已，过度神化不但有害无利，还会造成毕业入行后巨大的落差感，引发对职场的不适。

其实，本专业毕业生涉猎知识广泛，能力发展全面，被很多人称为"杂家"，在就业方面受到的专业局限很小。总体而言，新闻专业的学生毕业后对口的方向有三个：新闻业（包括专业媒体及一些单位的新闻宣传部门）、公关业和广告业，就业领域很宽。

需要注意的是，本专业毕业生的就业率不低，但是就业质量根据个人情况不同，可能会有很大差别。比如有人可能去4A广告公司做策划，但有的人只能去Alex排名5万以下的网站做"网络搬运工"，这就是差距。想要找到"好工作"，除了毕业学校这一硬件，毕业生需要准备的软件还有很多，比如人脉、实习经历、作品集，等等。

随着新媒体时代的到来，全媒体化人才大受欢迎。以往传统新闻工作者大都毕业于相关专业，可是到了二十世纪九十年代，随着新闻制作数码化及互联网的普及程度日益上升，传统、专业的新闻文化正在受到挑战。现在，互联网的普及使得任何人都可以通过网络完成一篇突发事件的报道，乃至一篇深度报道。所以，一个新词出现了——"新闻民工"。从事媒体业八年的老记者，新闻学专业毕业生林伟笑言："这虽是互联网大潮冲击下的媒体从业人员对自己的戏谑之称，却也反映了一个不争的事实——新闻学专业毕业生以往擅长的领域正在逐渐受到蚕食。"

那么，新闻学专业的毕业生真的无用武之地了吗？非也。事实上，人才市场不是不需要新闻专业人才，而是需要适应国际化潮流，掌握信息化手段，灵活应用的全媒体化人才。

从记者的信息获取渠道来说，能够熟练阅读国外媒体信息，掌握一门甚至多门外语的人，更容易获得大媒体的青睐；从交流工具上来说，现在的采访渠道已经不局限于面访、电话和邮件了，在线采访、微博采访、微信采访成为了更迅速地沟通方式，这也是媒体人必须适应和掌握的；从发布平台上来说，即便是新华社、《人民日报》这种中央级媒体，也是纸媒网媒同时发布的，甚至网媒会第一时间发布快讯，由此可见做一个全媒体化人才的重要性。

（二）广播电视学

（1）什么是广播电视学？

20世纪末，中国的电视行业发展迅猛，因此从戏剧、电影等行业引进了一批优秀的节目制作人。与传统的报纸等纸媒仅需要进行新闻撰写不同，它还亟须一批既了解新闻学又可以熟练使用电子新闻采集设备的人员，"广播电视新闻专业"应运而生。此后，教育部又将其名称变更为"广播电视新闻学"，在2012年修订的《普通高等学校本科专业目录》中，最终更名为"广播电视学"。

广播电视学是研究广播电视传播活动及其规律的一门学科。从中我们可以看出，学好它既需要掌握理论知识，比如说信息传播的规律、同一个镜头怎样拍更有美感，色调等如何处理；又需要掌握实际操作的能力，比如摄像机怎么用，片子怎么剪，等等。

广播电视学专业属于文学门类下的新闻传播学类，毕业时授予文学学位。在本科生阶段没有分支，但是在研究生阶段，有些高校会进一步细分研究方向，比如该专业的王牌院校复旦大学分为广播电视新闻、广播电视艺术、广播电视艺术管理。此外，广播电视学与广播电视编导两个专业经常被人们混淆，两者在课程设置方面有相同点，比如说都有一些最基础的写作、最基础的视频拍摄技能等课程。

但是也有区别：第一，前者一般普通文理科考生均可填报，毕业时授予文学学位；后者只供艺考生填报，需要进行面试，毕业后获得艺术学学位。第二，前者的就业更偏向于新闻广播电视领域，比如记者、主持人等；后者的就业更偏向于戏剧电影的制作领域，比如导演、编导等。

广播电视学专业开设的课程有广播电视概论、新闻学概论、传播学、传媒艺术概论、播音与主持、电视艺术概论、广播电视节目主持、广播电视节目编辑与技术、非线性编辑技术等。从课程设置我们可以看出，它涉及的方向繁多，如果没有规划，很容易博学而不精。

（2）广播电视学专业与就业

每年全国普通高校广播电视学专业毕业生主要去向有：电视台、电台、出版社、自媒体、文化传媒类企业、读研等，可以从事的职业有主持人、记者、编辑、节目制作人、导播、后期、公司产品策划、自由职业人等。

根据麦可思《2020年中国本科生就业报告》的统计数据，2017至2019届文学类专业大学生毕业半年后的月收入分别为4633元、4983元和5234元，略低于同期全国本科生毕业半年后的平均月收入4774元、5135元和5440元。

（三）广告学

（1）什么是广告学？

你很难遇见这样一个兼顾文学（广告文案）、绘画（平面设计）、摄影、影视制作（影视广告）、软件技能（PS、CorelDRAW、AI、Premiere……）、法律（广告法）等技能于一体的专业。同时你还要接受每门专业课都要上台提案的命运。专治一切结巴和演讲恐惧症……总而言之，什么都要学。

广告学专业培养具备广告学理论与技能、宽广的文化与科学知识，能在新闻媒介广告部门、广告公司、市场调查及信息咨询行业以及企事业单位从事广告经营管理、广告策划创意和设计制作、市场营销策划及市场调查分析工作的广告学高级专门人才。与广告业蒸蒸日上的发展情形不相适应的是专业广告人才的缺乏。中国的广告要赶上世界先进水平，就必须从根本上提高广告队伍素质，而提高广告队伍素质最根本的一条就是从高等教育的专业毕业生中选拔优秀人才。

据中国人民大学新闻学院广告专业近三四年的毕业生分配去向表明，该专业的毕业生由于人员少，质量高，远远不能满足用人单位的需求，分配状况十分看好，甚至超过了其他热门专业。

广告学专业主要制作诸如电影海报、电视广告、影视片头、企业包装、书刊广告、网络广告，总的来说更像是渗透到生活中间的艺术。它能教给你现代的传媒理念，告诉你最新的广告技术，为你的想象力插上飞翔的翅膀，带给你无比的成就感。当然，它的报考要求也是比较严格的：要求学生有较好的语文、英语基础，丰富的想象力、创造力，以及较广的知识面。

（2）广告学专业与就业

具体职位：

文案策划、文案/策划、平面设计、实习生、客户主营/专员、广告客户主管/专员、平面设计师、策划部、设计/创意管理、设计部

所在行业：

广告/会展/公关、影视/传媒/出版、互联网/电子商务、房地产/建筑、医疗/保健/美容

就业方向：

①广告策划主要负责项目的信息收集、策略的分析、方案的拟定、提案制作、公司客户的广告策划、宣传物料文案、活动方案等的撰写等。

②市场策划或企划偏于市场营销，主要谋取职位的方向是企业甲方，或营销代理公司。主要技能要求 4P、4C 等理论及执行。

③平面设计师主要方向当然是平面设计了，这方向起步较低，得有创意才能胜任一个待遇高的职位。

就业现状：

择业范围广。由于广告专业在本科期间涉猎的知识广泛，且广告学本身又有诸多细分的方向，所以，毕业生们有相对更多的择业空间。毕业生有的选择直接进入广告公司，从事策划、文案、AE、品牌推广等工作；有的进入其他文化创意类公司，从事策划、宣传、媒体等工作；有的跨行业转型从事其他工作。

上升空间大。在中国，广告学还是一门比较"年轻"的学科，所以具有留学背景的毕业生更有优势。想要有更高起点的同学可以选择在国外学习一些先进的理论和实践，以便获得更好的就业机会。

（四）传播学

（1）什么是传播学？

传播学是研究社会信息系统及其运行规律的科学。在本科阶段，传播学更注重培养学生的批判性思考，以及对电视、电影、广播、新闻通讯等传媒载体的个人思维，学习领域非常广泛。相比新闻学超强的实践性，传播学更注重理论学习，例如传播研究、社会制度、政治经济结构的分析等。各个新闻媒体机构、

出版机构、音像出版社、中央和地方政府、广告公司、教育部门、农业技术推广部门都需要传播学的人才。

传播学是研究人类一切传播行为和传播过程发生、发展的规律，以及传播与人和社会的关系。传播学涉及的面很广，一般人都会理解成为跟媒体有关的工作，其实凡是跟交流与沟通有关的东西这个学科都有所涉及。我们平常的生活都会受到传播学的影响。比如我们知道了电视和网上各种品牌的广告、我们所接收到的新闻、都是传播的结果。传播学研究的重点是信息的传播者、传播的内容是什么、用什么媒介传播、信息接收者是谁、怎么传播更有效果，即传播学上的 5W 模式。笔者这里用举例来前后串一下整个传播学的研究内容：以美国总统竞选为例，传播者就是竞选的人和他的推广团队，媒介就是报纸、电视、广播、网络等、传播的信息就是谁竞选总统、信息接收者就是选民，传播要达到的效果就是让选民更多地了解竞选者的优点。

因为传播学涉及的内容很多，所以在学校课程也很杂。大学时需要进行新闻、影视、广告、网络、公关等很多方面的理论学习和实践。

专业课主要有：新闻学概论、传播学概论、新闻采访与写作、媒介融合概论、人际传播学、政治传播、公共危机传播管理、公共关系学、演讲与修辞、传播统计软件应用。另外还学习摄影、摄像、美工基础，平时除了重视文笔的训练之外实际动手操作也很多。因为传播学的理论根源是社会学和社会心理学，所以还学一些社会学、心理学、统计学、文学史、伦理学，等等。实习的话一般是到新闻媒体（报纸、电台、电视台）、新闻网站以及大型企事业单位从事公关实习。

（2）传播学专业与就业

一，如果向新闻发布发展的话，可以做报社或电视台的采编，这个比较难的，能够进入媒体相当不容易。或者也可以做一些非主流媒体（包括网站）等的编辑，这些一般很累，工资低，可以为你掌握资源，为你以后去主流媒体做好铺垫。二，当老师是不错的选择，但你必须考博士，哪怕是到一些三流的，四流的大学教书，你也得考博士，除非你有非常强的学术能力，比如你能够带着几个项目过去。三，笔者个人觉得最好的出路是去出版社做编辑，这个工作更适合女孩子做，不累，工资收入稳定，不高，有年底提成。出版社虽不好进，但比媒体要容易得多。四，我们同学也有很多人去了文化传播公司，公关公司等，做宣传或是项目策划方面的工作，这些也是不错的选择。

（五）编辑出版学

（1）什么是编辑出版学？

编辑出版学是研究国内外出版业运行规律并指导出版实践发展的一门应用学科。编辑出版学专业具有人文与科技交叉、理论学习与实践应用结合的专业特点。编辑出版学专业还具有产、学、研相结合的学生培养模式和实践的特点与优势，招生、就业等形势良好。学习编辑出版学要求具有深厚的文化底蕴，扎实的理论素养，广博的实践技能，"编辑经国大业文章，编织丰富多彩人生。"如果你有广泛的学科兴趣，在专业选择中，无论是文科生，还是理科生，编辑出版学专业都是你施展才华、放飞梦想、实现抱负的平台。

编辑出版学专业培养具备系统的编辑出版理论知识和技能、扎实的语言文字和文化科学基础以及编辑数字信息技术应用能力，能在书刊出版、新闻传播、文化教育和企事业文化宣传等部门从事传播内容策划、编辑、出版项目经营、版面设计以及印刷质量管理等岗位工作的复合型高级人才的一门应用型专业。

编辑出版学专业在本科阶段的主要专业课程包括：中国编辑出版史、书籍编辑学、编辑应用文写作、期刊编辑概论、编辑实用校对、报纸编辑学、报纸副刊编辑、新媒体编辑、图书评论写作、图书装帧设计、目录学、传播学概论、新闻学概论、古代汉语、中国文学史、西方文学史、出版学概论、图书营销学、出版经营与管理、书业法律基础、出版选题策划、数字出版等。

另外，由于现今许多该专业的对口工作岗位都要求从业者要"一专多能"，就是既具备编辑出版方面扎实的操作能力，同时还要熟练掌握其他一些行业的专业知识，所以现在国内开设编辑出版学专业的高校都鼓励学生在学好本专业的同时辅修其他自己感兴趣专业，以便为将来就业打好基础。

（2）编辑出版学专业与就业

总体来说，就业行业多样化，就业率较高。教育部阳光高考信息平台数据显示，2015年，全国编辑出版学专业的毕业生约为3000人。最近三年，全国编辑出版学专业本科毕业生的就业率一直稳定在 80% 左右，毕业生就业时除了本专业的一些对口单位（如图书出版社、期刊社、文化传播公司等）以外，还有许多人进入金融、地产、互联网电商、家电制造、家电零售、百货连锁、国防技术等许多其他行业相关企业从事文字编辑、新媒体传播、企业宣传等方面的工作。可以说，本专业本科毕业生的就业行业选择是十分多样化的。毕业生就业选择据了解，编辑出版专业毕业生的对口就业去向主要有新闻出版系统、出版社、期刊社、网站、新媒体、文化传播公司，以及与出版专业相关的企事业单位。

具体就业方向如下：一、进入图书、期刊出版社或报社、杂志社从事图书、报纸的出版发行工作。二、进入报社、杂志社、电视台、广播电台等传统媒体从事内容采编、选题策划、文字校对以及新媒体内容运营等方面的工作。三、进入门户网站以及其他新媒体单位从事内容编辑、专题策划等工作。四、进入各种媒体单位从事媒介产品营销、推广工作。五、进入各种实体企业从事文案策划、企业宣传与公关、新媒体推广等方面的工作。六、考取公务员。一些公务员招聘单位在文秘、宣传等岗位时对于文学类专业的毕业生有一定的需求，同学们可以尝试报考。

（六）网络与新媒体

（1）什么是网络与新媒体？

为了适应互联网、移动互联网的发展对新媒体人才的需求，2012 年，教育部在普通高等学校本科专业目录中新增设了"网络与新媒体"专业。从 2013 年起至今，全国开设网络与新媒体专业的高校数量逐年增加，由最初的 20 所发展到如今的近 300 所。

网络与新媒体是基于互联网等新兴媒介形态对新闻传播行业及整个社会的巨大推动，顺应数字信息时代发展所需而产生的新闻传播类新专业。面向互联网和数字化科技，具有较强的跨学科和应用性特征。网络与新媒体专业要求学生既能从事数字化新闻信息的深度、综合、跨学科的生产和传播工作，同时具备数据挖掘分析技术、新闻产品设计制作技术等传播技术类工作能力。此专业注重人文素养和价值观塑造，亦强调互联网时代的软件操作能力和专业技能的掌握，主要培养文理结合、德才兼备、既懂理念也能实操的创新人才。

就专业特色而言，网络与新媒体专业属于文学大类，一级学科是新闻学传播学，它是面向互联网和数字化科技，顺应数字化时代传媒产业变革趋势而逐步发展起来的，具有较强的跨学科和应用性特征的新兴前沿专业。由于该专业适应社会需求而设立，因此具有综合性和交叉性的特色，它是"文"和"理"的结合、艺术与技术的结合、网络技术与数字媒体的结合。另外，作为新闻传播类专业之一，网络新媒体专业最核心、最基础的是新闻传播相关的一些理论知识和方法，这一点与其他新闻传播类专业有相同之处。与其他新闻传播相关专业比，它的特色在于通过网络新媒体的技术和网络平台来传播新闻报道等。

（2）网络与新媒体专业与就业

网络与新媒体专业要求学生既能从事数字化新闻信息的深度、综合、跨学科的生产和传播工作，同时具备数据挖掘分析技术、新闻产品设计制作技术等传播技术类工作能力。毕业后可在各级新闻媒体、企事业单位的新媒体部门从事基于网络新媒体的内容生产、传播及管理等工作。

当然，网络与新媒体作为一个新兴的专业，毕业生从事的工作也将是多种类型的。该专业毕业生适合新媒体领域急需人才的各类新兴岗位，如短视频制作、数据可视化、媒体策划与创意、互联网运营等。也可以到相关媒体的创意、研发、策划等部门，从事信息采编、设计制作以及文化创意产业领域的相关工作。

（七）数字出版

（1）什么是数字出版？

数字出版是建立在媒体融合背景下新型应用性学科，也是当今媒体发展的主要趋势之一。数字出版的专业特色是把传统平面媒体与以新技术为核心的网络传播、数字媒体有机结合起来，并将其贯穿于理论与实践教学当中。该专业学生主要学习有关数字出版和计算机的基本技术，接受数字出版方面的基本训练，具有从事相关工作的实际能力，该专业毕业生可从事新闻出版行业书刊、杂志、报纸的数字化出版与传播的工作。

主要培养具有系统的现代编辑出版理论知识与技能、较为宽厚的人文与社会知识及科学知识，熟悉我国编辑出版的法规与政策，熟练掌握新媒体技术（类似于网络小视频，比如抖音小视频、快速小视频、哔哩哔哩等自媒体之类的App），能在网络传播、出版、宣传以及企事业单位、军队等行业与部门，从事书刊策划、编辑、发行、管理等工作的高级专门人才。另外，目前数字出版产品形态主要包括电子图书、数字报纸、数字期刊、网络地图、数字音乐、网络动漫、网络游戏、手机出版物（彩信、彩铃、手机报纸、手机期刊、手机小说、手机游戏）等。

学习的主要课程：网络与新媒体概论、编辑出版学概论、数字出版概论、信息采集与写作、数字摄影与图像编辑、数字互动版面制作、流媒体视音频创作、视觉设计与传播、数字产品制作与管理、媒介创意与策划、数字媒体编辑、文化产业创意与策划、文化创意产品开发、用户界面设计等。

（2）数字出版专业与就业

大众传播领域不断发展，传统信息传播方式已经发生改变，新媒体传播方式快速抢占市场份额，互动成为数字出版产业快速发展的基础；数字技术在出版领域的应用越来越广泛，内容的编辑、制作、印刷复制、发行、传播和消费都与技术进步紧密相关。这都来自国家对数字出版发展的高度重视和政策支持。

此外，读者阅读环境、阅读方式和阅读需求的改变都在不断增加着数字出版的市场容量，同时，由于网络与生俱来的特质，网络科技的日益发展使得数字出版相对于传统出版具有极大的优越性，孕育着更加广阔的发展前景。该专业毕业生可从事新闻出版行业书刊、杂志、报纸的数字化出版与传播的工作。

（八）新闻传播类二级专业整体评价

这七个专业没有好坏之分，每个专业都有自己存在的意义和价值，只不过看每个人不同的选择倾向。从就业、难度、地区、开设院校等方面综合考量，推荐顺序如下：

（1）新闻学

希望进入媒体工作，新闻学毫无疑问是最合适的专业。媒体工作更加强调要有很强的实践能力，要有足够高的敏感度，同时对新闻的生产流程，新闻内容，生产的步骤，主要的思维结构，知识结构等都有系统的学习，毫无疑问，这是新闻学比较匹配的。

（2）广告学

广告学最大的优势就是好就业，可选择方向比较多：除了广告公司和互联网大厂，广告学还对标各类企业的品牌营销部门、新媒体部门、市场部门、策划部门。此外，广告学专业课的难度和学习强度不算大，文科专业，没有数学，而且一般到大三大四课程都剩下个位数，因此会有比较多的时间去准备实习和考研。

（3）网络与新媒体

相比于其他专业，网络与新媒体的课程和学习内容都非常新颖，顺应时代潮流，开展创新教学，促进学生发展。该专业的课程专业性很强，也非常全面，专业设置十分合理，让学生们第一时间掌握所需的专业知识。网络与新媒体专业作为新闻学专业顺应媒体时代发展的升级版，除了秉承新闻理念的核心，还添加了技术驱动的特性，因此，就业方向广，工资也较高。

（4）广播电视学

如果是以后希望到电视台工作，那毫无疑问，广播电视学这是最匹配的一个专业，当然现在电视类的媒体生存压力也比较大，但现阶段，广播电视新闻业仍是人们生活中不可或缺的一部分。中国传媒在未来数十年内将继续呈蓬勃发展之势，其中，电视较之报刊、广播等媒体仍然优势明显，虽然即将迎来因特网的强劲挑战，但未来的传媒业，不可能让某一模式独占鳌头。

（5）传播学

传播学作为一门西方传来的学科，在国内发展一般，专业比较偏理论，如果走学术路线，一路硕博连读，任职高校老师也是不错的选择。

（6）编辑出版学

编辑出版专业在中国兴起较晚，行业规模较小。

（7）数字出版

数字出版作为新兴专业，就业的方向还不是特别系统及明晰。

十、其他

（一）传播学与新闻学的区别

传播学与新闻学在研究方向上有诸多相近之处，研究生入学考试时两个专业用相同的试卷，但两者是不能画等号的。

一般认为：新闻学是报刊新闻时代的产物，涉及采、写、编等实际工作；传播学是电子新闻时代的产物，侧重于理论研究或"学"的研究。新闻学侧重新闻采访，研究对象是新闻信息，具体到各类媒体的新闻采制和运作；传播学偏向理论研究。研究人类社会活动中的各种传播活动。它与社会学、心理学、哲学、经济学、文化研究等紧密结合，如果是走理论研究路线就选择传播学，若是想冲上新闻一线当记者采访就选新闻学。

（二）编辑出版学与新闻学区别

第一，在核心课程方面：编辑出版学主要学习书籍编辑、报纸副刊编辑、实用校对、目录学、图书装帧，图书营销与出版管理等具体的编辑与出版的业务课程；而新闻学则侧重学习新闻采访与写作、新闻深度报道、新闻后期制作、新闻摄影技术等业务课程。

第二，在培养学生的能力上，编辑出版专业主要培养学生图书、期刊、报纸、新媒体等方面的内容选题、稿件组织编辑、版式设计、印刷出版、发行营销、版权贸易等业务方面的能力；新闻学专业主要培养学生的报纸、电视台、广播电台、门户网站、时事类杂志的新闻采访、新闻深度调查、新闻写作、现场报道、新闻摄影、广电新闻后期制作等能力。

第三章　英语
——走在"时代前沿"的专业

引言————————————————————————————

　　英语专业想必是各位考生和家长都或多或少了解的一门专业，尤其是当今对于英语这一语言的学习已经贯穿于义务教育和高等教育的整个过程，学生每个学习阶段都会学习英语。说到英语专业，很多人也许会觉得就是学习英语口语或者英语书面语的翻译，再或者就是毕业后从事英语教师或外贸行业。实际上，英语专业的学习远不止这些，想要学好英语也绝对不像高中阶段一样单纯地学习单词和语法，英语专业的学习不仅在语言也在文化，所以英语专业具有很强的跨学科性。

　　那么英语专业的学习内容究竟是什么？怎样才能学好英语这门专业？以及学习英语专业的未来前景如何？希望本文能够解答各位考生和家长的疑惑。

一、英语专业介绍与特点

（一）什么是英语专业？

英语是一门外国语言文学类专业，属于一门语言类学科。但英语专业不仅局限于学习英语语言本身，还包括外国语言学、外国文学、翻译学、国别与区域研究、比较文学与跨文化研究，具有跨学科特点。同时，英语专业也可以与其他专业例如商科等相结合，形成复合型专业。

英语专业目标是培养英语语言基础扎实，英语语言文化丰富，英语语言技能熟练，运用能力、研究能力和专业素养强的人才。英语作为全球化时代绝大多数国际性活动的首选工作语言，英语专业会为将来进一步从事英语语言文学、翻译等学术领域研究或是相关领域的复合型人才打下坚实基础。

英语专业学习的不仅仅是英语语言知识、语言应用技巧，更多的还有背后蕴含的英语语言文化、社会风俗等。学习英语专业可以让你在掌握一门语言知识的同时，拓宽视野，用更多元的角度去看待世界。

（二）英语专业的研究对象

英语专业的研究对象是英语国家的语言、文学、社会文化、英汉翻译理论与方法以及国际商务沟通方法与技巧。以英语语言为基本媒介，学生将批判性学习英语国家的先进文化和思想理念，在提升语言综合应用能力的同时，提升批判性思维能力、跨文化交际能力和开展商务、教学、翻译、管理、研究等方面的工作能力。学生在读期间，主要进行下列五个方面的探索。

（1）分析和综合研究英语的语言结构与基本规律，知晓它的历史演变和社会功能，学习语音学、词汇学、语义学、语用学、语篇分析和二语习得等。

（2）阅读、考察和分析英语国家的文化现象，认知他们的生活习俗、知识信仰、艺术创造和道德法律，辨析中国与英语国家文化之间的异同。

（3）阅读、理解和赏析英语国家的小说、诗歌、戏剧等文学作品。

（4）实践汉语与英语之间的交互翻译，了解两种语言在语法结构、文化背景和审美理念等方面的异同，辨明语言翻译的障碍和误区，探索中英互译的技巧和要义，熟练掌握翻译实践能力，掌握一定的翻译理论。

（5）学习和掌握国际商务、翻译、国际传播等相关专业知识（国际交流方向）。

（三）英语专业的前景解析

（1）英语专业的优势分析

在全球化快速推进的时代，人们对英语的需求得越来越高。俗话说，学好数理化，走遍天下都不怕。但同时我们也应该意识到，英语的作用已经不仅限于一门语言交流学科，更是求职生活中的一项加分技能。越来越多的人在学习英语，甚至不仅是各阶段的在读学生，所以学习英语专业的同学本身是拥有良好基础和更多优势的。

（2）英语专业的机会分析

英语作为目前国际上的通用语言，在各行各业都被广泛使用。正如前文提到的全球化的快速推进与世界经济一体化的发展，对英语专业毕业人才的需求也越来越多，并且我国从事同声传译和书面翻译的高端人才也依然严重缺乏。同时，如果学生在毕业后考虑转行，以英语为基础也会有更大的优势，无论是在留学期间申请其他专业，还是毕业工作进行转行，英语一定是一块敲门砖。

（3）英语专业的前景分析

当今社会对复合型人才的需求越来越高，而英语专业显然更注重自身的专业性，与此同时随着英语教育的普及，一定程度上降低了学习英语的门槛，国民英语素质的普遍提高，很多从前需要英语专业的就业岗位已经逐渐被复合型人才所取代，尤其很多非英语专业学生的水平甚至并不比英语专业的学生水平差，这就给英语专业的学生敲响了警钟，要么努力扩大自己的知识面，要么将英语学精，从而到达一定的层次和高度。

（四）英语专业学生必考的证

基础类：同其他专业学生一样，英语专业的学生最基础的需要通过英语四六级考试。有的学校会统一要求学校内所有专业学生通过这两项考试，有的学校则会让英语专业学生自愿参加六级考试。在这里笔者还是推荐大家要通过这两项考试，因为这个是之后就业单位看重的基础英语证书，也是对大家考试经验的一些积累。

专业类：英语专业学生需要通过英语专业四级（专四）考试和英语专业八级（专八）考试。这两个证书的专业含金量很高，也是需要英语专业学生认真复习才能通过的。并且，这两项专业考试有合格（60～69）、良好（70～79）、优秀（80及以上）。专四考试会在每年四月进行，一般会在大二进行报考。专八考试会在每年三月进行，一般在大四进行报考。

以上为英语专业学生在校期间必须完成的考试，下面为一些专业技能考试，英语专业学生在校期间学校不会强制要求，但是对于后续考研或者找工作都很有帮助。

翻译类：cattie（全国翻译资格水平考试）考试分为笔译和口译，每一项都分为三级，难度三级最低，一级最高。英语专业本科生能在毕业前考取三级cattie（全国翻译资格水平考试）笔译或者口译证书就已经是非常厉害了。还有一个含金量较强的考试是上外中高级口译，每年举办两次，分别为3月和9月。

商业类：BEC（商务英语考试）是很多商务英语学生熟悉的考试，BEC分为初级、中级和高级考试，BEC初级需要具有公共英语四级的水平；BEC中级大约需要公共英语六级的水平；BEC高级则需要大约英语专业八级的水平。考试分为笔试、口试两个阶段，由听力、阅读、写作和口语四个部分组成。每年有两次，时间分别在5月和11月。

留学类：有留学打算的同学可以早准备留学出国需要的语言考试，常见的有雅思、托福和PTE（学术英语考试）等。或者在本科毕业后有做留学出国语言类考试讲师相关方面从业者的同学，也会要求求职者有相关考试较高的语言成绩。

二、对英语专业认识方面的误区

（一）英语专业很好学，能轻松毕业？

相信一部分同学在真正进入大学学习的前会有这种想法，认为英语专业很简单，学习起来很轻松。对于这一想法，首先说明的就是同学们不该对于大学里任何一个学科、专业抱有这样的想法，随着教育部对我国高等教育的进一步管理加强，任何一个专业想要轻轻松松毕业那都是不可能的。再回到英语专业，要想学会并精通一门语言是很有难度的，一定是需要充分的主观能动性以及辛勤并持之以恒地付出的。

首先来讲，英语作为一门专业来学习是枯燥的。英语语言能力的提升离不开大量的背诵记忆和积累，课堂上除了课本内容，老师通常还会补充很多内容，这时候就需要同学们课下花时间去整理、记忆。第二点是口语，中国传统的英语教学以及考试都是侧重听力，阅读和写作，对于口语的忽视比较大，部分省份在高考中甚至也没有口语考试。所以很多同学的口语都比较薄弱，英语专业特别是口语不那么突出的学生要在口语上多花时间和精力。从这一点也能看出来选择这个专业不是那么轻松和容易。最后想提到的是考试和考证，特别是专业要求的英语专业四级和专业八级，还是有比较大的难度的，不少学校英语专业的毕业要求是通过这两项考试，这也是有一定压力的。

（二）谁都会说英语，专业无优势？

有部分同学家长会认为现在的大多数孩子从小就开始学英语了，在英语学习如此普及的环境下，英语专业失去了优势。首先这种想法有一定的合理性，英语学习的普及是不可否认的，并且作为高考的一项必考主科，高中毕业的学生都有一定的英语语言能力。但是要注意的一点是，会英语并不等于精通英语。将英语作为一门专业来学和仅仅是作为升学考试中的一门学科来学是不同的。

但是我们也需要看到的是，如果想要从事与英语专业不是十分相关的工作，与学习其他专业并且英语较好的同学相比，竞争力会相对较低。所以建议大家选择专业的时候，如果学校有开设双学位或者英语＋其他学科复合型人才培养方案的，可以优先考虑。如果没有选择双学位或者复合型培养也没关系，在大学期间一定要多学多看，全面提升自己的能力，如果在毕业后想要转专业或者从事与英语相关性不那么强的工作，大学期间的积累会有很大帮助。

（三）男生不适合学英语?

无论是外国语大学还是综合大学中的外国语学院，大家很容易发现的一个特点是女生多，男生十分稀有。从北京外国语大学的毕业生调查来看，男女比例大概在1:4左右。那是不是男生就不适合学英语呢？不适合报考英语专业呢？如果这么想那可就大错特错了。如果是对于英语感兴趣的男生，其实选择英语专业会有很大优势。

（1）老师重点关注

这个其实严格来说和性别无关，主要是因为男女比例相差较多，男生在班里显得比较突出，各科老师一般都能记住。无论是上课考勤还是课上提问都会"特别关照"。其实这对于刚刚步入大学又缺乏自控力的大多数同学来说确实是一种优势。

（2）就业优势

虽然各行业对于男女就业都有着一定的差别，但在这种女生多，男生相对较为稀少的专业中，男生的就业优势非常明显。当然前提是在大学期间认真努力的男生。据了解，英语专业毕业的男生非常受企业欢迎，尤其是涉及翻译类、市场类或者一些需要驻外的工作。

（3）有益于找到人生伴侣

生活幸福和事业成功同等重要，都是影响一个人幸福感的重要因素。结束高中生活对于大多数同学意味着终于可以光明正大谈恋爱了，不再是被老师家长反对的早恋了。而大学生普遍反映在大学期间谈恋爱的困难是接触不到异性以及不知道如何与异性相处。正如前文所述，如果选择英语专业，那么可以肯定的是你的学习环境一定是女生多于男生。所以这也给了英语专业男生一定的便利条件认识女生。当然在这里并不是鼓励大家要和同学谈恋爱，在学习交往的过程中，至少能够慢慢学会如何与异性相处，这对于以后的工作和生活都是至关重要的。

（四）英语成绩好就必须学习英语专业？

这也是选择专业时很多同学以及家长的一个误区，认为英语成绩好最好就选择英语专业。事实并不是这样的。选择英语专业必要的条件一定是对英语十分感兴趣，对于后续最有可能的几种就业方向感兴趣，工作待遇可以接受，等等。网上常常有评论提到最强的搭配不是英语专业加其他，而是其他专业＋英语好。所以对于就业期望不是英语类研究型工作的同学，可能与其他专业同学相比没有太大竞争力，并不建议报考英语专业。所以在这里笔者为高中英语成绩优秀的同学们推荐一些与英语有一定交叉的专业。

第一推荐英语成绩好的同学可以考虑国际类专业，例如国际金融、国际关系、法律类别下的国际类、国际会计方向，这类专业的特点是除了学科本身专业的要求，还会要求较强的英语能力。而在毕业之后也会拥有所选的专业技能＋较强的英语能力和国际视野。选择这类专业对于之后出国留学深造有很大的便利性，拿会计专业举例，如果本科学习的仅限于国内的会计知识，那么在进入国外学习的时候会发现很多专业知识都是不互通的，一些国内的专业认证考试在国际上也可能是不互认的。所以如果本科能够有更加与国际接轨的会计学习，肯定会在研究生的学习中更加适应。第二点是找工作的优势，具有国际背景的专业加上英语能力强更容易进入外企，例如同等条件下，国际会计类的毕业生更受到德勤、普华永道等四大会计师事务所，以及国际著名咨询公司如麦肯锡、贝恩等的青睐。

如果第一类专业没有合适或者感兴趣的，那么第二类笔者比较推荐选择的专业是英语＋其他专业的双学位培养，例如上海外国语大学就开设了英语＋国际政治双学士复合型人才培养项目，包括通识教育课程、专业核心课程（英语专业＋国际政治）、专业方向课程（英语专业＋国际政治）、实践教育课程。在上述的英语专业课程之外，同时也会开设国际政治课程。不过既然是双学位，毕业要求的学分肯定是比单独选择一个学位要求高的，整体的学习难度也比较大。不过如果同学能力较强，在大学期间愿意付出更多时间精力学习，无论毕业是读研还是工作，选择双学位一定是一个很大的优势。

最后一类推荐给家庭条件允许，毕业后也有比较强烈意愿出国留学的同学。如果分数合适可以选择一些国际合办学校，例如近些年比较热门的西交利物浦，宁波诺丁汉以及各个学校下的 2+2 或者 3+1 联合培养。这些学校基本与国外知名学校有合作办学，像西交利物浦这样的学校采用全英教学，培养方式也更接近国外大学，这对于英语有优势又有出国打算的同学不失为一个较好的选择。

三、英语专业学习内容

（一）核心课程

参考北京外国语大学、上海外国语大学、北京大学、南京大学、清华大学、浙江大学、上海交通大学、广东外语外贸大学等英语专业强校的本科英语专业培养方案，课程都设有公共基础课、校级通识课程、专业核心课程（基础课、技能课）、专业方向课程（必修课、选修课）、实践类课程、毕业论文。

（1）主要课程

英语专业方向课程各校设置稍有不同，课程设置也有一些区别，但整体的课程设置如下：

公共基础课程：思想政治理论、历史、第二外语、信息技术、体育与健康、军事理论与训练等课程

校级通识课程：通识课程一般侧重培养学生文化知识、人文社会科学、自我发展等方面

专业核心课程：英语精读、英语听力、文学概论、语言学概论、英语笔译（英译汉、汉译英）、英语口译（英译汉、汉译英）、英语学术写作、西方文明与思想导读

专业方向课程：英国文学、英美诗歌、英美戏剧、二语习得、语言与认知、英文散文赏析、英国社会与文化、社会语言学、英语辩论、圣经文学导论、英美报刊选读、语言与社会、文化社会学

（2）课程特点

①既重视语言能力，也重视培养学生文学文化素养。

从小学到高中，我们的英语教育和测试都更侧重语言能力的培养，听说读

写。但作为英语专业的学生，只发展英语的语言能力是远远不够的，从课程设置中也可以看出，无论是文学、语言学、还是社科文化方面，都应该全面学习提升。这是刚进入大学阶段的英专学生需要转变的一个观念，也是英专生应该一直有的意识。

②阅读量大，对阅读能力要求较高。

其实这也是大多数语言类学科的特点，学习语言离不开广泛阅读，了解一门语言的历史以及背后的文化更需要大量阅读。所以英语专业在课程设置上对于阅读的要求会比较高，例如文学概论、西方文明与思想导读、英国文学、社会语言学等。并且，除了课本内容，学校还有很多相关的推荐阅读书目，而且文学、语言学相关阅读都是纯英文的，这个相对于高中英语来说跨度很大，所以在这方面要有一定的心理准备。

（二）英语专业学习的乐趣与难点

学习英语的最大乐趣之一就是很有成就感，对于一门语言以及背后文化历史的知识增长是可以在现实生活中看到的，甚至是能够比较快地看到成果。比如在经过专业训练一年后，突然发现自己看国外电影基本不用看字幕了，或者听到一些有关于历史文化的梗，会发现自己突然听懂了，这个时候就会有比较强烈的成就感。

学习英语另外一个乐趣就是英语是和世界联系的一座桥梁，当你的英语水平提升了之后，你会接触到不同地方的文化、风俗，就算没有身临其境，也能用不一样的视角看世界，得到的信息也会更加丰富多彩，提升个人思考的维度广度。

但学习英语也有一定的难度，知识繁杂，需要日积月累地学习。正如前文所提到，英语专业和高中学习的英语有很大不同，在短时间内会接触到很多之前没有接触过的知识，比如语言学、古典文学等，这又需要大量的英文阅读，所以在学习之初压力可能会比较大。但是也不用太过担心，只要认真完成学校的要求，课下努力积累、阅读，一定是可以学好的。

四、英语专业适合哪些学生？

首先兴趣是最好的老师，选择一个专业肯定是要建立在一定兴趣之上的。选择英语专业的同学首先要对英语以及其背后的文化和历史有一定的兴趣，这样在后续的学习中才能坚持下去并且体会到快乐和成就。

第二点是推荐英语基础较好的同学选择英语专业，有一定的语言天赋还是比较重要的，这样无论是在语音语调还是阅读方面，都会有比较大的优势，后续的考研或者出国申请也会相对轻松一些。同时也要有一定的主动探索意识，课堂上的知识是远远不够的，很多人文社科类的知识都是需要主动探索才能获得的。

第三点是建议分数较高，无法录取985、211院校其他较热门专业，但英语专业分数够得上985、211高校的。或者是普通一本院校，分数够得上外语专业且专业排名靠前的院校，建议报考英语专业。对于在二本分数段的同学，一般不建议报考。因为在学校排名不占优势的情况下，英语专业就业相对困难。

最后建议家庭条件中等偏上的同学选择英语专业。因为选择英语专业，就意味着有更多的机会选择出国留学，部分择业单位对于英语专业毕业生也更倾向有出国留学经验的同学，如果家里在经济上能够支持出国留学更佳。

总的来说，推荐有兴趣、英语基础好、分数段最合适、家庭条件中等偏上能够支持出国留学的家庭，选择英语专业。

五、英语专业就业介绍

（一）就业去向

（1）向往稳定——考编考公

英语专业考公属于文学类专业，比较对口的单位有外交部、中央对外联络局、外交学会、教育局等岗位，也有一些招收文学类、语言学类岗位以及不限专业岗位。相信英语专业的同学都在电视里看到过国务院的翻译们，有过无数的憧憬和羡慕。然而事实是要想进入类似外交部的翻译岗竞争是无比激烈的。编制考试中英语专业招考最多的应该是教师编制。总的来说，英语专业考公的岗位不是很多，如果选择地方性公务员又考虑地区等问题很多同学只能选择不限专业的岗位。考事业编的报录比也相对较高，所以如果有准备考编考公的同学，一定要提早准备，好好学习。

下面为大家介绍体制内的工作特点、要求，薪资待遇以及职业发展路径。

①公务员、非教师的事业编制。

工作特点：体制内工作最大特点是稳定，这也是大部分考公考编群体最看重的一点。不用担心失业问题。但是基层的工作并不是像大家想象的喝茶看报纸，普遍都是非常烦琐且忙碌的，也经常会有晚上或者周末加班的情况。

工作要求：大部分公务员考试要求本科毕业，部分国家公务员要求硕士毕业。大部分岗位不要求工作经验。

薪资待遇：不同地区公务员待遇不同，差距较大，一线城市 20w 左右，其他城市整体水平大约 10 ~ 15w。

职业发展：一般来说，公务员的职业发展路径比较固定，要具备较强的工作能力与人际关系处理能力，从三级主任科员、二级主任科员逐渐向一级主任科员、科长等职级晋升。

②教师。

工作特点：教师的工作普遍强度较大，内容烦琐，但是有别的工作所没有的寒暑假。教师除了要承担相应的教学工作，还要做好学生教育工作，这也就要求教师不仅专业能力强，沟通能力也要强。很多年轻教师还会担任班主任的工作，那么工作压力就会更大一些，可能工作的很多内容都是和学生、家长进行沟通，处理班级问题。

工作要求：所有中小学教师都要求具有教师资格证。北京上海等一线城市中小学教师要求 985、211 硕士或当地知名师范院校毕业，其他城市部分初高中要求硕士毕业。绝大多数学校要求专业与报考科目相近，但不要求是师范生。

薪资待遇：教师的待遇全国差距也比较大，收入水平略低于或者持平当地公务员。一线城市大约 18 ~ 20w，二、三线城市 8 ~ 15w 左右。

职业发展：教师在学校的发展也可以走管理和教学两条路。管理岗一般从班主任做起，能力突出的话逐渐升为学部主任、副校长、校长等。教学路径一般以职称评定为准，从三级教师往上评二级教师、一级教师、副高级教师、高级教师。

（2）迎接挑战——代表性企业介绍

英语专业毕业生进入企业工作也是一个不错的选择，相对于考公来说，进入企业的难度低一些，但是从成长的角度来说，一个好的企业给应届毕业生能力的培养是价值无限的。

下面笔者来介绍一些英专毕业生可能会进入的企业。

①外研社。

外语教学与研究出版社由北京外国语大学于1979年创办，2010年完成企业改制，更名为外语教学与研究出版社有限责任公司，是一家以外语出版为特色，涵盖全学科出版、汉语出版、科学出版、少儿出版等领域的综合性教育出版集团。

外研社近些年的校园招聘中与英语专业最为对口的岗位是英文编辑，主要职责有选题策划、文字编校、项目执行和市场支持等。毕业生薪资为8000～10000，对英语专业毕业生是一个不错的选择，外研社的出版龙头地位也给毕业生在未来职业成长和发展上带来了很大优势。

以外研社为代表的出版社工作特点、条件、薪资待遇和职业发展：

工作特点：出版社的工作相对来说也比较稳定，裁员的情况比较少见。出版社一线编辑部工作人员的工作一般分为选题策划、选题立项、审稿与签订出版合同、编辑加工及后续整理工作，发行部的工作还要与销售部门对接。总体来说工作非常细致、严谨又要有一定的创意，能够吸引读者的眼球。

工作条件：比较有名气的出版社通常要求硕士毕业，一线城市要求985、211毕业生，小出版社一般本科毕业就能够达到学历要求。鉴于出版社的工作特点，更看重毕业生的写作、翻译能力，部分英语编辑还要求毕业生持有全国翻译资格水平考试的翻译证书。

薪资待遇：整体收入处于城市中等水平，一线城市毕业生做编辑的薪资待遇大约10w，其他城市的薪资5～8w左右。

职业发展：编辑也是要评职称的，并且是需要考试的，一般从编辑助理做起，考初级翻译、中级翻译、高级翻译。不同级别考试对于学历、工作年限、工作经验要求不同。高级翻译大多不用考试，单位自行评选。

②字节跳动。

北京字节跳动科技有限公司，成立于 2012 年 3 月，是北京的一家信息科技公司。

字节跳动作为"知名大厂"，其高薪资、快节奏、扁平化管理受到了许多年轻求职者的追捧。笔者在 2021 年校园招聘中找到的英语专业相关岗位有海外内容生态运营——英语方向、国际化翻译、国际化电商审核运营、英语语音识别、全球企业文化英语实习生，等等，这些岗位最大的特点是将英语语言运用到更广泛的商业社会。这对于刚进入工作岗位的英语专业毕业生是一个非常好的学习机会。

以字节跳动为代表的互联网企业工作特点、条件、薪资待遇和职业发展：

工作特点：互联网单位工作强度大、节奏快、要求高，相对来说稳定性低，在经济低迷的时候裁员比较多。但互联网的薪资比其他行业高，公司管理也比较扁平化，企业文化氛围比较年轻时尚。

工作条件：互联网公司一般在招聘时学历要求本科及以上，但是一线城市大厂普遍倾向名校研究生。对于英语专业的毕业生，一线大厂更倾向于有留学经历的同学。在软实力方面，互联网公司倾向于聘任性格相对外向、合作能力强、逻辑性强并且有自驱力的毕业生。

薪资待遇：互联网单位薪资普遍处于城市高水平，不同岗位薪资差距也比较大，一线城市英语专业应届毕业生薪资大约 20 ~ 30w。二线城市英语专业毕业生薪资大约 15 ~ 18w 左右。

职业发展：与一般公司一样，由实习生、普通员工升职为项目主管、部门主管是一条管理发展道路。还有一条年轻人选择的技术路线，致力成为业务骨干，跳槽加薪。

③中国国际航空公司。

中国国际航空股份有限公司（AIR CHINA），简称"国航"，于 1988 年在北京正式成立。以国航为代表的航空公司会招聘一些英语专业可以报名的行政岗位，主要负责一些翻译、行政方面的工作，相对来说工作压力不大，薪资也较为稳定。

工作特点：国企的工作也相对比较稳定，英专毕业生选择外贸、航空、银行等行业较多。在外贸行业英专毕业生多数承担翻译工作，如果是口译工作出差较多，在疫情之前国外出差也比较频繁。如果是笔译工作，出差比较少，但工作强度也不小。航空行业英专毕业生多数承担行政工作，总体来说比较轻松。银行工作多以运营、管培生为主，出差少，工作时间也比较固定，但是可能会有业绩压力。

工作条件：一线城市招聘倾向985、211研究生，二、三线城市本科生毕业即可，如果涉及翻译工作部分单位会要求有全国翻译资格水平考试证书。

薪资待遇：国企的工资一般处于城市中等水平，一线城市15～20w，二线三线城市在8～12w。

职业发展：国企的职业发展路径也比较固定，升职主要还是业务能力和人际关系，根据不同公司的评级条件一步步升职加薪。

④新东方。

新东方总部位于中国北京市海淀区中关村，是综合性教育集团，同时也是教育培训集团。公司业务包括外语培训、中小学基础教育、学前教育、在线教育、出国咨询、图书出版等各个领域。

培训机构一直也是英语专业毕业生选择的一个热门，工作时间相对来说比较自由，不用坐班，而薪资对于应届毕业生来说也维持在一个中等偏上的水平。对于英语专业的同学，出国留学培训这一方面还是可以继续考虑的，目前来看这个板块受到的影响较小，同时国内出国留学的热度依然不减，也不失为一个不错的选择。

以新东方为代表的教育机构工作特点、条件、薪资待遇和职业发展：

工作特点：双减政策下，英专生进入教育机构一般做出国留学方向，教育机构一般要求本科及以上毕业，有出国留学经历优先。

薪资待遇：出国留学方向收入处于城市中等偏上，一线城市12～18w，二线城市8～12w。

职业发展：教育机构也分为教学路径和管理路径，教育路径一般是实习教师—普通教师—骨干教师—明星教师。管理路径一般为普通员工—项目主管—部门主管—校长。

（3）就业案例

我们以国内顶尖外国语学校——北京外国语大学、上海外国语大学为例

（2020、2021 年数据）。

表 3-1 北京外国语大学英语专业本科生 2021 届毕业数据

学院	专业	总人数	就业		升学		未就业		落实率	
			人数	百分比	人数	百分比	人数	百分比	人数	百分比
英语学院	翻译	47	10	21.28	36	76.6	1	2.13	46	97.87
	英语	110	41	37.27	68	61.82	1	0.91	109	99.09
	总计	157	51	32.48	104	66.24	2	1.27	155	98.73

从上表可以看出北京外国语大学英语学院下设的两个专业就业与升学比例，其中翻译专业升学比例高达 76.6%，平均下来两个专业升学率超过 66%，并且远远高出北外各专业的平均深造率。2021 年受到疫情影响，英语学院的深造率有一定降低，但平均也超出了 57%。

表 3-2 北京外国语大学英语学院本科生 2021 届毕业数据

学院	专业	总人数	落实率	就业率	深率
英语学院	翻译	46	100.00%	26.09%	73.91%
	英语	124	96.77%	45.97%	50.81%
	总计	170	97.65%	40.59%	57.06%

从北京外国语大学 2021 年公布的毕业生就业质量数据（表 3）来看，机关、国有企业以及事业单位（31.39%）是毕业生就业的主要渠道。其中本科毕业生流向机关（26.16%）、国有企业（13.90%）、事业单位（10.90%）。

扫二维码查看详细数据

（请看英语-表3-北京外国语大学2021届毕业生就业质量数据）

从就业行业来看（表4），公共管理、社会保障和社会组织（25.52%），IT业（16.67%），教育业（16.15%）是2021届本科毕业生流向人数最多的前三个行业。

扫二维码查看详细数据

（请看英语–表4–北京外国语大学2021届毕业生就业行业数据）

除机关、事业单位外，进入500强企业就业的人数占企业就业总人数的1/3，部分典型单位如下（表5）：

扫二维码查看详细数据

（请看英语–表5–北京外国语大学2021届毕业去向数据）

选调生：

全年共计15名2021届毕业生通过定向选调的渠道到基层公共部门就业，主要分布在中西部地区。

基础教育：

共有172名2021届毕业生选择到中初教育单位任教，其中超过10人的地域有北京（53人）、广东（41人）、上海（15人）、江苏（14人），而上海外国语大学在2020年更详细地公布了外语专业的毕业生情况。

可以看出2020届英语专业以及英语复合型专业就业单位性质情况：在签约合同就业的本科毕业生中，外语类专业毕业生进入党政机关、部队、事业单位和科研所、初中高等教育单位的比例高于复合型专业毕业生，复合型专业学生去往国有企业、三资企业和民营企业的比例则相对较高。

总的来说，985、211高校本科毕业生就业最明显的特征第一是深造比例大，选择出国留学或者国内读研的同学占比约在50%。第二是参加工作的毕业生在机关部门、事业单位、国企单位工作的比例高，并且明显高于普通一本院校和二本院校。

（二）就业建议

想要报考英语类专业的同学一定要注意英语小专业之间的就业差别，了解这些相近专业的就业去向不同，选择最适合自己的专业。

（1）英语专业和师范类英语就业差异

综合类院校以及外国语学校通常来说在本科阶段并不开展英语教学的学科分支，也就是说基本没有英语师范类专业。而大多数师范院校例如华东师范大学、首都师范大学等师范大学都设有师范类英语专业。前文已经详细介绍了不同层次学校英语专业的主要就业方向和就业单位性质，本章将详细介绍一下师范类英语专业的就业方向，并比较一下两者的主要差异。

首先师范生分为公费师范生和普通师范生，公费师范生是为数不多的被分配工作的一类学生，毕业就能入岗入编，免去毕业即失业的痛苦。学生享受"两免一补"（免学费、免住宿费、补给生活费），四年下来基本不花家里一分钱，尤其对家庭经济有压力的考生来说减轻了太多压力，对于有志当老师的考生来说绝对是一个巨大福利。并且教师编报考竞争日益激烈，特别是"双减"政策下，教育机构很多老师转向报考教师编，所以现在公费师范生毕业能够入编入岗还是比较有优势的。但是一般来说，公费师范生分配的地方是比较偏远或者经济欠发达农村地区，并且有长达5~6年的服务期，如果比较介意这一点的同学谨慎选择。

对于普通师范生而言，上学期间与普通英语专业学生的最大区别是学习内容的侧重点不同，师范生侧重教学，理论和实践方面均有涉及。在就业的时候，对口的工作肯定是英语教育方向。但是想要进入公立学校，也是需要和其他专业的同学一起进行统一的编制招聘考试。如果选择考研对口的专业是英语学科教学。总体来说相比英语专业的同学可能会在面试时有一些优势，毕竟在教学方面师范生都经受过专业的训练。不过近年来英语专业考编的报录比很大，竞争压力每年都在增长，所以想要考到一个理想的学校并不容易。

而如果离开英语教学这个岗位，进入其他英语类相关的专业，肯定比起英语大类招生的同学弱势明显，所以总体来说，如果不是认定就想要走英语教育这条路线，不建议在本科阶段就报考英语师范类专业。

(2) 商务英语、翻译、汉语国际教育专业的就业差别

商务英语是以应用语言学为理论基础，广泛应用于商务、经贸等领域，是英语的一个重要的分支和边缘交叉学科，随着国际商务往来的日趋频繁，商务英语也在促进人类的文化交流和各国间的商务往来中发挥着越来越重要的作用。商务英语专业是商科和英语的结合，英语水平是基本要求。随着经济发展，对于既懂商业贸易、市场营销、经济管理，又精通英语的复合型人才，市场一定是有需求的。但商务英语与双学位培养不同，这个专业，既不是纯商科专业，也不是纯英语专业，可能哪一门都不精通。商务英语毕业生可以从事国际贸易、商务谈判、翻译、涉外文秘等。总体来说，商务英语的就业方向更偏向于从事企业涉外商贸、行政等工作。工作中可能会涉及翻译的内容，但不是主要部分。

翻译专业没有限定某一个领域，主要学习的是口译笔译理论基础以及实践，目的就是将英语和汉语相互转换，解决语言沟通问题。如果从事对口的工作，可以成为英语口译或者笔译员，在政府或企业从事翻译工作。如果是政府单位的翻译工作，可能除了文件翻译还会承担一些接待外事人员的工作。而如果在企业工作，翻译的方向与公司方向密切相关，比如医疗公司就会有较多的医疗相关文件进行翻译。相较于商务英语专业，翻译的工作不会涉及过多的商业、市场等方面的工作，但如果从事的是商务方面的翻译，基本的商务知识还是需要掌握的。

汉语国际教育这个专业与上述两个专业的差别较大，这个专业属于教育类专业。汉语国际教育的基础学习内容大致有语言、文化、教育等。而汉语国际教育的对口就业就是在国内或者国外教外国人汉语。对口就业可以去应聘孔子学院中文老师、国际学校中文老师或者创办汉语教学机构等。总的来说就业情况堪忧，不建议报考。

总体来说，如果选择英语专业，本科期间最建议报考的是英语大类专业，不建议在本科期间就过早地聚焦在某一方面，否则会在一定程度上缩小就业道路。

六、英语专业升学介绍

（一）出国留学与国内深造

英语专业的同学本科毕业时，如果选择读研，都会碰到一个问题，是选择出国留学还是选择在国内深造呢？因为英语专业硕士留学大部分很难申请到奖学金，所以就算出国读一年硕士，也要花费 20 ~ 30 万人民币。

因此，首先要考虑家庭经济情况，是否能够负担得起出国留学的费用，再做其他考虑。如果是家庭经济能够负担得起出国留学，则建议大家从国内考研和出国留学的优缺点进行考虑。

出国留学的优点：一，能够真正生活在英语国家的语言文化氛围里，说英语、用英语终于不再是纸上谈兵。二，"学英语，那一定要去英语为母语的国家学习"，生活在这样的环境下，能够学到地道的英语，在生活中也能体验到很多课本没有，或者是无法通过学习获得的经验体会。三，能够最一线接触到国外英语教学方式、研究资源等。四，能够锻炼个人生活能力，心理承受力。五，相较于国内考研，转专业更容易一些。六，回国如果想从事出国留学、进入外企或者做一些与国际接轨的工作，工作单位更偏爱有留学经历的同学。

出国留学的缺点：一，花费较高。二，朋友圈、导师基本在国外或者同学毕业后基本也散落在国内各个城市，回国后可能没有什么关系网。三，对于个人生存能力、心理承受能力是一个挑战，需要忍受孤独。

国内读研的优点：一，花费较少，相较于国外环境，国内环境更容易适应。二，国内读研的导师、朋友可能会在未来找工作中有一定指导、帮助。三，国内读研毕业要求必须发表文章，如果想从事一些研究工作或者在国内申博可能会有一定优势。四，如果未来的工作倾向于考编、考公，在国内读研有更多的准备时间，这样的单位可能一定程度上也更偏爱国内毕业生。

国内读研的缺点：就英语专业而言，国内的英语学习环境与国外相比确实存在差距。

补充一点，如果本科已经决定未来会出国留学，那么最晚应该在大二暑假、大三进行准备。需要提前做的准备主要有以下几点：一，语言考试，包括托福考试、雅思、PTE 考试等，每所学校不同专业要求的最低语言成绩不同。二，学业绩点，基本所有学校对于学业绩点都有一定要求，越好的学校对于学业绩点的要求也越高。三，推荐信，这也是国外研究生申请必要的材料，能够选择业内厉害的老师为你写推荐信一定程度能提升你的录取率，尤其是对于想要冲排名前二十的学校的同学，推荐信还是十分重要的。四，学生活动，与国内考研不同的是，国外研究生申请不仅看重成绩，也看重大学期间参加的学生活动、社团活动、志愿者活动，等等。

（二）留学专业选择

通常来说，英语专业毕业生出国如果不转专业，读的一般都是授课型硕士，选择研究型硕士的比较少。可以选择的专业有四个大类，分别是 English Literature（英语文学）、Linguistics（语言学）、Translation（翻译）、TESOL（教育）。不同的学校在一些大方向下还会有一些细小的分支，在这里我们以 UCL（伦敦大学学院）为例，介绍一下每个专业大体的情况以及未来就业方向。

（1）文学类专业

伦敦大学学院的英语文学方向项目为 Comparative Literature MA，主要侧重现代文学理论研究以及比较文学。各个大学开设的文学方向不同，侧重点也不同，如果对文学比较感兴趣的同学可以多看看学校官网的专业介绍，选择最适合自己的专业。

官方给出的就业方向主要有出版社工作，学术研究、教育以及新闻从业者，同时也有一些毕业生选择了政府工作、文学翻译、教育等工作。

（2）语言学专业

伦敦大学学院的语言学专业为应用语言学，Applied Linguistics MA。应用语言学注重研究应用语言学关键理论和热点问题以及将这些理论应用到实践，以及国际语言教学环境中。

应用语言学的就业方向主要是大学讲师、研究院、公立学校以及私立学校的管理者，教材编写者，教育顾问，政策制定顾问，等等。

(3) 翻译专业

由于伦敦大学学院研究生项目没有设置翻译专业，笔者选择了翻译专业比较热门的学校之一，纽卡斯尔大学。翻译专业就是将两种语言进行互译，纽卡斯尔大学的翻译专业设有中英翻译，主要的训练有翻译、同声传译、连续翻译、翻译的科技使用，等等。纽卡斯尔大学的翻译专业还设置了口译和翻译研究。

就业方向：口译、笔译、国际公司从事商务贸易口译、外交部，等等。

(4) 教育专业

教育专业也是许多英语专业毕业生选择的热门专业，那么如果是英语教学方面最对口的就是TESOL（英语教育）专业了。伦敦大学学院的英语教育专业分为有工作经验和没有工作经验的两类，课程设置稍有不同但整体差别不大，笔者以没有工作经验的为例向大家介绍。TESOL（英语教育）专业主要面向想要从事英语教学的从业者，这个项目会从专业的角度介绍关于TESOL（英语教育）的最新发展、理论研究以及实践应用。

就业方向：因为TESOL（英语教育）专业的专业指向性较强，所以大部分毕业生会从事英语教育相关行业。那么这个项目会给予教育求职者良好的知识理论储备以及UCL教育关系网。

（三）英语专业考研难度以及考研专业选择

英语专业考研总体难度大，但是不同的专业考试科目有些许不同，同学们一定要根据自己的情况取长补短。国内研究生教育主要分为学术型硕士和研究型硕士。学硕和专硕的学制不同，一般情况学硕时间是三年，专硕是两年，不过也有部分院校的专硕时长也是三年。

在就业方面，学硕更偏向学术研究，所以如果有想要继续读博的同学可以考学硕。而专硕更偏向实践性，结合专业情况，如果想要毕业尽快找工作的同学可以考虑专硕。

表3-3　为近十年的考研报名录取数据分析

年份	报名人数（万）	增长率	录取人数（万）	报录比
2022 年	457	21.22%	110.7	4.1:1
2021 年	377	10.56%	117.65	3.2:1
2020 年	341	17.59%	110.66	3.1:1
2019 年	290	19.75%	91.7	3.2:1
2018 年	238	18.41%	85.8	2.8:1
2017 年	201	13.56%	80.6	2.5:1
2016 年	177	7.34%	66.7	2.7:1
2015 年	164.9	−3.80%	64.5	3.9:1
2014 年	172	−2 27%	62.1	2 6:1
2013 年	176	6.30%	61.1	2.9:1

一般来说，英语专业考研主要有以下四个方面：

（1）英语语言文学

主要研究英美文学研究领域中的问题，目的在于提高文化素养，理论水平和研究能力。如果对文学作品感兴趣，喜欢读书，未来偏向搞学术研究，英语基础过关，二外学得也不错，可以考虑选择英语语言文学专业。如果有毕业想考公务员的同学也可以选择这个专业，因为许多公务员招录公告专业限制条件都写的是英语语言文学。

考试科目：a.思想政治理论；b.第二外语；c.专业课一和二。不同学校的专业课选择的考试科目会有所不同，常见的考试科目有英语综合、基础英语、英语专业综合知识、写作与英译汉、英美文学等。

这个专业的就业方向主要有：读博、大学老师、事业单位、公务员等。

（2）外国语言学及应用语言学

外国语言学主要学习语言学理论和理论在学科教学等情形下的应用，涉及语音学、语义学、句法学、二语习得，等等，总体来说比较偏向理论研究。如果对于语言学理论知识感兴趣，逻辑思维较高，英语基础、二外过关可以考虑外国语言学及应用语言学专业。

考试科目：a.思想政治理论；b.第二外语；c.专业课一和二。不同学校的专业可选择的考试科目会有所不同，常见的考试科目有基础英语、英语综合、通识外语写作。

这个专业的就业方向与英语语言文学就业方向大体一致，但是公务员招考招聘专业中，英语语言文学比外国语言学及应用语言学要高一些。

（3）翻译

主要研究中外翻译史、翻译理论、技巧和原则，学习不同派别的翻译观点，不同文体翻译需要注意的原则和技巧。不同学校的翻译专业侧重也有不同，有的学校侧重笔译，有的侧重口译，选择学校时要多多了解。翻译专业适合对翻译实践感兴趣，喜欢动笔、动口的同学。并且这个专业不考二外，但也正是由于这一点选择报考翻译专业的同学较多。

考试科目：a.思想政治理论；b.汉语写作与百科知识；c.翻译硕士英语；d.英语翻译基础。除政治以外初试科目为院校自命题，各院校题型不一。

就业方向：出版社、翻译、公务员、外企，等等。

（4）学科教学

英语学科教学专业指向性很强，如果想要去中小学做英语教师，这个专业就十分适合你。宇宙的尽头是编制，学习这个专业的学生大部分目标都是考教师编，但这也是一个最卷的专业。总体来说考编难度很大，一定要有良好的心理素质和持久的战斗力。

考试科目：a.思想政治理论；b.大部分学校考英语二，相对简单些，少部分学校考英语一；c.专业课一和二。不同学校的专业课选择的考试科目会有所不同，常见的考试科目有教育综合、英语教学论。

就业方向：教师、公务员等。

七、报考建议

（一）学科排名

外国语言文学专业学科评级来自 2017 年底教育部公布的第四轮全国外国语言文学学科评估结果。

扫二维码查看详细评估结果

（请看英语–表7–外国语言文学第四轮学科评估）

（二）报考建议

当然，除了考虑高校的专业能力外，择校还要综合考虑学校的整体情况，所在城市等因素。至于综合学校排名和专业排名哪个要优先考虑，这就是见仁见智了。笔者个人意见如果在 985、211 范围内能选专业也强的学校肯定为最优，如果两者只能选其一可能能够入围 985、211 学校是相对更重要一些。因为现在很多企业招聘的第一关就会根据学校是否为 985、211 来筛选简历。当然，还要考虑城市因素，每个城市相对来说都会更加认同本地的高校。

所以如果分数既不够综合实力强校，也不够教育部测评的专业强校，那可以考虑从城市入手。选择一个自己想打拼的城市，再在当地寻找一个用人单位认可、声誉较好的学校，同时综合师资力量、培养方案等因素选择一所大学。选择学校相对来说比较主观，见仁见智，只要选择一所自己满意的学校就是最好的。

（1）对于已经决定报考英语专业的同学和家长，整体报考建议如下：

①尽量选择英语大类专业。

因为大多数同学在高中毕业的时候并不能完全确定未来从事的行业，对未来的职业规划大多数是模糊的，所以建议本科期间报考英语大类招生的学校。这样在大学四年可以接触到英语学习的方方面面，在大二、大三甚至研究生期间再进行专业细化，未来职业道路的选择也会更宽广。几乎没有一个岗位会要求一定是商务英语类或者师范类（公费生除外），但是如果你选择了师范类英语再去应聘外企会非常吃亏。所以选择英语大类会让自己今后的职业有更多的选择。

②关注报考城市。

外语类的学习相对于其他专业更需要志愿者、实习类活动。大学生能够接触到的这类活动都一般都会由大学所在城市提供。所以选择一座英语类活动丰富的城市也是十分重要的，首选一线城市或者沿海城市，其次是二线或者西部国家重点发展城市。这样的城市通常会有各种外事类活动，相关单位也会联合大学选择优秀的英语专业大学生做志愿者或者实习生，这对于以后找工作或者升学都有非常大的作用。

③尽量选择强校。

如果专业和学校两者只能选择其一，笔者建议先选择强校。理由是好学校一定有更多的机会，更大的平台。如果选择了好学校，不必纠结英语专业在学校里没有存在感，没有地位，好学校提供的平台和机会一定是差一个档次学校所没有的。例如笔者提到的外事实习活动，相关单位先找的合作院校一定是当地城市的强校，不会在意那个学校的英语专业排名。国外知名大学的交换生活动也是更倾向于和综合排名较高的中国高校进行合作，在这样的学校也会有更多的出国、拿奖学金的机会。并且，能够进入强校的师资门槛也是更高的，管理也是更严格更正规的，不用担心学科排名相对靠后教学质量就会低的问题。

（2）不同学校英语专业的特色

笔者将开设英语专业的高校分为以下四类，分别来介绍一下这四类学校英语专业的特点，考生和家长在进行志愿的选择时可以有所参考。

①外语类高校。

学习英语专业的同学肯定最想进入的就是外语类强校，例如北京外国语大学、上海外国语大学、广东外语外贸大学等。这类学校的最大特点是师资力量强，专业更细化，外语类选修课种类多。很多教师是英语专业的知名专家，资深译员。在这样的学校能够听到很多知名专家学者的讲座，英语学习氛围极其浓厚，学校的出国交换生活动、英语实习机会都是最多的。并且外语类高校对于翻译能力更为重视，训练的机会和条件会更多。比如北外会在大学前两年对英语专业的学生进行严格的语言基本训练，在大三大四会进行系统的口译、笔译训练。视传、交传、同传以及文学翻译、报刊翻译都会有所涉及。

②师范类院校。

师范类学校的英语专业主要侧重点是教育，例如北京师范大学、南京师范大学、首都师范大学等。大部分师范类院校都会要求上教学教法，教学实践相关课程，既注重学生的英语语言能力，也重视学生的教学能力。通过课堂培训、教育见习与实习等多种方式培养优秀英语教育人才，注重学生的实践能力、演讲、表达能力培养。

③综合类院校。

综合类院校更偏重研究能力，人文类学科综合素养的培养。例如南京大学英语系注重研究，有很多注重研究语言文化的课程，例如文学通论、外国文化通论、西方思想经典、中国思想经典、古英语语言与文学、英语戏剧研究等。这些课程都需要阅读大量的英文原版材料，写大量的英语论文，对于阅读和写作的能力要求较高。同时，综合类院校也有很多出国交流学习的机会，南京大学每年会选送许多优秀本科生和研究生赴境外一流大学进行交换学习。

④其他专业学科类院校。

这类院校的英语专业最大特点是除了英语学科课程，也会为英语专业学科的学生开设学校特色的学科课程。财经类院校例如对外经济贸易大学，中央财经大学会开设经济学、金融学的课程；法律院校例如中国政法大学、西南财经政法大学会开设法律语言类课程；传媒类院校例如中国传媒大学会开设英语主持、全球传播学、国际关系等课程；理工类院校会开设高等数学，甚至编程等课程。这样的专科类院校的英语专业也会给英语专业的学生提供跨学科学习机会，甚至辅修第二学位提升求职竞争力。

八、英语专业学长学姐说

首先谈谈四年来就读英语专业的感受。简单一句话概括就是痛并快乐着。笔者本科就读于一所985非外语类高校,英语专业虽然不是学校的热门专业,但是总体的学习要求是很高的。痛点就是大学的学习并没有像高中时候想象的那么轻松,大一大二像高中一样每天上早自习、早晨坚持背单词、复习前一天老师所讲的内容,有的时候感觉自己仿佛还在高中一样。还有期末考试的压力也比较大,如果想要取得好成绩,为了保研做努力,那么期末复习周也都是一直泡在图书馆,晚上回寝室还要再背一背,记一记。所以如果真的用心、努力学这个专业的话,是要付出很多的。

但是笔者感受到更多的还是快乐,因为选择了一门自己喜爱的学科,也通过这门学科了解了不同的文化,看到了更大的世界。笔者在大一入学看到学校多样的交换生项目,便立下了大三出国交换的目标。在大一大二完成课内学业的同时,完成了托福和雅思考试,大三顺利进入英国交换学习。笔者所在班级有近三分之一的同学进入美国、英国等国家进行交换学习。同时,英专生也有更多的机会参加志愿者活动和实习活动。笔者在大学期间多次参加过市级外事活动,拓宽了视野,也为日后工作奠定基础。所以,笔者认为如果大学四年能够认真对待学习,有自己的目标,大学生活一定是丰富多彩、收获满满的。

九、相近专业介绍

现在大多数高校的英语专业一般按英语大类招生,学生在大一大二会学习英语专业核心课程、校级通识课和学校公共基础课,在大三大四(部分学校在大二)进行专业方向选择。每个学校对于方向设置都稍有不同,在这里笔者会选择大多数高校设置的方向进行介绍。

参考北京大学、北京外国语大学、上海外国语大学、南京大学、广东外语外贸大学英语专业培养方案,大多数高校都设置了英语文学方向、语言学与应用语言学方向、社会学与文化研究方向还有翻译方向。有的学校将英语翻译单独设置为英语学院下的一个专业,课程设置上的差别主要是比英语翻译专业对于翻译类的课程设置的更详细、更多一些。在此便以英语翻译方向为例，不再赘述。

（一）英语文学方向

英语文学方向主要侧重于英美文学，课程设置主要有英国文学、美国文学、英语诗歌、英美戏剧、英美小说、文学批评导论等。通过课程的设置和培养方案不难看出，选择英国文学方向可以为将来考研或者出国打下基础，特别是致力于考取文学方面研究生的同学，在进行专业方向选择的时候，应当首选英语文学方向。

（二）语言学与应用语言学方向

语言学属于理论性研究，涉及英语词汇知识、语音知识、语法知识、修辞知识、英语变体、英语学习策略等。语言学再细分又可分为语音学、形态学、句法学、语义学、社会语言学、语言习得，等等。语言学的难点主要在对于抽象理论的理解与应用。在考研或者出国留学读研中，都有 linguistics（语言学）这一个分支。对于想读研读博选择语言学的同学们，推荐选择这一方向，可以在本科学到语言学的基础知识。正如一开始所提到，语言学更偏向于理论性研究，所以选择这一方向以及后续考研想考取这一方向的，读博、做研究、在高校教学可能是许多语言学学生的选择。当然，如果选择了语言学但是不想做研究，通过适当的调试，也是可以从事笔译或者教学相关工作的。

（三）社会学与文化研究方向

文化研究方向在本科阶段一般学校的侧重还是在英美传统、现代文化。文化研究涉及面较广，知识面杂，涉及文学、历史、宗教、哲学、美学、艺术、社会学等多个领域。随着社会发展，国家倡导培养具有扎实的英语语言功底，较强的跨文化能力的高层次国际化优秀人才，所以跨文化研究方向近年来受到英语专业学生的热捧。同样，如果同学们有留学深造或者考研的打算，对跨文化交际研究感兴趣的同学可以选择这一方向。未来也可以在国际关系与政治、新闻传播等不同领域有所发展。

（四）翻译方向

翻译方向在本科期间一般不会细化笔译、口译、文学翻译等，一般开设翻译方向的学校会在专业选修课中开设各种形式的翻译课程，供同学们在本科期间广泛接触各种翻译知识，为之后的工作或者学习打下坚实基础。翻译方向由于其应用性强，是这些年来比较热门的方向，也是考研比较热门的专业。但在这里笔者想要提醒的一点是，随着现代科技的发展，翻译的可替代性还是比较强的，这一点还需要大家考虑。

第四章　中医
——治病救人的中华传统"手艺"

引言————————————————————————————————

中医学专业可以说是一门具有悠久历史的专业，很多人也许对中医专业并没有一个全面详细的认识，但也一定会熟悉华佗、张仲景等中医名家。中医学专业培养系统掌握中医学基本理论知识和基本技能，适应现代中医学发展和高等中医教育需要，具备良好的人文和自然科学素养、扎实的西医学基本理论和基本技能、一定的中药学及预防医学相关知识，具有较强临床思维能力和临床实践能力的中医学专门人才。

每个人都可以学习中医，感受中医。因为学习中医就是感受我们身边的世界，学习中医就是内视我们自己的身体。从原始、从本质中感受世界，这就是我们要学习的东西。世人皆认为中医玄而难学，浅尝辄止、半途而废者不在少数，那么，究竟什么样的人才适合学习中医呢？

一、中医专业介绍与特点

（一）什么是中医专业？

中医学是一门普通高等学校本科专业，基本修业年限为五年，授予医学学士学位。本专业培养适应中国医药卫生事业现代化发展需要，德、智、体全面发展，系统掌握中医学的基本知识、基本理论和基本技能，具备较强的中医临床思维和实践能力，具有一定创新能力，视野宽、基础厚、能力强的高层次研究应用型中医学人才。

早年的中医以师带徒的形式传授，大多是中医世家。真正以学校教育方式传授则是在中华人民共和国成立后才开始，开办学校都是中专性质。直到1962年，我国才有了中医学第一批本科生毕业。发展到今天，很多综合大学里也已经开设了中医学专业。医学是最人文的科学，也是最科学的人文，医学是治病救人的科学。

本专业毕业生可继续攻读中医学类、中西医结合类及相关专业的硕士、博士学位。从事行业：医疗、科研、教学、管理等。就业岗位：中医师、中医美容师、中医理疗师、大学教师、科研研究员、行政管理员、医药销售代表等。

"发展中医药事业，中西医并重"是我国在医疗界制定的基本方针。掌握了与中医学有关的知识和技能，了解中医学科和现代医学发展方向的中医人才是国家和社会当前紧缺的人才，整个社会对中医医生的需求会越来越多，在国家整体政策的指导下，中医的人才必然会供不应求。

（二）中医专业的研究对象

中医学以人体的"现象—状态"物质层面为研究对象，从而建构起独特的医学理论体系。把中医学从医学整体中分化出来，形成"现象—状态医学"学科，将推动中医学的科学认识深化，促使其按自身规律向成熟的科学学科形态发展。

中医学以人体为研究对象的内涵宽泛，中医学形成于中国古代，笼统地以人体这个复杂的生命系统为研究对象，在其形成、发展过程中，受中华民族传统文化、思维方式、科学技术水平以及创造的认识工具的影响和限制，形成了一个认识生命和征服疾病的独特的医学理论体系，与西方医学完全不同。

中医学研究人体生理、病理现象把握生命和疾病的本质，不是脏腑组织结构与功能层面，也不是基因与遗传层面，而是人体的生理、病理状态。中医学是通过研究人体生理病理现象，来把握人体这个复杂巨系统在一个时间段的生理病理状态（状况）的。那么，中医学通过现象所把握的状态是什么呢？用中医学的科学语言表述，生理状态是"藏象"，如肺的生理状态是：主气司呼吸、宣发肃降、通调水道、朝百脉助心行血、主治节；病理状态是概括了疾病某一阶段的病因、病位、病性和邪正盛衰情况的"证候"。中医学是通过研究生命活动的外在征迹、外在现象，来把握生命和疾病的状态。

（三）中医专业的前景解析

（1）中医专业的优势分析

首先，中医是中国五千多年的传统文化，是中华民族的智慧结晶，是根据中国哲学的天人合一、五运六气等学说，按照阴阳五行所揭示的生命运动的规律，以脏腑经络学说为基础，运用望闻问切四诊合参进行诊断，借用简便易行的方法和自然界万物的偏性来纠正人体偏性，使之恢复到和谐平衡状态，从而保障人们健康的医学。中医的理论与现阶段生物—心理—社会医学模式相契合，在治疗上强调"天人合一"的整体医学模式，讲究辨—证论治、个性化治疗，重视养生保健，强调人体自身的自我平衡功能，用综合调理治疗模式治疗其所痛，使人体恢复动态平衡的健康状态。中医顺应新时代人们关于健康方面的需求，有良好的发展前景。

其次，中药是天然植物药，低毒，无耐药性。中医治疗方法多样化（药物治疗、针灸、刮痧、导引、推拿、气功等），治法简单、方便，易于掌握，疗效确切，价格便宜。在目前医疗费高涨，"看病难，看病贵"的局面下，易于推广。可满足群众多元化，多层次的需求。

最后，中医药的养生保健、简便廉验和人性化服务等代表了未来的医学发展方向。中医首重养生保健。中医养生保健理论可以说每个人都知道一点，如冬吃萝卜夏吃姜，不劳医生开药方。这就是一种养生方法，中医知识在我们的日常生活中也很有用。并且中医学专业一般都是从事一线临床工作，担任医生职业，工资待遇都很不错。

（2）中医专业的机会分析

前文提到"发展中医药事业、中西医并重"是我国政府在医疗界制定的基本方针。《中医药健康服务发展规划（2015—2020年）》《中医药发展战略规划纲要（2016—2030年）》《中共中央国务院关于促进中医药传承创新发展的意见》等文件明确提出要"发展中医药文化产业"。全国中医药大会提出"加快推进中医药现代化、产业化，推动中医药事业和产业高质量发展"。在这种机遇背景下，中医药与文化、旅游、产业、康养、保健等领域相互融合的趋势不断凸显。随着人们预期寿命的增长，今后需要医疗保健服务的地方将会更多，所以中医学专业也是属于大健康产业类别的重要组成部分，具有长期发展、持久发展的潜力。

二、对中医专业认识方面的误区

（一）学中医只要会背诵？

学医都是要背书的，背书是学医的最低要求，并不是会背诵就能学好中医。其实中医西医都一样，每一科都要背，有些甚至没有重点需要整本书全都背下来。医学生背书不仅要背得熟，还要去深入理解。像古籍里的条文，乍一看大同小异，不去结合上下文理解，只会不知所云。如果只是靠着浅层次的理解和大概的印象，小则期末考过不了，大则会治不好病人当不了好医生，甚至导致严重的医疗事故。

健康所系，性命相托。中医的学习可以说是辛苦的，可能比高中三年还要苦。医学专业本科都是5年起步，在这5年里，既要研究古文、中草药、人体解剖等，还要懂方剂的配制、学习西医的临床技术……吃苦耐劳是一名合格的中医学生最基本的觉悟，要想治病救人，永远不能停下学习的步伐。何况中医有很大一部分经典并没有完整传承下来，受到战乱等原因导致残缺不全，比如汉代的医经十三部到现在就只剩下《黄帝内经》和《神农本草经》。所以有些经典甚至还需要现代人去推测验证。中医文化有许多被历史风尘掩埋的知识宝藏，有待一代又一代的中医人去发扬光大。

（二）中医真的有用吗？是伪科学？

当然不是，中医在几千年的时间里都在尽心尽力为中国人的健康保驾护航。如果有人说"中医是安慰剂""中医是伪科学"，你会信吗？显然，这些话并不可信。还有人把中医和西医拿来对比，说中医远不如西医，这是谬论。无论中医还是西医，研究的都是生命运行的规律，不能一句话就把他们割裂来看。只不过中医和西医在治疗上的侧重点不同，西医喜欢从微观入手，把人体参数化后进行精细研究。中医主要从宏观来看待病理，从观察到的现象中找出有价值的统计学特征，这也是非常需要智慧的。

西医和中医其实只是表达方式不同，在内理层面实则是一致的，比如西医要用科学术语和数学去记录实验和手术，中医要用阴阳五行、经络气血等概念性的文字表达问题。其实中医来自民间的医疗实践，在文人的总结和提升下，转变成中医理论，然后再指导临床。一个自于民间的、朴素的、简单的东西，由我们祖辈反复总结出来的东西，我们为什么害怕学习，不敢学习呢？为什么要排斥它呢？

随着人类社会的进步，人类有太多的办法适应自然界的变化，但也正因为如此，反而忽略了自然界的变化，人类自身适应自然界的能力在不断下降，自然界稍有变化就会导致许多人生病。学习中医，就是让我们认识我们的大自然，认识我们自己的身体，从而让我们融入大自然，寻求健康生存的养生之道，寻求疾病的治疗之道。

（三）医生一定就是好职业？

医生不一定是好职业，如果按学医的支出来算的话，从事别的职业未必没有一番作为，但是医生属于很"稳"的职业。其实职业不存在一定的好坏之分，可能只有适合和不适合。因为所谓的"不好的"职业基本随着社会的进步、科技的发展淘汰掉了，如果医生真的不是一个好职业，那么也不会成为报考的热门专业。每年医学类专业的分数线都居高不下，很多人埋怨着能去双一流大学的分因为学医只能去一个二本院校。但是每年有着大量青年人投入这项事业，这就说明医疗行业依然有着其独特的魅力，吸引着无数才俊为之奋斗。

刚毕业的医学生需要用心学习和规划自己的职业生涯。在这个阶段，多数的医生收入低、工作强度大，付出和回报不成比例。但是厚积薄发，具有中级职称后的医生们就具备了一定的医疗自主权，能够独立应付大多数临床情况，开始有自己的患者群体，收入逐渐得到改善。并且随着职称和资历的增长，收入和社会地位也会节节攀升，各地医院都有吸纳高层次人才的招聘条件。所以"医生越老越值钱"这话说得一点也没错，职业生涯稳定、不易被淘汰，后劲足，同时医生几乎没有像 IT 行业需要担心的"中年危机"。

（四）学中医文科生或者理科生更有优势？

理论上讲理科生会有优势，因为即使是中医学专业，也会需要学习生化知识。但是实际上并不见得，高中所学的理科知识本身比较浅，不至于影响后续的学习，文科生虽然需要下更多功夫，但是理科生并不是有绝对优势。关键还是在大学花时间、花精力去认真学习。

并且从招生条件上也可以发现，中医学专业无论文科生还是理科生都能报，这也能说明，在学习中医学这条路上，不存在文科生更有优势或者理科生更有优势这种说法。

三、中医专业学习内容

（一）核心课程

现代的中医学是中西医并重的，这一点也体现在院校的课程安排及中医执业医师考试大纲要求中。

以下是大部分院校本科学习中会涉及的一些课程：通识课程：外语、体育、思想政治理论等。

专业课程：

大一上：中医基础理论、正常人体解剖学、医古文

大一下：中医诊断学、生理学、生物化学

大二上：中药学、病理学、药理学

大二下：方剂学、诊断学基础、病理学、药理学、医学免疫学与病原生物学

大三上：伤寒论、黄帝内经、针灸学、西医内科学、西医外科学

大三下：温病学、金匮要略、温病学、中医西医临床技能培训课

大四：中医内科学、中医外科学、中医妇科学、中医儿科学、中医骨伤科学、中医耳鼻咽喉科学、中医眼科学

大五：毕业实习、毕业考试

期间还会夹杂一些看似与未来工作无关，但其实息息相关的一些课程，譬如：医学伦理学、卫生法学、医患沟通、文献检索。

课程的第一个特点就是多，以上课程仅是必修课程，还包括公共选修课及专业选修课，专业选修课是指与专业相关的一些课，例如推拿学，推拿学并非中医专业的必修课程，但事实上也是整一个中医大类下的小分支。

课程的第二个特点是杂，医学是最人文的科学，也是最科学的人文，我们需要学会一些沟通技巧，也需要学习日后工作过程中的法律法规。现代医疗技术很发达，对传统中医的诊疗过程也有很大帮助，所以临床医学的课程也很关键。

课程的第三个特点是难，从列举的课程顺序也能看出本专业的课程有很强的连贯性，所以从大一开始，学中医就得稳扎稳打。中医学是一条难走的路，选择了中医就是选择了埋头苦读。

（二）中医专业学习的乐趣与难点

中医学拥有属于自己的知识框架，学习的过程中会有玄之又玄的感觉，但是如果按照中医的思维走下来，却又是合情合理的，并且中医学与日常生活联系密切，不经意间看见的小草可能就是一味课本中能学习到的中药，空闲时间也有机会跟随老师去野外实地观察中药。像针灸、推拿也是一门自己就能操作的技术，学习累了和同学互相推拿放松一下，也能自己制作驱蚊包、泡脚包之

类的中药包，实际应用中医中药。中医的历史久远，各名医的故事层出不穷，也很有意思。像扁鹊、华佗之类的故事如今也能在历史传记之类中读到。

但是同时，中医学的学习难度是很大的，平时我们喜欢说"老中医"，中医需要经验的积累，见多识广，中医是经验医学，讲究思外揣内、见微知著、以常衡便，中医在诊断过程中得到的不是最直接的病因病机，需要加以自己的知识去综合考量，所以也需要不断阅读经典，学习名老中医医案。

四、中医专业适合哪些学生

（一）有强烈的从医心愿

古代名医叶天士曾说："医可为而不可为，必天资敏悟，又读万卷书而后，可借术济世。不然，鲜有不杀人者，是以药饵为刀刃也。吾死，子孙慎勿轻言医。"这句话经常被人拿来作为"中医不是什么人都能学"的论据，很多人觉得学中医必须要有天赋。但是现在，只要你想学中医，愿意在中医上面花时间，就能学有所成，我们站在前人的肩膀上，有着丰富的各类医家的医案，并且会有自己的研究方向。对医术精益求精，现在也一样适用。

大多数医生，只要有平常人的智力水平，专业知识学习合格，就可以胜任职位。从古至今，中医治疗常见病的知识都不深奥，简单易用。难学的是治疗疑难杂症，治疗危重症。而现在的医疗体系的分工，对于治疗疑难杂症、危重症的知识，只有少部分人需要去学习研究，大多数人不用学习。在这种情况下，中医也就变得人人可学。所以拥有强烈的从医心愿并且可以付出持之以恒努力的同学就可以报考中医专业。

（二）家人有从事中医工作的

现在中国的中医大致可以分为两类，一类是传统派中医（也叫师承中医），另一类是学院派中医。所谓传统派中医，就是通过传统的拜师学艺形式或是祖传形式学习而成的中医；主要在各自派系的诊所坐诊，很多也有自己的家传秘方秘法；而学院派中医即通过高考等考试进入各中医药大学中医学专业学习而成的中医，现今在各大医院里工作的中医大部分都属于学院派中医。还有一种是家传中医，高考进入中医药大学继续学习中医，但其中医学有关知识从小耳濡目染，也归为师承中医。如果家里有从事中医工作的同学，从小在中医环境下耳濡目染，那么学起来入门很快，也有一定的知识积累，同时毕业后就业也会拥有一定的保障。

（三）有一定的文学素养

在高考志愿填报的专业类别中，中医学，虽然与其他的医学学科都属于医学类，但是对于考生的学科能力等要求却完全不同。对于基础医学、临床医学、口腔医学等专业来讲，要求的是考生对于生物、化学方面的学科能力和较强的动手能力；而对于中医学来讲，则要求的是考生深厚的语文功底，中医学，对于考生文学功底，对于考生的理解、感悟能力的要求是极高的。此外，除了要求考生具备深厚的文学功底，还需要具备极好的耐心与细心。因此，同样建议具有一定的文学素养和理解力感悟力的学生报考中医专业。

五、中医专业就业介绍

中医学的就业前景总体来说还不错，毕业生主要到各级中医院、中医科研机构及各级综合性医院等部门从事中医临床医疗工作和科学研究工作，当然也有极大部分本科毕业生选择读研深造。

（1）私人诊所

诊所是很多小有名气的中医的选择，中医对现代仪器的依赖性较西医低，所以很多中医在临床上积累了一定的治疗经验，也有了自己的患者群体，追求更自由的诊疗环境、更丰厚的薪资水平，会选择成立自己的中医诊所，或者加入别人的诊所。但是哪怕刚毕业，有较多的中医学子也会选择进入中医诊所，本科毕业后，缺乏临床经验，也没有执业医师资格证，是不能独立行医的，需要在前辈的指导下从事医疗活动。

经过一年的临床工作，便可以报名参加执业医师资格考试。在找老师时，要找临床方向与自己兴趣相同的，比如喜欢研究中医妇科，就尽量找中医妇科的老师，而如果找的老师是研究外科的，跟老师学习会感觉很别扭。老师始终是临床过程中的灯塔，是中医路上指引自己的引路人。

等执业医师资格证书考取后，可以找一些私人诊所，边继续跟师学习、边实践。国家也鼓励举办只提供传统中医药服务的中医门诊部和中医诊所，私人诊所相对各医院来说，更贴近传统意义上的中医，也能满足部分中医学生在报考中医学专业时"不上夜班"的愿望，但是具体收益须看个人水准。

（2）各级公立医院

中医学专业进入医院的就业情况较临床医学是要差一些的，因为如果要进医院工作，中医专业的选择是比较少的，一般只能中医院或者少数的几个有中医科的西医医院。并且很多中医院西化很厉害，尤其是住院部，即使是中医，在住院部主要干得也是西医的工作。

在经济较发达的地区，本科毕业生通常只能去基层医院，甚至基层医院也去不了。有进公立医院想法的中医学学生务必要抓牢校招的机会，校招是入公立医院概率最大的招聘会。但是在经济相对来说弱一些的省份、市区，本科毕业生仍然有机会到县级医院就业。但是对于市级医院来说，门槛一般是硕士学历及以上。

下图为某西部地区市中医院编外医务人员招聘公告：

扫二维码查看详情
（请看中医–表1–西部地区中医院招聘公告）

（3）民营医院

对于中医学专业来说，民营医院也是不错的选择，竞争压力也会较公立医院小。近年来，我国民营中医院发展迅速，已经成为医疗卫生事业支充满活力的生力军，在健康服务中发挥了重要作用。在国家相关政策的扶持和激励下，各地政府和卫生医疗机构抓住机遇，发挥社会办中医医疗机构在提供基本公共卫生和基本医疗服务中的作用，通过政府购买服务方式，支持符合条件的社会办中医医疗机构承接当地公共卫生、基本医疗服务和优先配备使用基本药物，以及政府下达的相关任务，按与公立中医医疗机构同等待遇获得政府补偿。遵循市场机制创新民营中医院发展的思路和模式，突破制约其发展的瓶颈，促进民营中医院健康可持续发展。

（4）药企

中医专业在药企也有用武之地。中医学生在药企中可以参与在研产品临床试验的方案设计，协助医学事务经理完成试验方案输出；配合医学事务经理完成其他产品临床的技术方案输出及执行；配合医学事务经理完成内部医学支持；围绕工作目标与相关工作职责，需开展的其他工作；上级领导安排的其他工作及任务。

待遇示例摘自某药业的招聘公示：硕士：年薪 10 ~ 14 万元；本科：月薪 5000 ~ 8500 元 / 月。五险一金、提供食宿、购房补贴、人才补贴、学习培训、节假日福利、年度旅游、交通补贴、高温补贴、法律援助等。

（5）互联网健康类

现在线上医疗咨询与服务工作越来越火热，中医专业毕业生也可以向医疗服务方向发展，在一些涉及医疗的投资管理公司、电子科技公司等从事网上医疗服务咨询工作，同样也可以发挥自己所学知识。

这类工作的主要内容包括优化健康管理系统评估模型，在疾病改善方面提供专业知识的支撑；针对数据分析优化处方；定期跟踪客户和用户的使用、执行及改善状况，并提供分析报告；收集整理客户及用户的使用习惯，提升用户体验；对用户咨询进行答疑和互动；负责健康管理系统涉及的相关医学基础知识的培训和健康管理系统的使用培训。

对线上健康管理具有浓厚兴趣的同学可以在毕业后尝试这类工作，在扎实的医学知识基础上，首先要学会熟练使用相关软件，善于分析用户需求，对用户体验进行研究，还要具有良好的沟通表达能力。很多医生也在网上有咨询的工作，类似"大家中医"之类的 App 也能进行简单的健康指导工作。

现在很多人逐渐注重养生，中医养生因为温和、持续，所以受到人们的青睐。中医养生就是通过中药理论进行养生，包含穴位经脉和药物两方面内容。因此，擅长针灸的毕业生从事这项工作很有优势。中医养生工作需要通过舌诊、脉诊和手诊辩证顾客体质，制订调理方案；建立顾客档案，实时跟进顾客身体状况；针对顾客身体情况，制订相应疗程。

中医养生工作虽然和医生不一样，但也是在运用医学知识帮助病人恢复健康。只要谨慎对待每一个病人，认真钻研病症，几年之后也会积累丰富的临床经验，可以继续向着行业上层发展，或者转向医院，或者在药店里当坐堂医生，也可以自己开诊所，前提当然是要拿到执业医师资格证。

随着毕业生的大量增加，传统的就业渠道早已趋于饱和，中医学专业的毕业生想要找到工作就一定要打开思路，跟随时代的潮流，寻找临床工作的机会。

（6）留校任教

通常需要博士学历，少数学校还会需要海外留学经历，多数教师也会担任附属医院的诊疗活动，通常不是纯粹的教师。

选取了某中医药大学的招聘公示：

扫二维码查看详情

（请看中医-表2-中医药大学招聘公示）

（7）考公、考编

中医专业同样也能参与考公、考编，抛开三不限类，中医专业能选的还有狱医、消防救援管理指挥岗、海关卫生检疫执法人员等，但是整体可报名类别较少。报考医疗事业单位才是中医学的主要进入体制内的途径。

六、中医专业升学介绍

（一）中医专业考研介绍

相当大一部分中医学专业学生本科毕业时选择考研，每年大概有半数五年制学生升学。大多数中医学子并没有中医的家庭背景，考虑进入各医院的学生会比较多，这样就免不了长达三年的住院医师规范化培训。所以并轨规培的专硕很有性价比，近年来的分数线也是水涨船高。

中医学考研的相近方向有中医内科学、中西医结合临床、中医基础理论等，还有中医临床基础、中医医史文献、方剂学、中医诊断学、中医外科学、中医骨伤科学、中医妇科学、中医儿科学、中医五官科学、针灸推拿学、民族医学（含藏医学、蒙医学等）等学科方向。

考研需要准备的三门课：中医综合、政治和英语，如果有计划读研的同学，可以在进入大学后尽早开始准备，相对来说，保研是更好的选择。如果对临床不是很感兴趣，也可以考虑中医文献学之类的专业，甚至跨考其他非医学专业也是可行的，但是在备考过程中需要加倍努力。值得注意的是，选择了中医学，日后想要考研考到临床医学，去做西医医生这种事情，现在已经不可行了。高考考到什么医学，以后就是什么医学的医生，所以选择专业需谨慎。

（二）升学建议

中医学专业的升学考试难度不大，但是考研往往还要兼顾实习任务，需要自己安排好时间。每年约有一半不到的五年制学生能成功考上研究生，但是不同专业之间的上岸难度有差异，相对来说，中医内科学、针灸推拿学属于报考大热门，虽然各院校招收的人数不少，但是上岸率依然不高。

再就是考虑地域问题，日后的发展地区，以及离家远近，笔者觉得地区院校影响还是相对较大的，经济发达地区和经济欠发达地区带来的资源人脉和眼界格局还是不一样的，对于中医专业来说，南方的市场环境确实比北方好很多。与本科专业的就近报考不同，研究生阶段的择校更需要综合考虑各院校的优势学科，并且结合未来的目标城市做选择。

　　专硕学费每年在 10000 ~ 12000，学硕学费在 8000 ~ 10000，除去国家助学金 6000，每年学校也会从优发放奖学金，在这方面浙江中医药大学、上海中医药大学、北京中医药大学、中国中医科学院、南京中医药大学等学校的奖学金较多，并且相对来说实力也较强，地理位置优越，报考人数也多，上岸率相对较低。

　　专硕型研究生考研的内容主要为统考的中医综合 307、政治和英语（一），少数学校外语也可选日语等。中医综合包括《中医基础理论》《中医诊断学》《中药学》《方剂学》《中医内科学》《针灸学》六门基础课程，能否把握住中医综合的 300 分将直接影响到总成绩，故应给予充分重视。而学术型研究生专业课内容多由学校命题。

表 4-1　历年中医考研国家线汇总（一区）

年份	学硕 / 专硕	总分	满分 =100	满分 >100
2022	专业学位	306	41	123
2021	专业学位	299	40	120
2020	专业学位	300	41	123
2019	专业学位	305	42	126
2018	专业学位	300	39	117
2017	专业学位	295	39	117
2016	专业学位	295	40	120

表 4-2　历年中医考研国家线汇总（二区）

年份	学硕 / 专硕	总分	满分 =100	满分 >100
2022	专业学位	296	38	114
2021	专业学位	289	37	111
2020	专业学位	290	38	114
2019	专业学位	295	39	117

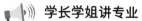
续表

年份	学硕／专硕	总分	满分＝100	满分＞100
2018	专业学位	290	36	108
2017	专业学位	285	36	108
2016	专业学位	285	37	111

七、报考建议

（一）学科排名

中医学专业学科评级来自 2017 年底教育部公布的第四轮全国中医学学科评估结果。

扫二维码查看详细评估结果

（请看中医-表3-中医学第四轮学科评估）

（二）报考建议

（1）中医专业不同学校的研究特色

开设中医专业的院校分两类，一类是专业型医科大学和学院，如北京中医药大学、上海中医药大学、广州中医药大学、南京中医药大学、贵阳中医学院、云南中医学院等；一类是综合型大学，如河北大学、厦门大学、山西大同大学、延边大学等。

中医类院校多规模较小，双一流之类的名头相对不看重，目前仅北京中医药大学中医学、中西医结合、中药学，天津中医药大学中药学，上海中医药大学中医学、中药学，复旦大学中西医结合，南京中医药大学中药学，中国药科大学中药学，广州中医药大学中医学，成都中医药大学中药学入选新一轮"双一流"建设高校及建设学科名单。不同学校的有不同的优势学科，例如河南中医药大学的儿科、黑龙江中医药大学的妇科、浙江中医药大学的金匮要略、长春中医药大学的脑病科、成都中医药大学的中药，等等。但是在本科学习过程中，学习内容大同小异，更推荐选择自己喜欢的城市。

（2）中医学专业的主要研究方向

中医学专业方向主要有中医临床、中西医结合、骨伤科学、康复医学、针灸推拿等。各校根据培养重点和特色优势专业方向可能有所不同，如北京中医药大学中医学下设 9 个专业方向，分别是中医学（岐黄国医班）、中医学（卓越中医班）、中医学（卓越中医京华班）、中医学（卓越中西医班）、中医学（卓越中医儿科班）、中医学（卓越针推班）、中医学（卓越针推对外班）、中医学、中医学（实验班）。考生在报考时，可根据院校专业方向、批次设置，结合自己高考成绩、兴趣爱好，多方面综合考虑报考学校。

八、中医专业学长学姐说

正如钟南山先生说的，"选择学医可能是偶然，但你一旦选择，就必须用一生的忠诚和热情去对待它"，选择学中医后，在大一或者大二时还有一次转专业的机会，但大多数人还是选择了坚持。中医学凝聚着深邃的哲学智慧和中华民族几千年的健康养生理念及实践经验，是中国古代科学的瑰宝，也是打开中华文明宝库的钥匙。在人类文明发展史上，各种医学不断产生又不断消亡，唯有中医学有完整的理论基础与临床体系，历经风雨不倒，不断发展完善，为中华民族繁衍壮大作出巨大贡献。即使在西医占主导地位的当下，中医依然以其显著疗效和独特魅力，在越来越多国家掀起了经久不息的"中医热"。甚至在有的领域，中医学远远走在了现代医学的前面。中医最可贵之处是"治未病"，调节改善全身的功能状态，最突出的是注重整体的理念，所以中医解决了很多西医解决不了的问题。

入学中医学专业可能是偶然，但是既然已经选择了，便只顾风雨兼程。期间会有很多的质疑声，类似前文提到的"伪科学""安慰剂"之类的说法，更需要自己去判断，不断坚定自己的信念，也有很多同学，在身体不适的时候，拿自己当小白鼠，给自己开药方、扎针灸，并在这个过程中对中医越来越信任。也很多朋友都说过，不小心来的中医学专业，但是越学越喜欢这样的话。不同专业大学生的生活不会有太多区别，无外乎上课、社团活动、组织活动。中医学专业的特色类活动应该是认识中药，我们会有机会去实地观察一些中药，也有一些去社区帮大爷大妈量血压、给同学免费针灸推拿之类的志愿活动，课上经常听到老师讲的话是，"这个我课上来不及讲，你们课下自己多看"，随后便是一连串的名家视频推荐。周末、节假日可以去任课老师的门诊跟诊抄方。除去这些，我们的大学生活和其他专业的大学生并没有很大差别，可能期末会更辛苦一些。

学中医也需要做一些动物实验，有些朋友可能会觉得残忍，认为这种实验不重视生命，但恰恰相反，正因为重视生命、敬畏生命，我们才会去做一些动物实验，并且在实验的过程中会尽可能地减少它们的痛苦。慢慢从捣毁青蛙的脊髓都害怕到冷静打针结束兔子的生命，这其实也是一种成长。

如果说学习的时候是热爱的话，找工作确实给我们对中医学的热爱泼了好大一盆冷水，大多数朋友都需要养家糊口，但是本科毕业的机会太少，很多人被迫考研。本科毕业后，缺乏临床经验，也没有执业医师资格证（需临床参加工作满一年才能参与执业医师资格考试），所以本科刚毕业的学生是不能独立行医的，需要前辈带领，在前辈的指导下从事医疗活动，能做的事情很少，加上中医专业的研究生就业也不那么乐观，部分要求本科起步的岗位，也会有研究生来降维打击。

很多人在选择学中医时就抱有一种"中医不用值夜班"的美好想法。事实上，住院医师阶段大多数中医一样在上夜班、值班，干着和西医相差不多的活。所以我不推荐不是绝对热爱，并且家底丰厚的同学报考中医学专业。

九、相近专业介绍

（一）针灸推拿学

针灸推拿学主要研究中医学、中药学和针灸、推拿医疗技术等方面的基本知识和技能，运用针疗、艾灸、推拿等中医技法进行人体的调理、疾病的治疗等。例如：艾灸理气血、调经络，推拿按摩穴位缓解疲劳、舒筋活络，拔火罐活血行气、散寒除湿等。学习的内容和中医学专业大致重合，侧重点有差异，会更侧重针灸、推拿方面。

基础课主要有：中医基础理论，中药学，方剂学，人体解剖学，诊断学基础等。

专业基础课及专业课主要有：经络腧穴学，刺法灸法学，推拿功法学，推拿手法学，推拿人体操作学，实验针推学，针灸治疗学，推拿治疗学，中、西医内科学，中医骨伤科学，康复医学等。

现针灸学已提升为一级学科，提高针灸学国内外竞争力。在中医药国际化的新时期，针灸学的发展面临机遇和挑战。在国内，健康中国战略呼唤针灸学科地位提升，为我国人民健康作出应有贡献；在国际，针灸学需要恰当的学科位置，才能领跑世界。对于普通学生来说，因为这个变化还很新，所以影响尚不可知。

（二）中西医结合专业

中西医结合专业是中西医结合基础下设的一个二级学科。中西医结合基础是中西医结合的一个重要组成部分。它遵循中医药学独特的理论体系，利用高科技手段，运用现代医学基础理论和实验研究方法，对中医学的基础理论，中药有效成分的分离、筛选及其药理作用，中药复方的药效学及作用机理等方面进行了广泛、系统、深入的研究，并已取得许多重大成果，对中西医结合临床实践发挥了重要的指导作用。有一种说法是中西医结合专业爹不亲娘不爱，两头不讨好，就业也更差，但是如果仔细去看各医院的招聘，我们能发现，其实各医院对中西医结合专业较中医学专业是更包容的，同样岗位，中西医结合专业的学历要求大多和临床医学专业的学历要求一致。

（三）口腔医学专业

口腔医学专业主要研究口腔及颌面部疾病的诊断、治疗、预防等方面的基本知识和技能，进行口腔常见病、多发病的诊疗、修复和预防保健等。例如：口腔内龋齿的充填，智齿的拔除，假牙的种植，牙齿的矫正，口腔溃疡、牙周炎等口腔疾病的诊疗等。大街小巷口腔诊所泛滥，大家普遍意识里也有"牙医很挣钱"这种概念，但是挣钱的还是老一辈的医生，那时候的医务人员紧张，随着医院的扩建等，他们更有机会出人头地。但是现在的岗位相对比较饱和，大医院很难，小医院还是容易加入的，加上确实没有其他临床医生频繁的夜班之类的苦恼，所以仍然很值得推荐。

（四）儿科学

有一个顺口溜，大家可能不陌生，"金眼科、银外科，开着宝马口腔科，吵吵闹闹小儿科，累死累活妇产科，普普通通大内科，死都不去急诊科，容易上手耳鼻喉科，经验老成中医科"，现在新增了本科的专门的儿科学专业，国家对于儿科待遇方面，这几年来一直在相应的做努力，儿科确实相对来说容易累，但是也是因为上述情况，儿科专业就业相对要好，这些年大量人员考研、考公，归根到底还是就业形势不好，所以儿科学也值得考虑。

十、其他

学院派中医与传统派中医的区别：

（一）规范性

学院派中医更讲求诊病方式、诊病方法、病症描述及诊断语言、开方等方面的规范，更加尊重书本经典以及几千年所总结出来的相关经验教训。在诊疗中的表述也更为统一，而传统派中医由于没有经过系统规范的科班教学，则可能会没有形成一个"规范"的思维，则对各方面的规范性要求不高。

（二）现代性

学院派中医在学习中医相关课程的同时会学习现代医学的相关课程，而传统派中医有些则只学习中医的课程。后者则会在掌握基本中医知识与技能的同时，可能学习到其师傅的独特的诊病治病技能、偏方等。而前者的培养方式则更加符合现代社会及法规对于一名医生的要求，能使学生掌握中医与西医的知识，客观看待中西医，懂得如何合理运用中医与西医的知识来治病，适合于进入各大医院工作，而现今中医界大咖大多从事学院派的教学工作，学院派中医的学生也有很多机会学到其导师的独特治法，所以学院派中医也有自己的优势。

第五章 电子信息
——当代信息社会的"根基"

引言

电子信息类是一个大类招生的专业，但是很多人对它的了解可能都不够多。实际上，电子信息相关企业无处不在。比如，大家都耳熟能详的华为、国家电网、电信以及移动等企业都是依托电子信息知识领域建立起来的。因此，电子信息在我们的日常生活中扮演着不可缺少的重要角色。

作为一个软硬交叉的专业，电子信息类包含很多更细小的专业知识领域，究竟什么是电子信息类专业呢？电子信息类专业要学习什么内容呢？希望本文能够解答各位家长和考生的疑惑。

一、电子信息类专业介绍与特点

（一）什么是电子信息类专业？

电子信息类专业，是在计算机技术、通信技术和高密度存储技术的迅速发展下广泛应用的一种学科类别，是以物理和数学为基础，深入研究信息载体与信息处理系统的基本规律，以及它们之间的相互关系，进而实现从设计制造电子器件到构建复杂信息系统乃至覆盖信息处理、大数据人工智能全方位创新的学科。电子信息类囊括的方向和内容比较多，这个专业涉及的内容和本专业从事的工作大都与硬件相关。比如设计一些具体的电路和系统等，所涉及的更多是硬件层面的开发，同时也需要编程，又如从事人工智能相关工作，涉及一些神经网络、模式识别算法的研究，所以说它是一个软硬交叉的专业。

这类专业理工兼备，倾向于工科，强调实际操作的技能。它的应用范围广，上至神舟飞船的控制系统、宇宙空间站的控制电路，下至深海潜艇的超声波检测仪，以及身边的日用电器，如电脑、手机、移动硬盘、DVD/VCD……在这些领域中，都与电子信息类专业密切相关。

如今，电子信息类技术已经全面渗透到医疗健康、交通运输、能源环境等各个领域，成为推动国民经济、军事国防等领域发展和支撑国家政治、经济生活的重要力量，是未来世界各国重点发展的热门学科之一。

（二）电子信息类专业的研究对象

电子信息类专业属于工学门类，包括电子信息工程、电子科学与技术、通信工程、微电子科学与工程、光电信息科学与工程、信息工程、广播电视工程、水声工程、电子封装技术、集成电路设计与集成系统、医学信息工程、电磁场与无线技术、电波传播与天线、电子信息科学与技术、电信工程及管理、应用电子技术教育、人工智能、海洋信息工程、柔性电子学、智能测控工程等20个专业。

电子信息类专业主要研究对象包括信息的获取、存储、传输、处理和应用，以及信息与通信设备及系统的研究、分析、设计、开发、维护、测试、集成应用。电子信息类专业是集现代电子技术、信息技术、通信技术于一体的专业。本专业培养掌握现代电子技术理论、通晓电子系统设计原理与设计方法，具有较强的计算机、外语和相应工程技术应用能力，面向电子技术、自动控制和智能控制、计算机与网络技术等电子、信息、通信领域的宽口径、高素质、德智体全面发展的具有创新能力的高级工程技术人才。

（三）电子信息类专业的前景解析

（1）万金油

首先电子信息类专业可以说是整个专业大类里最万金油，宽口径的专业，优势之一就是就业面广，考研选择方向广。无论从事电子、电力、通信、国防，还是互联网，金融，都具备一定竞争力。在地域方面，除了头部企业、研究院所集中的大城市，很多中小城市同样存在大量人才缺口，重要的是自身兴趣与能力，是否与职业及其未来发展前景相匹配完全。

（2）薪资高

表 5-1　2020 年统计的全国应届生薪资水平

本科专业类名称	平均月收入
计算机类	6858
电子信息类	6145
自动化类	5899
仪器类	5856
电子商务类	5745
金融学类	5638
交通运输类	5630
管理科学与工程类	5625
数学类	5576
财政学类	5543

从表 5-1 可以看出电子信息类位列第二。且随着经济的增长，应届生的薪资也在逐步提高。

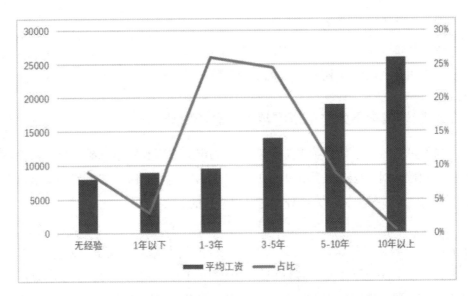

图5-1　电子信息类专业工作经验与薪资涨幅的柱形图

从图 5-1，我们可以看到工资水平与工作经验呈正相关，且涨幅水平较大，工作 3 年以上，薪资基本可以过万。

（3）工作环境优越

相比于男生选择较多的土木，石油专业等专业，其就业往往偏离市区，在一些人口稀少的野外或郊区工作，甚者扎根西北部地区。这样的工作环境当然不是每个人都希望的。而对于电子信息类专业毕业的同学来说，就业一般选择一、二线城市，相对来说就业环境比较好，这也是该专业一个重要的优点。

二、电子信息类专业误区

（一）女生可以学电子信息类专业吗？

首先笔者想说明的是专业不分男女，除非某些特殊行业或工作。有些人可能觉得女生学习这种理工科的电子信息类的专业比较奇怪，这种想法是不对的，每个专业，有男生，也有女生。没有统一的标准规定男生适合读哪个专业，女生适合读哪个专业。

2021 年全国普通高校一共有电子信息工程专业毕业生 6 万到 6.5 万人，其中女生占比 25% 左右，且由于 ICT 行业的高速发展，女生占比在持续增长，这个数据说明女生也可以学好电子信息工程专业。

（二）物理数学不太好可以学电子信息类专业吗？

当然可以，电子信息类专业确实需要一定的物理和数学基础，但是高中学的物理和数学对大学来只是常识性知识，层次比较浅。所以如果特别喜欢这个专业，需要经过努力，但大部分都是可以学好的。

首先，从学习角度分析。高中大多数是被动式地学习，学得好不好很大程度上取决于老师以及课外补习，有时候一个好的老师就会让学生爱上一门课，这很大程度上决定了学生的考试成绩。大学属于主动式的学习，只要喜欢一个专业，一门课，肯定会去学好它的，再者大学共享资源比较多，学习一门课的路径有很多很多，不止在老师的课堂。所以只要热爱一件事，付出努力，就一定能做好它。

其次从专业角度上来分析，由于电子信息类专业口径广，完全可以选择适合自己的方向进行学习，比如笔者在本科学习阶段，由于模电学得不扎实，而且对硬件电路不那么感兴趣，所以就选择了软件方向，做嵌入式软件开发和人工智能方向。所以对于学起来很困难的地方，完全可以根据自己的发展方向规避掉，这也是电子信息类专业的一个很大优点。

（三）电子信息类专业毕业生毕业了是不是去电子厂流水线工作？

显然不是。首先电子厂属于流水线的工作，只需要不停地重复而且是很枯燥的，干的是体力活，是一般的工人也可以完成相应的工作。对于电子信息类专业的本科生，要发挥出本专业特长，学习好专业课，在大二大三时，就可以提前为工作做准备，选择一个自己感兴趣的发展方向去深入学习，实现自己的价值。但对于在本科期间荒废时间不思进取的学生，电子厂可能就是其选择之一。所以学习就显得尤为重要，对于工科更是这样，一切靠技术说话。所以实际上是不需要过于担心毕业去电子厂工作这种问题的，基本上大家都会选择技术岗。

（四）电子信息类专业是吃青春饭吗？

　　电子信息类专业对口的工作以工程类为主，同时兼有制造业的特点，研发投入大，生产周期长，工程应用上很多的难题都需要从经验中寻找解法。因此电子信息类专业对口工作需要长时间的积累才能更好地解决工程实际问题。从这个角度讲，电子信息类专业对口工作并不属于青春饭，反而是越老越吃香的专业方向。

　　电子信息类专业主要分软件和硬件方向，如果选择硬件方向，需要掌握大量的经验，当然是越老越香，如果选择软件方向，那就要再看是偏底层技术的软件方向还是偏业务层的软件方向。偏底层软件技术方向，如操作系统等，也是越老越吃香；偏业务层的软件方向，就需要不断获取新知识，为公司产生新的效应，或者具备领导能力或者较好的沟通交流能力，可以转型公司其他职务。所以总体来说是电子信息类专业并不是只靠吃青春饭的。

三、电子信息类专业学习内容

（一）核心课程

（1）课程介绍

　　信号与信息处理方向：

　　核心课程：语音信号处理、数字图像处理、音乐声学、人工神经网络、信号检测与估计、信息论与编码、工程中的矩阵理论、信号处理中的数学方法、高阶谱与小波分析等。

　　通信方向：

　　核心课程：信号与系统、电磁场与电磁波、高频电子、模拟电路、数字电路、EDA 技术、数字信号处理、通信原理、计算机网络、计算机接口与应用技术以及信息论与编码论等。

　　电磁波与微波方向：

　　核心课程：电磁场与电磁波、高等电磁场、微波网络、天线理论与设计、微波电子线路、电波工程、射频识别技术等。

电路与系统方向：

核心课程：电路分析基础、模拟电子电路、数字电子电路、信号与系统、嵌入式系统设计、传感器设计、微机原理、数字信号处理、单片机原理等。

微电子学：

核心课程：模拟电子电路、数字电子电路、半导体物理、半导体器件物理、集成电路原理和设计、集成电路工艺、微电子器件等。不同学校微电子方面的着重点可能会不同，会偏工艺或者偏设计。

集成电路与系统方向：

核心课程：电路原理、数字集成电路、模拟集成电路、微机原理、信号与系统、数字信号处理、通信原理、Verilog（VHDL）设计等。

光电子学：

核心课程：电路基础、光学基础、模拟电子技术、数字电子技术、光纤通信、光电检测技术和太阳能发电、LED 技术等

总体来说，可以看出电子信息类专业在专业课的学习科目上有很多相同的专业基础课，包括电路基础、模拟电子电路、数字电子电路、微机原理以及信号与系统等，这说明电子信息类专业研究方向都有很大的交集，有部分专业课需要根据研究方向而选修。由于电子信息类属于软硬交叉的学科，一般情况下，学校还会开设 C/C++/Python 等编程语言选修课。

除了上面专业课的学习之外，本科期间学生还需要学习一些公共基础课程如高等数学、微积分、线性代数、概率论与数理统计、复变函数与方程、大学物理以及大学英语等公共课程。这些公共课程的学习，会为我们后续学习专业课打下坚实的基础。如果有升学的意愿，研究生考试中也会涉及数学、英语与思想政治这三门公共课。所以笔者建议大家不要忽视公共课程的学习。

（2）专业特点

学的东西多而杂：由于专业宽口径，所以学的东西多且杂，课程量较大，从硬件到软件，信号信息处理与电子系统设计和通信，以及各种编程语言的学习。几乎囊括了一个电子设备的方方面面，多而杂。

需要较高的动手能力：电子信息类专业的实践环节有多种形式，包括电工

电子实验、生产实习、课程设计等。在实践的过程中，可能会要求按软件工程规范实现一个完整的软件；完成小规模电子电路从设计、制板到调试的全过程，在该过程中要使用 EDA 设计工具；经历从信号采集到处理的软硬件的完整训练。总之，电子信息类专业是一个对实践和动手能力要求较高的专业。

（二）电子信息类专业学习的乐趣与难点

电子信息类的专业，本身就拥有跨学科的性质，它不仅要学习硬件，还要学习软件，不仅有理学的课程（比如数学、物理），还有工学的课程（比如计算机、通信）。学习该专业的学生通常会觉得课程负担特别重，并且专业课程晦涩难懂，比如信号处理方面对数学要求稍高，且公共课程中数学类课程也较多，学起来有一定难度。同时本专业的课程都有一定的连贯性，比如大一和大二上半学期学习的电路原理、模拟电子技术、数字电子技术都是为了向后面学习单片机、信号与系统、高频电子线路、通信原理等课程做铺垫，起到承上启下的作用。所以在学习每一门专业课时，都不应该掉以轻心。

虽然电子信息类专业的难度比较大，但是与此同时带来的进步也是非常大的。比如在一个小小的电路板上怎么样设置电路，要编制什么样的程序，才能实现想要的功能，焊接好了又会出现什么问题，这些都是对动手能力和思考能力的考验。做好这些也是十分有成就感的事情。电子信息类还要学习编程，因此在本科的学习中涉及的知识面也是很广大，如果认真学习，能收获很多知识。

四、电子信息类专业适合哪些学生

（一）具有良好的逻辑思维能力

电子信息类专业的课程大多是逻辑性较强的课程，注重对学生的逻辑思维训练，因此需要学生具有良好的逻辑思维习惯，具备一定的观察和分析问题的能力。

（二）对理论学习和动手实践具有较强的兴趣

电子信息类专业的课程通常是理论性和实践性较强的课程，本专业的培养模式是以扎实的理论学习为重点，以实践动手能力训练、创新意识培养为核心，培养学生解决实际问题的能力，能够胜任电子系统应用相关行业各种类型的设计、研究、管理、运营等方面的工作。所以如果对理论学习和动手实践有较强的兴趣的同学可以考虑一下这个专业。

（三）具有创新创业应用能力

电子信息类专业不仅需要学习门类众多的理论知识，也需要学生主动积极参加各类比赛，例如"挑战杯""互联网+"大赛、"电子设计竞赛""全国大学生智能互联创新大赛"以及"国创""新苗计划""星光计划""本创"等创新项目。如果是创新意识比较强并且喜欢计算机的学生同样推荐这个专业。

五、电子信息类专业就业介绍

（一）央企（国企）

（1）国家电网有限公司

公司简介：

国家电网有限公司成立于 2002 年 12 月 29 日，是根据《公司法》设立的中央直接管理的国有独资公司，以投资建设运营电网为核心业务，是关系国家能源安全和国民经济命脉的特大型国有重点骨干企业。

下面以国网山东为例，国网山东在山东个省市区的均有招聘。国网山东每年校园毕业生招聘分两批次，每个批次均在电子信息类、电气类专业下进行大量招聘，所以国网集团并非只招生电气工程专业的学生，电子信息类专业的学生也是招聘对象之一。

表 5-2　工作岗位（电子信息类）：

信息通讯运维	1. 研究生、毕业院校具有应聘专业硕士点的本科生 2. 电子信息类专业	地级市
信息通讯运维	1. 本科及以上学历 2. 电子信息类专业	县（市、区）

（2）中国电子科技集团

公司简介：

中国电子科技集团公司第十研究所（以下简称"中国电科十所"），是新中国成立后创建的第一个综合性电子技术研究所，属于国家一类科研事业单位，现位于四川省成都市。中国电科十所主要从事军用电子装备和信息系统的研制、生产及售后服务，拥有五个事业部、两个集团级重点实验室，并拥有"信号与信息处理"和"电磁场与微波技术"两个硕士学位授权点和"成都天奥集团有限公司"博士后科研工作站。

招聘岗位（电子信息类）：

硬件类：硬件工程师、FPGA 测试工程师、硬件驱动设计工程师、硬件测试工程师、整机研发工程师、电源开发工程师、数字芯片设计工程师等。

信号类：通用信号处理工程师、电子对抗信号处理工程师、基带信号处理工程师、通信与信号算法工程师、抗干扰信号处理工程师、阵列信号处理工程师等。

软件类：应用软件开发、嵌入式软件开发、DSP 软件开发工程师、JAVA 开发工程师、QT 开发工程师、WEB 前端开发、自然语言处理工程师、GIS 系统开发工程师、仿真软件工程师等。

电磁场类：射频工程师、天线工程师、射频芯片工程师、微波射频电路工程师、微波射频组件工程师等。

算法类：通用软件算法工程师、大数据算法工程师、机器学习/AI 算法工程师、数据算法工程师等。

招聘专业：电子科学与技术、信号与通信工程、通信工程、电子信息工程、电路与系统、电磁场与微波、计算机、控制科学与工程、人工智能、数学、软件工程、微电子等专业。

（3）中国电信集团有限公司

除了以上两个央企外，最对口电子信息类专业毕业生的企业当然是中国三大通信运营商：中国移动、中国联通、中国电信，三大运营商在架构和运营业务以及校园招聘岗位上相近，因此下面以中国电信集团有限公司为例进行介绍。

公司简介：

中国电信集团有限公司（简称"中国电信"）是国有特大型通信骨干企业，是由国家单独出资设立的中央企业。

招聘单位：

中国电信集团有限公司各级分子公司

招聘岗位：

中国电信集团有限公司及所属分子公司发布招聘岗位主要类别有：市场、销售与服务、产品、企业信息化、网发建设、网络维护与服务支撑、研发以及综合支撑（行政文秘、法律、财务审计、人力资源管理等）等八大类岗位。

下面以中国电信山东分公司为例，介绍一下中国电信集团校园招聘情况：

招聘方向：

岗位：大数据和 AI 相关类、云计算相关类、5G 和 IT 相关类、行业应用（ICT）相关类。

招聘专业：

计算机类、电子信息类、数学类、电 气类、自动化类、能源动力类等相关专业。

福利待遇：

完善的薪酬福利待遇：五险二金、补充医疗、商业保险、租房补贴、带薪休假、体检、食堂、兴趣小组、健身室等。对优秀人才配置专家津贴、创新激励、内训师课酬等。

体系的员工培训培养机制：初期新员工集中培养，试用期一对一导师制培养，培育期优培生培养，稳定期高层次人才培养。

健全的员工职业发展体系，明确、可选、打通的双通道晋升路线，分为专业通道和管理通道。为年轻员工配备快速晋升机制。

（4）中国航天科技集团有限公司

公司简介：

中国航天科技集团有限公司（简称"航天科技"或"中国航天"），是在中国战略高技术领域拥有自主知识产权和著名品牌，创新能力突出、核心竞争力强的国有特大型高科技企业。成立于1999年7月1日。其前身源于1956年成立的中国国防部第五研究院，曾历经第七机械工业部、航天工业部、航空航天工业部和中国航天工业总公司的历史沿革。航天科技是拥有"神舟""长征"等著名品牌和自主知识产权、主业突出、自主创新能力强、核心竞争力强的特大型国有企业。在国资委中央企业名录序号中位列第2位。

中国航天科技集团下属二级招聘单位诸多，招聘专业也很广泛，以理工类为主，其中电子信息类也是重要招生对象。

主要招聘单位：

一、四、五、六、七、八、九、十一院。

需求学科：

控制科学与工程、信息与通信工程、电子科学与技术、计算机科学与技术、软件工程、人工智能、集成电路科学与工程、机械工程、材料科学与工程、航天宇航科学与技术、仪器科学与技术、测绘科学与技术、力学、动力工程及工程热物理、电子工程、光学工程、化学工程与技术、兵器科学与技术、物理学、数学。

招聘公司：

中国卫通集团股份有限公司、中国乐凯集团有限公司、中国长城工业集团有限公司、中国四维测绘技术有限公司、航天科技财务有限责任公司、航天投资控股有限公司、中国航天国际控股有限公司、北京神舟航天软件技术有限公司、深圳航天科技创新研究院

直属单位：

中国航天系统科学与工程研究院、中国航天标准化产品保证研究院、中国航天科技交流中心、航天档案馆、航天通信中心

（5）中国航天科工集团

企业简介：

中国航天科工集团有限公司（简称中国航天科工）是我国航天事业和国防科技工业的中坚力量，航天强国建设和国防武器装备建设的主力军，中国工业信息化发展的领军企业。经过 60 多年的开拓创新、锐意进取、拼搏奉献，现已发展成为一家战略性、高科技、创新型中央骨干企业。

"A 计划"：

中国航天科工于今年启动实施优秀博士毕业生引进"A 计划"，面向教育部第四轮学科评估 A 级学科，大力引进人工智能、量子技术、模式识别、脑机技术、忆阻器技术、集成电路、激光技术、软件工程、大数据、电子科学与技术、控制科学、信号与信息系统、特种材料等急需紧缺专业领域优秀博士毕业生，助力集团公司前沿科技创新工作。

在当下，央企似乎是很多大学毕业生扎堆申请的企业，除了上述几个招收大量电子信息类专业的企业，其实还有很多央企也招收电子信息类专业，常见电子信息大类招聘的央企还有：

中国核工业集团有限公司、中国船舶集团有限公司、中国兵器工业集团有限公司、中国兵器装备集团有限公司、中国华电集团有限公司、国家电力投资集团有限公司、中国长江三峡集团有限公司、中国电子信息产业集团有限公司、东风汽车集团有限公司、中国机械工业集团有限公司、中国东风电气集团有限公司、中国远洋运集团有限公司、中国机械科学研究总院集团有限公司、中国南方电网有限责任公司等。

（二）民营企业

（1）华为

公司简介：

华为创立于 1987 年，是全球领先的 ICT（信息与通信）基础设施和智能终端提供商。

华为公司的校招院校名单供参考。

扫二维码查看详细内容

（请看电子信息–表1–华为公司校招院校名单）

（2）京东方

公司简介：

京东方是一家为信息交互和人类健康提供智慧端口产品和专业服务的物联网公司。核心事业包括端口器件、物联网创新、智慧医工。端口器件产品广泛应用于手机、平板电脑、笔记本电脑、显示器、电视、车载、可穿戴设备等领域；物联网创新为新零售、交通、金融、教育、艺术、医疗等领域，搭建物联网平台，提供"硬件产品＋软件平台＋场景应用"整体解决方案；在智慧医工领域，京东方通过移动健康管理平台和数字化医院为用户提供了全面的健康服务。目前，BOE（京东方）在北京、成都、绵阳、合肥、鄂尔多斯、重庆、福州、武汉、昆明、南京等地拥有16条半导体显示生产线。

招聘情况：

公司规模庞大，在多个城市有研发中心和制造厂。业务板块涉及显示、传感器解决方案、LED、智慧物联、智慧医工等方面，满足电子信息类专业全方位的职位需求，在光电、半导体材料方面需要大量的专业人才。

（3）紫光展锐

公司简介：

紫光展锐（上海）科技有限公司是中国集成电路设计产业的龙头企业，是中国大陆公开市场唯一拥有5G芯片能力并已成功商用的主芯片平台提供者。紫光展锐具备稀缺的大型芯片集成能力和完整周边套片能力，拥有全场景通信能力，是全球少数全面掌握2G/3G/4G/5G、Wi-Fi、蓝牙、电视调频、卫星通信等技术的企业之一。此外，紫光展锐实现了全球网络验证，通过了全球128个国家，200余家运营商的出货认证。紫光展锐的产品包括移动通信中央处理器、基带芯片、AI 芯片、射频前端芯片、射频芯片等各类通信、计算及控制芯片。

招聘情况：

公司拥有完善的薪酬福利体制和定制化的职业发展路径。提供高于市场标准的公积金缴纳比例、补充商业保险、人才落户、人才公寓、体检、健康大讲堂、节庆福利等。

大量的工作岗位通过社招应聘且工作地点较广，招聘岗位基本涉及电子信息类专业的方方面面，95% 都是研发岗，薪资较高，平均每月 2W–4W。

（4）科大讯飞

公司简介：

科大讯飞股份有限公司成立于 1999 年，是亚太地区知名的智能语音和人工智能上市企业。作为技术创新型企业，科大讯飞坚持源头核心技术创新，多次在语音识别、语音合成、机器翻译、图文识别、图像理解、阅读理解、机器推理等各项国际评测中取得佳绩。两次荣获"国家科技进步奖"及中国信息产业自主创新荣誉"信息产业重大技术发明奖"，被任命为中文语音交互技术标准工作组组长单位，牵头制定中文语音技术标准。在语言识别与合成、人工智能方面有很强的实力。

招聘情况：

招聘岗位主要为 AI 算法工程师、C 语言工程师、JAVA 工程师、前端开发工程师、移动开发工程师等。

（5）百度

公司简介：

百度是拥有强大互联网基础的领先 AI 公司。是全球为数不多的提供 AI 芯片、软件架构和应用程序等全栈 AI 技术的公司之一，被国际机构评为全球四大 AI 公司之一。基于搜索引擎，百度演化出语音、图像、知识图谱、自然语言处理等人工智能技术；最近 10 年，百度在深度学习、对话式人工智能操作系统、自动驾驶、AI 芯片等前沿领域投资，使得百度成为一个拥有强大互联网基础的领先 AI 公司。百度全球 AI 专利申请量已超过 1 万件，其中中国专利 9000 多件，位列中国第一，并在深度学习技术、智能语音、自然语言处理、自动驾驶、知识图谱、智能推荐等多个领域排名前列。

薪资情况：

薪资水平基本达到 20K 以上。

岗位情况：

岗位分为技术类、产品类、设计类、专业／职能类、政企解决方案。

（三）公务员

下面给出电子信息类专业可进入的部分政府单位（仅供参考）。

国考：

（1）中央办公厅（从事安全保卫、瞻仰接待管理等工作）。

（2）商务部（行业研究、市场监测、文件草拟等）。

（3）各地税务局：从事基层税收、社会保险费和有关非税收入的征收、检查、服务、基础事项管理及其风险应对工作。

（4）各地铁路公安局：车站治安管理、警用设备维护管理、信息网络安全管理等。

（5）海事局／海关：主要从事海事行政管理工作／从事海关植物、动物检疫工作。

（6）各地森林消防局：从事消防救援和执勤备战工作。

（7）各地公安部：负责"互联网＋公安政务服务"系统开发、系统维护、应用推广等；组织指导地方公安机关开展相关工作。

（8）通信管理局。

省考：

以河南省为例，河南省 2022 年统一考试录用公务员拟录用职位表中涉及电子信息专业共有 124 个职位，此处列举部分职位。

扫二维码查看详细内容

(请看电子信息–表2–省考岗位案例)

六、电子信息类专业升学介绍

读研方向介绍（二级学科）：电子信息类属于大类招生专业，大类学科门类较多，根据学校科研水平和发展情况不同也会开设各具特色的电子信息类小专业，在这里简要介绍一下开设学校较多，招生较多的几个专业的考研二级学科。

电子信息工程（080701）读研方向：电子与通信工程、信息与通信工程、信号与信息处理、通信与信息系统、电子信息等。

电子科学与技术（080702）读研方向：电子科学与技术、物理电子学、电路与系统、微电子与固体电子学、电磁场与电磁波、信息与通信工程、电子信息等。

通信工程（080703）读研方向：信息与通信工程、通信与信息系统、信号与信息处理、电路与系统、电子科学与技术、电子信息等。

微电子科学与工程（080704）读研方向：电子与通信工程、电子科学与技术、微电子学与固体电子学、集成电路工程等。

信息工程（080706）读研方向：电子科学与技术、电路与系统、信息与通信工程、电子信息等。

七、报考建议

（一）学科排名

（1）电子科学与技术（0809）

电子科学与技术专业学科评级来自 2017 年底教育部公布的第四轮全国电子科学与技术学科评估结果。

扫二维码查看详细评估结果

（请看电子信息-表3-电子科学与技术第四轮评估结果）

（2）信息与通信工程（0810）

信息与通信工程专业学科评级来自 2017 年底教育部公布的第四轮全国信息与通信工程学科评估结果。

扫二维码查看详细评估结果

（请看电子信息-表4-信息与通信工程第四轮评估结果）

（二）报考建议

（1）看教育部学科评估

这一步主要是对比出备选学校中的优势学科和专业，便于优中选优，一般国家一流专业的师资和硬件资源普遍优于非国家一流专业。

（2）看学校位置与就业去向

同一档的学校中，一般沿海城市的学校就业率和就业质量显著优于内陆学校，省会学校优于非省会学校，因此对地方有要求尤其是本科打算就业的考生一定要重视这个因素，因为很多时候地域就决定了你的就业平台。

（3）看自己的兴趣和这个学校的专业特色

定位出目标院校时候，可以考虑在电子信息类专业各个专业的热门程度，如果排名不是特别靠前，不妨避开电子信息工程，通信工程、信息工程三个最热门的专业，因为本科阶段，电子信息类专业培养是很相近的，基本不会对以后就业或者升学有质的影响，所以考生不妨规避一些风险，学校在专业面前一般更优先选择。

(4) 看自己的人生规划：读研 & 就业 & 出国 & 考编？

选择学校的时候需要进一步思考一下未来规划，是就业、升学，还是出国，如果是就业，学校位置是优先于学校牌子的，如果是升学或出国，学校的平台对你更有优势。

（三）学校推荐

（1）985 工程高校

北京大学信息科学技术学院、清华大学信息科学技术学院、北京航空航天大学、北京理工大学、东南大学、哈尔滨工业大学（本部）、电子科技大学、浙江大学、上海交通大学、西安交通大学等。

（2）211 工程高校

西安电子科技大学、北京邮电大学等。

（3）双非高校

南京邮电大学、杭州电子科技大学、桂林电子科技大学、重庆邮电大学等。

八、电子信息类专业学长学姐说

电子信息类的专业由于其本科招生专业过多，可以大致分类偏电子与偏信息两类专业，偏电子类专业包括：电子信息工程、电子科学与技术、微电子科学与工程、光电信息科学与工程、电子封装技术、集成电路设计与集成系统、电磁场与无线技术、电波传播与天线、电子信息科学与技术、应用电子技术教育，偏信息类专业包括通信工程、信息工程、广播电视工程、水声工程、医学信息工程、人工智能、海洋信息工程。

报考建议：

偏电子类的专业按照推荐次序大概最为推荐以下几个专业：电子信息工程、微电子科学与工程、集成电路设计与集成系统、电子科学与技术。

电子信息工程是电子信息类最具有代表性的专业，同时对于大部分目标不是特别针对性的同学而言，本科都适合于学一个方向较宽的专业，这样能够打好基础，并在之后拥有更多的选择权。

电子科学与技术、微电子科学与工程与集成电路设计与集成系统，都跟我们日常听到的芯片息息相关，前者研究更偏底层更偏理论，后者更偏向具体的集成电路微电子系统的工程应用学习，如今国内芯片研发如火如荼，不同层次的人才均十分稀缺，同时也是国家大力扶持的行业。

偏信息类的专业按照推荐次序排列如下：信息工程、人工智能、通信工程。这么选择的原因有如下几点：

信息工程侧重于研究各种类型模拟与数字信息传输过程、信息的采集与处理相关技术、协议、传输安全等内容。也就是说信息工程更侧重于对信息的处理过程，这一方向就业面十分广泛，而且未来从事不同的行业所学的知识都能很好地运用。

人工智能是未来的主流研究方向之一，未来我国劳动力人口逐年减少，这对我国制造业的转型发展提出更高的要求。这就要求更加智能化的机械来代替大部分的重复、枯燥的工作。从这一角度考量，人工智能的需求量仍在不断扩大，而且在需求旺盛的制造业还没有发挥其威力。虽然目前的人工智能需求主要集中在互联网公司，但是未来会有更大的需求产生。把人工智能放在信息工程之后的原因是人工智能所需的专业知识非常庞杂。如果想要从事这一行业，那么需要学生进一步深造才能胜任工作岗位。

通信工程排在第三位的原因是目前来讲通信行业进一步发展的前景并不明朗，虽然目前5G大范围铺开，但是对于5G的应用并没有很好的效果，一方面对于普通消费者而言，超高的速率并没有相应的应用场景，但是通信资费却难以负担。类似于短视频、直播等业务，4G就能很好地完成。另外一方面对于工厂等大型企业，5G的资费太多，而且其稳定性相比于有线通信也存在很多不足。最后从发展的历史来讲，通信行业的快速发展时期已经结束，国内的通信设施基本完善，通信市场由增量市场已经转变为存量市场。

九、相近专业介绍

电子信息类专业是以物理和数学为基础，深入研究信息载体与信息处理系统的基本规律，以及它们之间的相互关系，进而实现从设计制造电子器件到构建复杂信息系统乃至覆盖信息处理、大数据人工智能全方位创新的学科。如今，电子信息已经全面渗透到交通运输、医疗健康、能源环境等各个领域，成为推动国民经济、军事国防等领域发展和支撑国家政治、经济生活的重要力量，是目前及未来世界各国重点发展的热门学科之一。

根据 2022 年阳光高考平台最新数据显示，电子信息类在本科（普通教育）里面分 18 个专业招生，分别是：电子信息工程（080701）、电子科学与技术（080702）、通信工程（080703）、微电子科学与工程（080704）、光电信息科学与工程（080705）、信息工程（080706）、广播电视工程（080707）、水声工程（080708）、电子封装技术（080709）、集成电路设计与集成系统（080710）、医学信息工程（080711）、电磁场与无线技术（080712）、电波传播与天线（080713）、电子信息与科学技术（080714）、电信工程及管理（080715）、应用电子技术教育（080716）、人工智能（080717）、海洋信息工程（080718）。

下面就对电子信息类中的六大热门专业进行详细介绍，这六个专业是全国院校开设最多的，也是招生最多的专业，因此做详细介绍。

（一）电子信息工程

（1）专业介绍

电子信息工程的是一个宽口径、交叉领域广，研究方向深的专业，是一门应用计算机等现代化技术进行电子信息控制和信息处理的学科，是集现代电子技术、信息技术、通信技术于一体的专业。学生主要学习信号的获取与处理、电子设备和信息系统等方面的专业知识，接受电子与信息工程实践的基本训练，具备设计、开发、应用和集成电子设备和信息系统的基本能力。电子信息工程专业培养具备电子技术和信息系统的基础知识和应用能力，能从事各类电子设备和信息系统的研究、设计、制造、应用、开发和管理的高等工程技术人才。

（2）核心课程

电路分析、模拟电子技术、数字电子技术、C语言、C++、java程序设计、单片机原理与应用、信号与系统、数字信号处理、嵌入式设计、电磁场与电磁波等。

（3）学长建议

电子信息工程这个专业是一门软件与硬件同时兼顾的专业，既可以学习到各种编程语言，又可以学习到各种硬件电路，培养学生在学习理论知识的基础上，提高实践能力。因此学长建议对编程感兴趣，同时又想动手实践，爱搞竞赛的考生积极报考。

值得一提的是，近几年来，随着本科生数量的急剧增加，本科生直接就业压力倍增，读研似乎已经成为一种共识，考研也开始逐渐"高考化"，电子信息类专业不仅是高考的热门专业，也是保研和考研的热门专业，因此无论考生准备直接就业还是继续深造，报考电子信息类专业都是十分有利的。

（二）电子科学与技术

（1）专业介绍

本专业为电子科学与技术专业领域，特别是微电子与光电子电路、器件、集成电路的设计与制造技术领域培养具有扎实的理论基础，宽广的知识面，能够用系统的观点分析、综合和处理科学技术问题，进行科学研究、技术开发和应用研究的高级工程技术人才。本专业主要培养学生宽广的知识，良好的学习能力，较强的解决问题的能力以及微电子与集成电路的设计与制造技术领域较扎实的理论基础，接受微电子实践的基本训练，使学生具备从事超大规模集成电路设计、开发、调测和工程应用的基本能力。

（2）核心课程：

电路分析、模拟电子技术、数字电子技术、高频电子线路、电磁场与电磁波、单片机原理与应用、半导体器件、天线原理与设计、集成电路设计、固体物理、半导体物理、物理电子与电子学、微电子学等。

（3）学长建议

电子科学与技术是一个很烧脑的专业，是电子信息类专业中最看重数理基础的学科。在这个专业里，电磁场与电磁波从数学上严格地证明出电与磁的衍生关系，学生可以领略到我们生活在一个电磁波的海洋中。固体物理从原子层面解释固体材料的宏观物理性质，让学生学会用微观的角度去发现这个世界的奥秘，半导体物理研究半导体的晶体结构、晶体生长，以及晶体中的杂质和各种类型的缺陷，会为我们的解释人类社会进入信息时代的根本技术进步起源。总之，有志向致力于信息产业基础研究的学生可以积极报考这个专业。

（三）通信工程

（1）专业介绍

通信工程专业培养具备电子通信、信号与信息处理、计算机通信、应用电子技术、通信系统和通信网等方面的知识，能在电子通信与信息系统领域中从事研究、设计、制造、运营及在国民经济各部门和国防工业中从事开发、应用通信技术与设备的高级工程技术人才；该专业的学生主要学习电子电路理论与技术、通信系统理论与技术、信号处理理论与技术、信息处理理论与技术、信息理论和通信网方面的基础理论、组成原理和设计方法，接受通信工程实践的基本训练，具备从事现代通信系统和网络设计、开发、调测和工程应用的基本能力。

（2）核心课程

电路分析、模拟电子技术、数字电子技术、C语言、C++、信号与系统、通信原理、数字信号处理、电磁场与电磁波、计算机网络等。

（3）学长建议

通信工程专业号称就业"万金油"，因为本科阶段通信工程的学习范围覆盖着电子通信、计算机、自动化等各个行业，因此在这些岗位上就业对通信的学生而言毫无压力；同时通信工程专业又是一门"接地气"的专业，顾名思义，通信工程就是研究用户信息交互的专业（狭义上讲），学了这门专业，大家可以对生活中的种种神奇的通信现象有所了解，两个手机为什么可以相隔千里可以实现语音通话？远在太阳系边缘的旅行者号是如何将美丽的星空图片发送回地球的？潜艇在水下如何通信的？等诸多问题，在进入这个专业学习后都可以有所了解。

（四）微电子科学与工程

（1）专业介绍

微电子科学与工程专业是理工兼容、互补的专业，主要研究半导体器件物理、功能电子材料、固体电子器件，超大规模集成电路（ULSI）的设计与制造技术、微机械电子系统以及计算机辅助设计制造技术等；要求学生具有扎实的数学、物理基础知识和良好的外语应用能力；掌握各种固体电子器件和集成电路的基本原理，掌握新型微电子器件和集成电路分析、设计、制造的基本理论和方法；具备该专业良好的实验技能；了解微电子技术领域的发展动态和前沿理论与技术；具有良好的科学素养和创新能力；善于自学，不断更新知识；具有一定的外语水平，能借助工具书阅读该专业外文资料。

（2）核心课程

量子力学、固体物理、半导体物理与器件、微电子工艺、模拟电路、模拟集成电路、数字电路、信号与系统、电磁场与电磁波、微波工程、功率器件。

（3）学长建议

微电子科学与工程是一门很专业化的学科，在本科阶段微电子科学与技术主要学习基础知识，研究方向可以划分为工艺方向：研究各种器件、材料、薄膜，这些更偏物理，也要学习量子力学、固体物理学等。总体来说微电子偏硬件，同时学习的课程难度比较大，推荐敢于挑战，想要为国家芯片产业贡献力量的学弟学妹报考。

（五）光电信息科学与工程

（1）专业介绍

光电信息科学与工程专业以理工融合为特色，依托学科为电子科学与技术、计算机科学与技术、信息与通信工程，主要培养学生掌握光电信息科学与技术领域的基础知识和基本技能，为将来在光电信息处理、光电子学、电子信息技术、通信技术等领域从事科学研究、产品设计和开发奠定坚实的基础。本专业的课程设置对光电子器件及应用、光电信息处理、宽带光纤通信系统的设计与应用有所侧重。毕业生可在光学、光电子学、激光技术、光通信技术、光信息处理技术、计算机应用技术等领域从事教学、科学研究、产品研发、生产技术管理等工作。

（2）核心课程

电路分析、模拟电子技术、数字电子技术、信号与系统、数字信号处理、物理光学、应用光学、信息光学、光电检测技术，激光技术等。

（3）学长推荐

光电信息科学工程是一门新兴的专业，但是它和通信工程实际上比较相近，在光电信息科学与工程中研究对象为光电，比如利用光电检测产品质量，将光来束缚在光纤中传输信息等。由于光电技术的应用一般需要很深入的研究，所以这个专业的学生大部分本科毕业都会选择深造，所以打算本科毕业即就业的学弟学妹最好谨慎报考。

（六）信息工程

（1）专业介绍

本专业是与现代工程技术密切相关的工科专业，以光电信息科学与技术为核心，其学习内容涉及数理基础、工程光学、信息光学、电子技术、光电技术、通信技术、测控技术、计算机等信息工程诸领域；培养学生具备光电信息科学与技术的基础理论、基本知识和基本技能，使学生成为具有坚实的数学物理基础、掌握激光与现代光学及光电子范畴相关理论和实验技能、熟悉电子技术和计算机应用技术的综合型人才。

（2）核心课程

电路分析、数字电子技术、模拟电子技术、高频电子线路、EDA 技术、信号与系统、数字信号处理、通信原理、电磁场与电磁波、微波技术与天线、C++

程序设计、微机原理等。

（3）学长建议

模糊来讲，信息工程可以与通信工程可以看成是一个专业，因为他们的培养方案中都强调对通信技术的掌握；但信息工程又要求学生具备光电信息科学与技术的知识，因此它又可以算入是光电信息专业的范畴，所以这里学长建议同学们填报志愿的时候可以先在目标学校的官网上查询一下具体的培养方案，确保这个专业的培养方案是自己喜欢的课程。

以下几个方向招生院校较少，同时也不同上述专业一样进行大量招生，因此只做简要介绍。

（七）广播电视工程

该专业主要教授广播电视工程的基础理论、基本技术，具有较高的文化素养和职业素质，知识、能力和素质协调发展的，使学生成为能够胜任相关技术的科学研究、系统开发、设计及应用等岗位，从事数字电视技术、网络视音频技术、互动媒体平台开发等工作具有系统思维、工程实践、创新意识和团队合作能力的高等工程应用型人才。

开设院校有：中国传媒大学、南京邮电大学、怀化学院、重庆邮电大学、西藏大学、上海工程技术大学、兰州文理学院、浙江传媒学院、西安邮电大学、重庆邮电大学移通学院、四川传媒学院、武汉传媒学院、中国传媒大学、南广学院、南京邮电大学通达学院、山西传媒学院等。

（八）水声工程

本学科培养兼顾声学、振动和信号处理的高层次水声研究人才。学位获得者应具有扎实的声振基础理论知识，掌握水声学科的特点和发展方向，具备从事水声工程应用基础研究的能力。

开设院校：哈尔滨工程大学、西北工业大学、江苏科技大学

（九）电子封装技术

电子封装技术是一门新兴的交叉学科，涉及设计、环境、测试、材料、制

造和可靠性等多学科领域。部分开设院校将其归为材料加工类学科，电子封装是将微元件组合及再加工构成微系统及工作环境的制造技术。本专业的主要课程为微电子制造科学与工程概论，电子工艺材料，微连接技术与原理，电子制造技术基础等。

此专业优势高校：哈尔滨工业大学、华中科技大学、北京理工大学、西安电子科技大学、厦门理工学院

（十）集成电路设计与集成系统

集成电路设计与集成系统专业是 2003 年教育部针对国内对集成电路设计和系统设计人才大量需求的现状而最新设立的本科专业之一。2012 年在普通高等学校本科专业目录中将其调整为特设专业，以适应国内对集成电路设计与应用人才的迫切需求，尤其在近些年"芯片战"打响之后，国内对于此专业人才的需求日益增加，薪资待遇也是有显著提高。

此专业优势高校：北京大学、华中科技大学、电子科技大学、华南理工大学、厦门大学、天津大学、山东大学、重庆大学、大连理工大学、西安电子科技大学等。

（十一）医学信息工程

医学信息工程主要研究医学信息、信息管理、医院信息系统等相关的知识和技能与医疗单位进行医药信息系统的开发建设、医院信息的管理、医疗设备的操作等。例如：医院病人信息系统的设计开发、病人病历档案的管理、药品库存数量的管理、B 超等设备的操作等。

开设院校：辽宁中医药大学、上海中医药大学、黑龙江中医药大学、湖南中医药大学、湖北中医药大学等。

（十二）电磁场与无线技术

电磁场与无线技术专业是教育部高校本科专业目录外少数高校试点的专业。是为培养当前社会紧缺的射频与无线技术相关领域的高技术人才而设置的。其中西安电子科技大学的天线与微波技术国防科技重点实验室是天线与电磁散射

领域唯一的国家级科研平台。

此专业优势高校：华中科技大学、哈尔滨工业大学、电子科技大学、北京邮电大学、厦门大学、西北工业大学、西安电子科技大学、哈尔滨工业大学（威海）、南京邮电大学、西安邮电大学等。

（十三）电波传播与天线

电波传播与天线专业应用近代物理学和电子信息科学的基本理论、方法和实验手段，主要研究电磁波的辐射、传播、散射及其在通信、雷达、遥感、导航等领域中的应用。电波传播与天线专业是旨在培养具有坚实数学物理基础，掌握现代电子信息科学技术的基本理论、基本知识和实验技能，能运用计算机等现代工具对无线电系统及信息获取进行分析、设计和综合应用的高级专门人才的专业，是将电波传播技术、天线技术、计算机技术、无线通信技术、单片机等相结合的多学科交叉专业。2009 年教育部公布的高校新增本科专业之一，本专业由中国雷达之父、西安电子科技大学保铮院士提议设立，属于国防紧缺专业。

此专业优势高校：武汉大学、电子科技大学、西安电子科技大学、天津理工大学。

（十四）电子信息科学与技术

电子信息科学与技术专业是一个宽口径的专业，包括电子科学技术和信息科学技术两 项内容，学习内容涉及电子学、信息技术、计算机三大知识板块，其培养方向有些院校涉及三个方向，如无线通信、图像传输与处理、信息电子技术等，有的院校则涵盖两个专业方向，如通信与电子系统和信号与信息处理。该专业就业面很广，就业率高，主要面向电子产品与设备的生产企业和经营单位，从事各种电子产品与设备的装配、调试、检测、应用及维修技术工作，还可以到一些企事业单位一些机电设备、通信设备及计算机控制等设 备的安全运行及维护管理工作。

此专业优势学校：北京大学、清华大学、复旦大学、南京大学、南开大学、北京师范大学、武汉大学、中山大学、华东师范大学、哈尔滨工业大学等。

（十五）电信工程及管理

电信工程及管理主要研究通信技术和通信网方面的基本知识、组成原理和设计方法，涉及光波、无线、多媒体等多种通信技术，进行现代通信系统和网络的设计、运营和管理等。例如：5G网络的开发、卫星通信系统的维护、光纤网络的搭建、路由器的设计研发等。

开设院校：北京邮电大学、重庆邮电大学移通学院、南京邮电大学等。

（十六）应用电子技术教育

"应用电子技术教育"专业培养德智体全面发展，具备电子与信息系统、通信系统理论与技术以及计算机等方面的基本理论、基本知识和师范技能，受到严格的师范技能训练、科学实验训练和科学研究初步训练。应用电子技术教育专业的毕业生，可在高等院校、职业技术院校、中等教育学校等教育部门从事应用电子技术、电子信息工程方面的学科教学、科研、信息处理和管理工作。还可在电子产品设计与制造领域，到电子、电气公司或相关企业从事科学研究、科技开发以及集成、制造与推广等方面的工作。还可继续深造电子科学与技术、信息与通信工程、控制科学与工程等学科方向。

（十七）海洋信息工程

海洋信息工程专业是利用声、光、电、磁等信息载体，实现对海、在海、为海观测、探测和监测的新兴工科专业，主要探索与研究海洋信息源机理和物理场规律、科学先进的认知途径、前沿深入的信息挖掘处理与应用方法以及在此基础上研制相关的海洋信息传感器、计量装置和处理与决策系统。

开设院校：哈尔滨工程大学。

（十八）人工智能

人工智能是一个以计算机科学为基础，由计算机、心理学、哲学等多学科交叉融合的交叉学科、新兴学科，研究、开发用于模拟、延伸和扩展人的智能的理论、方法、技术及应用系统的一门新的技术科学，企图了解智能的实质，并生产出一种新的能以人类智能相似的方式做出反应的智能机器，该领域的研究包括机器人、语言识别、图像识别、自然语言处理和专家系统等。

第六章　机械类
——国民经济的"装备部"

引言

　　和电子信息类专业相似，机械工程专业也是一个包含了众多知识领域的大专业。直接提起机械工程专业，大部分人都很难有一个直观的认识，但是提起古代的风车和水车、工业革命时代的蒸汽机以及当今社会里的机器人甚至生物芯片、智能化工程机械装备，等等，大家都会有所熟悉，实际上这些都是机械工程专业发挥重要作用的地方。可以说，机械工程对国民经济的发展具有举足轻重的作用。

　　那么机械工程专业具体是什么？机械工程专业要学习什么知识？以及机械工程专业的发展前景又如何？这就是本文要回答各位考生和家长的问题。

一、机械工程专业介绍与特点

（一）什么是机械工程专业？

机械工程（Mechanical Engineering）是以有关的自然科学和工程技术为理论基础，结合生产实践中的技术经验，研究和解决在开发、设计、制造、安装、运用和修理各种机械中的全部理论和实际问题的应用学科。同时机械工程也是一门涉及利用数学理论和物理定律为机械系统做分析、设计、生产及维修的工程学科。其适用于国民经济建设中各个领域从事生产技术、研究开发、工程建设、企业管理及专业教育等高层次人才的培养。机械工程专业是各种尖端技术背后的装备设计与制造者，能充分满足每一位有志青年的创造欲与成就感。

机械工程专业是工科类专业中的一个宽泛的学科，是理科生选报的热门专业之一，堪称最强工科的热门专业。机械专业主要包括机械设计制造及其自动化、材料成型及控制工程、工业设计、过程装备与控制工程等，需要具备很好的理科知识、绘图能力、动手能力、电子技术。机械专业还涉及不少交叉学科，通过这些知识的积累，也为跨机械专业、跨行业就业提供了强有力的保障。

作为一个基础行业，很多行业的发展都离不开机械类行业的技术支撑，比如航空航天、船舶制造、建筑机械、农业机械等。总体来讲，社会对机械类技术人员的需求量很大，就业率也相对较高。但是薪酬待遇方面与其他行业相比偏低，毕业生工作时，起始工资偏低且工作环境不如人意，所以就需要从业者有较强的耐力和工作热情。

（二）机械工程专业的研究对象

机械工程是一门涉及利用物理定律为机械系统做分析、设计、制造、安装、运行和维修的工程学科。主要研究对象包括机械设计与制造、机电系统与控制、机械装备与应用等。学生主要学习机械产品的基本设计原理、制造工艺和计算机辅助设计方法，学习和掌握内燃机原理、工程机械理论与性能、工程机械构造和工作原理、动力传动与控制技术、电测技术、工程机械产品设计与创新方法等专业知识。通过理论学习、专业实验、生产实践和工程综合训练，使学生具备在工程机械等相关行业从事产品研发、创新设计、技术革新以及机械化施工与市场营销等方面工作的能力。

（三）机械工程专业的前景解析

（1）优势分析

职业选择范围广：机械工程学科领域众多，就业市场广阔。机械工业是国民经济的基础性产业，也是国民经济的装备产业，承担着为国民经济各部门、各行业提供技术装备和生产工具的任务，机械工业的发展水平在很大程度上影响甚至决定着相关产业部门的技术进步和产业发展水平。

（2）机会分析

工程知识的基础发生巨大变化：信息技术计算机及信息技术渗透到一切工程应用领域，对信息技术的了解和应用成为所有机械工程师必须具备的知识。微型化技术的应用首先体现在信息电子制造、纳米机械、医疗器械和航空航天等领域。制造业为人类健康和优质生活服务的比重正在直线上升。科学技术越来越注重为人类可持续发展服务，而机械工程师在这方面起着不可缺少的作用。

机械工程师的工作边界不断扩展：机械工程师将更多地从业于新技术产业，虽然总体上全球制造业比重逐渐下降，服务业比重上升，但在一些后工业化国家制造业依然举足轻重，特别是与新兴产业有关的制造行业。从全球产业结构及劳动力的变化来看，发展中国家制造业劳动力人数增加和素质提高，加快了发达国家制造业的转移，特别是中低档技术和相对非熟练劳动力的行业，在这些地区当地机械工程师的需求呈增长趋势。在工作方式上，将产生更多的专业工作团队，人际交往和沟通能力变得越来越重要，工程师要有超越国家和文化边界，通过互联网进行全球合作的工作技能。工程师工作边界的变化还体现在全球化条件下竞争者队伍的扩大，每个"游戏者"都可以在网上得到大量的信息，有技能的技术人员在国际上的流动性加大。

二、对机械工程专业认识方面的误区

（一）女生不能学机械工程专业？

众所周知，机械专业的男女比例失衡较为严重，一个学院的女生可能不到5%，毕业之后选择继续留在机械行业的女生可能不到1%，但是这并不意味着女生不能学机械工程专业。

选择专业主要还是看兴趣而不是看性别，机电和普通的机械本科的课程包括机械、电路、控制原理、单片机、液压，等等，涉猎范围比较广。相对来说，还算是一门有趣的工科。在对这个专业感兴趣的前提下，女生也完全有能力把机械专业学好，并且机械专业的女生在学习态度上普遍更加端正，学习成绩更优异些。

但是笔者并不建议女生学传统机械，因为传统机械行业往往需要下车间，对体力也有较高的要求，这类岗位一般也不会录用女生。所以女生在选择这类专业前，一定要明确自己是否真正感兴趣，另外也需要考虑未来的职业规划，找到适合自己的方向，发挥自己的优势。

（二）毕业后修摩托车？毕业即进厂？

一提到机械类专业，大家就不免和工厂里满身油污，手拿冰冷坚硬"铁疙瘩"的工人联想到一起。但是实际上，机械工程就业面广泛，并非"毕业即进厂"。除去下车间还有很多的职业和岗位可选，除了汽车、电梯、飞机等典型的机械设备企业以外，IT行业、互联网公司等同样招聘大量的机械专业毕业生。

毕业后去IT公司从事机械设计，或到新能源、物联网、工业自动化、智能硬件等行业从事结构件设计都是不错的选择；也可以在科研设计、开发、测试、制作、操作、市场营销、销售（专业销售人员）等领域从事相关工作。

机械行业中的工人、普通技术人员（检验员、机械维修、模具维修、机械加工、生产管理等）的薪资水平相对来说不高且发展空间有限。所以如果想在机械行业实现自我价值，就要付出更多努力，在完善学习传统机械课程的基础上，对自动化也需要有深入的了解。从事的机械产品技术含量高，工资待遇也相对来说会更高，毕竟门槛高意味着专业性强。

（三）机械工程专业毕业后是万金油，就业无忧？

机械工程专业以机械结构的设计、加工、制造为基础，融入自动控制技术、信息技术、计算机科学技术的交叉学科。机械是个大行业，基本上囊括了各个领域，高低端的领域都有，薪资待遇也是天壤之别。但是薪资高低主要还是由工作领域所决定，以及在这个工作领域中所从事的具体专业岗位。

总体来说，机械工程专业就业率高，就业范围广，所以当之无愧被称为"万金油"。

三、机械工程专业学习内容

（一）核心课程

机械工程专业除了要学习基础课程和专业课程，还会进行实践教学。不同学校的课程设置可能有细微差别，这里主要介绍重点学科。

（1）理论教学

基础课程是不同专业都需要学习的学科，主要包括：德育课（如马克思主义哲学、毛泽东思想概论、邓小平理论和"三个代表"重要思想、法律基础知识、思想品德修养、近代史等）；体育与健康（如体育课，心理健康教育等）；高等数学（如微积分、线性代数、几何学等）；大学英语；计算机应用基础。

专业课程区别于其他专业，主要包含以下学科：

机械制图与 CAD：本课程是一门技术基础课。主要讲授投影作图和机械制图等内容，使学生掌握正确正投影法的基本原理和基本方法，熟悉机械制图国家标准。培养学生具有一定的图示能力，读图能力，空间形体的想象能力，要求学生能较熟练地绘制一定复杂程度机械零件工作图和部件装配图，并能按给定的要求正确标注尺寸、公差配合及表面粗糙度等。熟练运用计算机绘图，掌握一种计算机辅助绘图软件的应用。

工程力学：主要讲授静力学、运动学、动力学和材料力学。静力学和运动学部分，使学生认识物体机械运动的基本规律，学会运用这些规律和方法分析、解决工程实际中的力学问题；材料力学部分，使学生掌握杆件强度、刚度和稳定性等方面的知识，能熟练地对构件进行强度和刚度计算，并具有较强的实践能力。

机械设计基础：主要讲授常用机构的运动与动力分析、常用机械零件的设计等内容。本课程使学生掌握常用机构，具有分析机械运动和动力性能的能力；掌握通用机械零件的知识，具有分析、选用和设计机械零部件及机械传动装置的能力和查阅、运用有关资料的能力。

金属工艺学：本课程主要讲授金属材料来源，力学性能，晶体结构钢的热处理，常用工程材料、铸造、锻压和焊接等内容，使学生了解机械零件毛坯各种成形方法特点和应用；掌握常用工程材料的性能及金属热处理方法；具有选用材料、毛坯及分析毛坯结构工艺性的能力。

电工学与工业电子学：电工学部分主要讲授直、交流电路及常用电机、电气设备的应用知识，使学生了解常用电机、电器的工作原理，能看懂电器、接触器控制线路原理图。学会使用万用表示波器等常用仪表和选用常规电器元件，并能装调一般的控制电路。工业电子学部分主要讲授交、直流放大电路、振荡电路、脉冲与数字电路的工作原理及其应用，使学生掌握电子电路的分析方法，能阅读电子线路图，学会使用常用的电子仪器。

液压与气压技术：本课程主要讲授液压传动的相关知识，液压元件、液压基本回路及典型液压系统等内容，使学生熟悉常用液压元件的工作原理及选用方法；能参照说明书阅读设备的液压传动系统图；通过综合实验，掌握常见故障的分析和排除方法，并具有调试和设计一定设备液压系统的能力。

电气控制技术：本课程主要讲授常用低压电器，常用金属切削机床继电器故障的排除方法；可编程控制器的工作原理及用可编程控制器组成控制线路的方法。使学生能熟练地阅读常用机床可编程控制线路的原理图。对其常见的故障有一定的分析能力，并能用可编程控制器组成较复杂的控制线路。

金属切削原理与刀具：本课程金属切削原理部分主要讲授刀具的几何角度与切削要素、刀具材料、切削变形、切削力、切削热及温度，刀具磨损与耐用度、刀具几何参数的合理选择等内容使学生具有根据工艺要求合理选择各类刀具、确定刀具几何要素、选择切削用量和设计标准刀具能力。

机械加工设备：本课程主要讲授机床结构性能、传动、使用和机床设计基本知识等内容，使学生掌握机床的基本知识。培养学生能正确选用，合理使用，维护、保养、安装、调试以及检查验收常用机床，并具有改装机床部件和设计专用机床的初步能力。

机械制造工艺学：本课程主要讲授工艺规程设计、典型零件加工工艺和质量，生产率，经济性综合分析等内容。使学生掌握机械加工工艺的理论知识，了解典型零件加工的常规工艺和适用的先进工艺技术，具有编制、贯彻工艺规程和分析解决工艺技术问题的能力。

机床夹具设计：本课程主要讲授工件的定位机构、夹紧机构和专用夹具设计等内容。使学生掌握工件的定位夹紧原理和误差分析方法，熟悉典型机床夹具的结构特点，具有设计一般复杂程度机床夹具的能力。

单片机原理及应用：本课程是一门专门化课程。主要讲授单片机的基本组成、原理、指令系统、存储器、接口技术与接口芯片等内容。使学生了解微处理器、存储器和接口电路的结构及其工作原理；掌握硬件连接的一般方法。较熟练掌握一种典型单片机的指令系统。掌握用汇编语言进行程序设计的方法及常用接口电路的使用。初步掌握一种单片计算机的软硬件应用（如进行简单工业控制）设计。

数控机床操作入门：本课程是一门专门化课程。主要讲授数控机床的工作原理、主要技术参数、结构与编程、使用及日常保养等方面知识，也兼顾介绍与典型普通机床使用与保养有关的知识。培养学生正确操作典型数控机床、编制较复杂零件的加工程序的能力，具有合理选用数控机床和普通机床的类型、规格的基本知识和基本能力；具备分析、解决生产中与现代机床相关的实际技术问题的初步知识，具有日常保养维护、管理和改造机床的基本知识。

（2）实践教学

实践教学主要分为制图实训，金工实习和电工实习。

制图实训是通过测绘装配体，使学生了解装配体的工作原理、熟悉拆装顺序，具有手工和利用计算机绘制装配图和零件图的能力。

金工实习使学生获得机械制造的基础知识，完成本专业必须的基本操作训练。学生通过机加工工种的轮换实习，具有1–2种主要机械设备的初步操作技能，为后面的专业课学习打下基础。金工实习包括钳工、车工、铣工和磨工。

电工实习指导学生熟悉电工常用工具、仪表及其正确使用方法；掌握室内照明线路、简单动力线路安装、维修的基本方法；熟悉常见导线和绝缘体材料、灯具、开关及熔断器等的类型与选用；了解安全用电知识和电工安全操作规程。

（二）机械工程专业学习的乐趣与难点

工程师为解决问题而生，不管是自己专业范围内的又或者是与专业无关的问题，乐趣的源泉是解决问题，而成就感的来源就是解决别人解决不了的问题。对于喜欢制图或建模的人而言，枯燥的工作也能乐在其中，在设计和制造的过程中会遇见各种各样的难题，但最终能将自己的设计变成实物是一件非常有成就感的事。

机械最难学的课程是控制类课程，也可以叫做自动化或者智能制造，换句话说，就是传统机械和各种软件的结合，以及和互联网的结合。这就意味着，除了要学习传统机械知识以外，互联网思维，控制思维，编程语言（包括C++、plc、单片机等）。另外一个是模型的分析，包括应力分析有限元分析和运动仿真。简单的零件或者组装件很容易就可以在建模软件上完成，但是一旦结构稍微复杂些，就需要花很多精力和时间来完成正确的分析。再者就是将理论基础知识转化为专业技术的能力。大学教育学习的是理论基础知识，但职场需要的是专业技术能力。这是机械工程专业一直存在的难题。最后，机械专业涉及的知识面非常广泛，想在大学期间学精学透需要耗费非常多的精力，这也是机械工程专业学习的难点之一。

四、机械工程专业适合或者不适合哪些学生

（一）机械专业适合哪些学生？

（1）具有逻辑分析能力

机械工程专业涉及的编程和计算对学生的逻辑分析能力有着一定要求，较强的逻辑能力有助于理解计算机和计算机语言。高中的逻辑推理题和证明题可作为简单的例子来评估逻辑分析能力。

（2）具有空间想象能力

空间想象力是作图、读图的基础，机械制图作为一门基础学科，对学生的空间想象能力有着很高的要求。用软件建立各种二维、三维模型是学生的必备技能，如果无法适应高中学习的立体几何，机械工程专业会让学生觉得更加费力。

（3）具有较好的数理基础

以数学、物理、化学、力学、材料学、控制学、计算机等自然科学和技术科学为理论基础。大学物理、电工学、工程力学、材料力学、理论力学、机械原理、机械设计等课程都涉及一定的物理知识，数理基础比较薄弱的同学一定要谨慎报考。

（4）具有较强的动手能力

动手能力是衡量一个工程师综合能力的重要标准之一，并且很多时候评价工程师最多的一个词就是动手能力强。在本科阶段中，不仅需要掌握抽象的理论知识，还需要培养动手能力，例如作图、金工实习、生产实习，这些都对学生的动手能力有着一定要求。

（二）机械专业虽然好就业，但不建议以下几类人报考：

（1）毕业后想考公务员的人

国考机械的一些岗位报录比达到 1000：1，难度非常大。报录比在 100：1

也是比较常见的。选调生考试的报录比通常会低一点，但一般也在 30：1。所以有打算将来有考公务员的同学尽量避免选择这类专业。

（2）对机械本身不感兴趣的人

机械专业有非常多的交叉学科，其中很多学科都比较抽象且枯燥，是脑力的锻炼和体力心理的磨炼。如果没有兴趣的支撑，学习的过程可想而知是非常艰辛的。

（3）空间想象能力差、数理基础薄弱的人

制图是机械专业的基础，对空间想象能力有着一定要求，绝大多数科目都与数理相关，如果在高中期间数学物理学的吃力，机械专业对这些学生来说或许不是最好的选择。

五、机械工程专业就业介绍

（一）机械工程专业的毕业生的常见的适用岗位

设计工程师。主要负责模具、汽车、家电、工程机械、非标准设备等机械设备的设计。使用常用的机械设计软件：AutoCAD、Proe、UG 等做产品结构设计或其他设计，不断进行产品的优化。

设备工程师。负责设备的维修与保养工作，需要熟悉所管理设备的工作原理，以及设备运行及维护的相关知识。设备管理人员可以转做设计类职位，也可以做设备的技术支持或者销售。

工艺工程师。负责在车间中发掘生产中存在的工艺问题，统计加工不良，分析不良成因，改善加工不良，提高产品的质量和生产效率，编制加工工艺文件、生产指导书等。

机械加工。现在的机加一般指操作数控机床进行加工，也称为操机。一般有学历基础的人，多以操机和编程为起点，去机械制造企业，一开始都会去学习操作数控车床，工作几年后可以考虑做编程、设计、管理或者产品销售。

机电方向。偏电子和自动化等专业。具体方向很多，如 PLC（可编程逻辑控制器）、单片机、嵌入式系统开发等。最好是能够结合机械的优势，往机电一体化方向发展，会更具有一定的优势，比如嵌入式系统方面的机床数控系统，机械专业做数控系统就具备加工工艺等知识优势。

管理方向。首先是车间管理，安排计划，管理人员，提高合格率和效率。然后到部门主管，或者更高管理的职位。进一步是生产管理，安排生产计划，确保产能。前面说到的管理都属于工业工程的范畴。还有一种发展方向是人力资源的管理，和机械专业本身相关性不大。机械行业中打算走技术路线的话，可以向产品行业方向研究技术方面攻关。

采购供货。也就是供货商管理工程师。如果擅长研究技术，又有较好的交际能力，这是一条不错的出路。这个行业与供应商沟通比较多，不适合刚毕业的学生，因为需要丰富的工作经验及各方面的知识，包括机械专业知识、生产管理知识、商务交易，等等。

产品工程师（PE）。做新型号产品的开发—夹具制定—样品生产—批量生产，在整个流程中负责各种问题的解决，一边面对客户，一边面对供货商，可以往项目经理方向发展。

产品销售。简单来说就是卖机械产品，这个方向离技术较远，且薪资两极分化比较严重。

（二）典型就业方向及其工作场景与评价

机械就业方向及大致收入等基本情况如下：

传统汽车行业，10～25w不等，合资普遍高于自主，研究院好于整车厂，技术研发好于制造管理。不过也看个人选择，有些制造待遇比研发高。

家电行业，待遇10～15w不等，结构是非核心岗。结合物联网的智能家电不失为一个好方向。

医疗器械，待遇15～20w，结构为非核心岗。国内公司与国际有较大差距。

手机公司，电脑公司或通信设备公司，或者ODM、EDM，待遇15～30w。结构非核心，招人相对较少。

新能源电池公司，待遇12～25w。目前是大趋势，甚至决定行业拐点，目前面临国内补贴退坡和放开竞争的挑战。

机械转人工智能、机器视觉类、自动驾驶类，待遇 20w 起步，发展前景较好。可以结合机械硬件优势，很适合机械学生，但难度相比较大。

机械转传统编程算法或者大数据，比如互联网金融，待遇好、选择范围广，但同时难度相对较大。薪资 15～25w 不等。

普通公司的自动化设计岗，招人少，非核心岗，待遇 10～15w。比如电机外壳设计，路由器外壳设计，电控柜设计，钣金非标等。

机器人行业，工业机器人国产差距较大，待遇一般。教育娱乐机器人相对来说较好些，待遇可达 20w+。

供应链如物流公司，目前发展前景较好，待遇 15～18w。

机械转销售，建议选择外企，平台好，待遇 20w+，但是对英语的要求比较高。

管理培训生，比如快消行业，纺织服装原材料，食品机械等行业，建议选择互联网或者外企。待遇 12～20w 不等，比较锻炼人。

嵌入式，微电子制造，芯片类。是近年来国家政策比较支持的行业，发展空间大，目前待遇 15w+。

公务员，事业单位，选择少，比如检测院或者选调生。

无人机行业，行业门槛较高。待遇可达 20w+。

传统重工类企业，比如工程机械，高铁。国企较多，待遇相对一般大概 12w。高铁系列待遇相对更好些，但要求也相对较高，以及航天，船舶等研究所等，更适合追求安稳就业的毕业生。

互联网产品经理，数据分析，运营。待遇可超过 25w。

零部件公司，解决方案提供商，建议进外企，待遇一般 15w 左右，不过偏现场应用，研发少。

国有研究所，待遇整体不高，大部分朝九晚五，个人时间较多，可以考虑发展第二职业。待遇 12～15w，部分新成立的研究所的待遇可能会更好些。

（三）主流企业单位介绍

工程机械类：

三一重工是国内工程机械龙头企业，在产品的多元化发展方面成效显著。公司主要产品包括混凝土机械、挖掘机械、起重机械、桩工机械、筑路机械，其中挖掘机械、桩工机械、履带起重机械、路面机械为中国主流品牌，混凝土机械为全球品牌。

柳工是中国机械行业第一家上市公司，是中国工程机械行业发展见证者，也是行业当之无愧的龙头企业。目前公司主要产品有装载机、挖掘机、起重机、高空作业机械、压路机、推土机、叉车、平地机等，形成了多产品多系列的产品格局，同时还包括零部件和后市场服务等。

徐工机械深耕起重机械 60 年，业务涵盖多系列产品，汽车起重机和随车起重机市占率多年稳定在 50% 左右，是起重机行业的龙头。起重机械产品覆盖越野轮胎起重机、轮式起重机、履带式起重机、随车起重机及塔式起重机等五大类共约 300 款产品。

安徽合力主要产品是叉车和装载机，其中，叉车收入占比保持在 97% 左右，是公司主导产品。公司已经连续 26 年保持国内龙头地位，2015 年公司位居全球工业车辆行业第八位，是国内唯一进入十强的企业。

恒力液压是国内液压件制造龙头，逐步从液压油缸制造企业发展成为涵盖高压油缸、高压柱塞泵、液压多路阀、工业阀、液压系统、液压测试台及高精密液压铸件等产品研发和制造的大型综合企业。

艾迪精密主要生产液压破拆属具和液压件，产品下游应用广泛。液压件是用于液压系统的各类元件，目前公司生产的液压件属于高压、大流量的高端液压件，主要包括多路控制阀、液压泵和液压马达等。由于液压传动技术具有功率重量比大、体积小、频响高、压力、流量可控性好，可柔性传送动力，易实现直线运动、可实现无级调速等优点，使得液压技术广泛应用于挖掘机、桩工机械、大型桥梁施工设备、船舶和海洋工程设备、港口机械、发电设备、石油化工机械及航空航天等多个行业。

中联重科前身为中国工程机械技术发源地，公司主导产品覆盖 9 大类别、49 个产品系列，800 多个品种。包括混凝土机械、起重机械、农业机械、环卫机械、消防机械等，其中混凝土泵车、车载泵、汽车起重机、塔机、路面三车、烘干机等主导产品的市场份额已居市场前列。

汽车类：

大众汽车集团作为中国汽车工业最早、最成功的国际合作伙伴之一，大众汽车集团伴随着中国汽车工业走过了跌宕起伏、快速成长的 30 余年。

中国第一汽车集团有限公司，是中国的汽车生产厂商之一，是中华人民共和国的第一家汽车制造厂，一汽被誉为"中国汽车工业的摇篮"。

六、机械工程专业读研升学方向介绍（二级学科）

（一）机械制造及其自动化

专业介绍：

机械制造及其自动化是一门研究机械制造理论、制造技术、自动化制造系统和先进制造模式的研究生学科。该学科融合了各相关学科的最新发展，使制造技术、制造系统和制造模式呈现出全新的面貌。机械制造及其自动化目标很明确，就是将机械设备与自动化通过计算机的方式结合起来，形成一系列先进的制造技术，包括 CAD（计算机辅助设计）、CAM（计算机辅助制造）、FMS（柔性制造系统），等等，最终形成大规模计算机集成制造系统（CIMS），使传统的机械加工得到质的飞跃。具体在工业中的应用包括数控机床、加工中心等。

研究方向：

先进机械装备设计及加工技术、CAD/CAM 集成及相关技术、数字化产品设计与制造、机械动力学。

培养目标：

本专业培养具备机械设计制造基础知识与应用能力，能在工业生产第一线从事机械制造领域内的设计制造、科技开发、应用研究、运行管理和经营销售等方面工作的高级工程技术人才。

（二）机械电子工程

专业介绍：

机械电子系统早已在我们的日常生活中广泛应用。如果没有多项面向未来的技术和知识交流，那么就不会产生安全气囊、防滑刹车系统、复印机、CD 机、行驶模拟装置和自动售票机等一系列运用了机械电子技术的产品。机械电子是工程科学中的一个跨学科专业，是在机械制造、电子工程和计算机科学等学科的基础上建立起来的。继续结合这些传统学科的方法和工具，掌握网络中实现信息安全的相关技术，才能继续发展机械电子的产品、系统和制造方式。这样才有可能将传感器、执行元件和信息处理融合在一个机械设计中，从而使用其产生的协同工作效果。电子工业、微电子技术和计算机科学的迅猛发展扩大了机械电子系统的运用。机械电子不仅仅局限于机械制造某个固定的方向，它同时还受到该领域所有分支学科的影响。

专业培养：

机械电子工程专业培养具有机械电子工程专业基础知识与专业技能，能在生产一线从事机械电子工程专业产品的设计制造、控制开发、应用研究和生产管理等工作的应用型高级专门人才；培养能在中、高等职业教育领域从事机电一体化专业的理论教学、专业实践指导和学生管理工作的复合型职教师资。

专业特色：

强调机械动手能力与机电控制能力相结合，侧重于机电控制和数控维修。以数控所需各种能力为主线，突出机电控制的专业核心地位，培养会设计、能编程、具有较强的数控机床操作、调试、维修、维护等实际操作技能的技术工程师和职教师资。

（三）机械设计及理论

专业介绍：

机械设计及理论是机械工程一级学科所属的二级学科，是对机械进行功能分析与综合并定量描述与控制其性能的基础技术学科，是定位机械工程各项细致工作流程及程序的归纳总结的简单理论介绍。主要研究各种机械、机构及其零件的工作原理、运动和动力学性能、强度与寿命、振动与噪声、摩擦、摩擦物理学、关系力学、磨损与润滑、机械创新与设计以及现代设计计算方法等课题。

学科优势：

以复合材料构件设计与制造、计算机辅助工程、轻工自动机械设计及理论研究为目标，将计算机辅助设计、现代检测技术等应用于机械及其产品的设计过程中，掌握坚实的基础理论和系统的专门知识。了解学科的现状及发展趋势，具有工程设计和管理的综合素质及知识结构，适合从事工程技术、教学科研及管理等工作。

（四）车辆工程

专业介绍：

车辆工程是研究汽车、拖拉机、机车车辆、军用车辆及其他工程车辆等陆上移动机械的理论、设计及制造技术的工程技术领域。其工程硕士学位授权单位培养从事上述车辆研究、设计开发、生产制造、质量检测和控制、使用和维修、相关检测装置和仪器开发的高级工程技术人才。

培养目标：

本专业注重综合素质和创新能力的培养，重视教育与社会需求相结合、理论与实践相结合。着力培养知识结构合理、具有创新精神及坚实工科背景的，能从事汽车工程技术领域设计制造、科研开发、应用研究、经营管理和市场营销等工作的复合型高级专业人才。

学习要求：

本专业学生主要学习车辆工程及相关领域的基础理论、技术及有关机械产品与设备的设计方法、制造工艺和市场营销知识，受到现代机械学、电工电子学、汽车设计、计算机辅助设计和营销管理学的基本训练，具备进行汽车和汽车零部件技术研究、设计、制造和汽车营销管理方面的基本能力。

七、报考建议

（一）学科排名

机械工程专业学科评级来自 2017 年底教育部公布的第四轮全国机械工程学科评估结果。

扫码查看详细评估结果

（请看机械–表1–机械工程第四轮学科评估）

（二）报考建议

（1）二级学科推荐顺序如下

机械类	080201	机械工程
机械类	080202	机械设计制造及其自动化
机械类	080203	材料成型及控制工程
机械类	080204	机械电子工程
机械类	080205	工业设计
机械类	080206	过程装备与控制工程
机械类	080207	车辆工程
机械类	080208	汽车服务工程
机械类	080209T	机械工艺技术
机械类	080210T	微机电系统工程
机械类	080211T	机电技术教育
机械类	080212T	汽车维修工程教育
机械类	080213T	智能制造工程
机械类	080214T	智能车辆工程
机械类	080215T	仿生科学与工程
机械类	080216T	新能源汽车工程

（2）机械专业不同学校的研究特色

同样的专业名称，不同学校的培养方向是不同的。比如同样是机械及自动化专业，有些学校可能更偏向客车，有些可能偏向特种车辆，甚至有一些是偏航空航天，等等。虽然名字都是机械及自动化，但是学校培养的方向略有偏差，主攻方向不同。

机械工程是以有关的自然科学和技术科学为理论基础，结合生产实践中的技术经验，研究和解决在开发、设计、制造、安装、运用和维修各种机械中的全部理论和实际问题和应用学科；机械设计制造及其自动化则是偏向于机械产品研发、设计和制造等复合型工程的技术性学科。在各个高校，对这两个专业的划分其实并不明确，很多院校都只开设了其中一个专业。也有一些院校把机械工程开设了下设学院中，设立了清晰的研究方向。比如清华大学，2020年在辽宁省的招生计划中将机械工程排入了工科试验班事技术经济分析、质量管理和生产组织管理工作、园类（机械、航空与动力）方向。

以机械专业排名前两位的院校为例，清华大学的基础核心课程包括：工程材料、机械设计、机械制造、材料加工、测试与检测、控制工程等。而哈尔滨工业大学注重在机械设计、制造、系统集成的知识体系中融入计算机科学、信息技术、自动控制、人工智能等知识。所以考生和家长在选择的时候，需要多收集一些信息，不能盲目进行主观判断。

每一所院校都会因为历史发展和资源分布，从而有明显的区别和特色。而这一点如果不提前了解清楚，那么就很可能因为学习方向的偏差而影响未来的发展。

具体来说，各院校在机械设计、制造、自动化的具体内容和方向上是有很大偏差的，笔者在这里简要举例介绍一下几所学校的研究特色：

燕山大学侧重重型机械；长春理工大学侧重光学机械；河南科技大学、江苏大学侧重农业机械；北京林业大学、东北林业大学侧重林业机械；国防七校（由工信部直属的七所高校，包括北京理工、南京理工、哈工大、哈工程、北航、南航、西北工业）侧重国防军工机械；电子科技大学侧重电子机械；东华大学侧重纺织机械，等等。

具体的其他学校的研究特色，各位考生和家长可以通过各个学校的官网进一步具体了解。

八、机械工程专业学长学姐说

（1）不要因为"好就业"而盲目报考机械专业

父母往往因为听说机械专业是"万金油"好就业，而盲目劝说学生报考机械专业。机械专业生考研是大势所趋。一般来讲，在企业里，硕士生或博士生默认是做产品机械部分的研发或者强度分析；本科生或者硕士生从事于具体产品机械零部件的设计与校核；专科生或者本科生从事于机械零部件的制造工艺。如果学生对机械本身毫无兴趣，不仅学习过程会非常痛苦，而且往往结果也达不到预期。

（2）如果想做机器人，实际上不用报考机械专业

很多学生报考机械专业的理由是想做人工智能、机器人等。但其实主导人工智能的是数学和计算机专业，一些学校也有专门开设机器人专业。此外，智能制造是基于新一代信息通信技术与先进制造技术深度融合，贯穿于设计、生产、管理、服务等制造活动的各个环节，具有自感知、自学习、自决策、自执行、自适应等功能的新型生产方式，这和传统机械也没多大关系。

九、相近专业介绍

机械类专业是机械工程及相关专业的统称，其中包括：机械设计制造及其自动化、材料成型及控制工程、过程装备与控制工程、机械电子工程、测控技术与仪器、机电一体化、飞行器设计、车辆工程、农业机械化与自动化、工业设计，等等。机械类专业具备广度适应性，比如在设备维护、数控维修、环保设备设计等领域的应用。同时，机械类机械专业还涉及不少交叉科，通过这些知识的积累，也为跨机械专业、跨行业就业提供了强有力的保障。具体专业介绍如下：

机械工程是一门利用物理定律为机械系统做分析、设计、制造及维修的工

程学科。机械工程是以有关的自然科学和技术科学为理论基础，结合生产实践中的技术经验，研究和解决在开发、设计、制造、安装、运用和维修各种机械中的全部理论和实际问题的应用学科。机械工程是工学研究生教育一级学科，工程研究生教育一个领域。

机械设计制造及其自动化专业旨在培养适应社会发展需要，具备较扎实的自然科学基础和宽厚的机械专业知识以及较强的实践能力，具有创新意识、国际视野、团队合作精神和良好的沟通能力，具有较好的人文社会科学素养、较强的社会责任感、良好的职业道德，能在机械工程领域从事机械产品研发、设计、制造、项目管理等工作的复合型工程技术人才。

材料成型及控制工程专业培养系统掌握材料成型及控制工程专业基础理论及应用知识，能够从事材料成型及质量控制、模具技术及计算机应用等方面的科学研究、技术开发、设计制造、企业管理等工作，具有国际视野的、能适应社会经济发展需求的富有创新精神的高素质复合型人才。

机械电子工程专业俗称机电一体化，是机械工程与自动化的一种。机械电子工程专业包括基础理论知识和机械设计制造方法，计算机软硬件应用能力，能承担各类机电产品和系统的设计、制造、试验和开发工作。机械电子工程是科技高速发展以及学科相互链接的产物，它打破了传统的学科分类，集诸多技术特点于一体。它的出现代表着新技术、新思想、新研究方式和新研究目标的产生。机械电子系统早已在我们的日常生活中广泛应用。如果没有多项技术的面向未来的技术和知识交流，那么就不会产生安全气囊、防滑刹车系统、复印机、CD 机、行驶模拟装置和自动售票机等一系列运用了机械电子技术的产品。机械电子是工程科学中的一个跨学科专业，是在机械制造、电子工程和计算机科学等学科的基础上建立起来的。

工业设计指以工学、美学、经济学为基础对工业产品进行设计。工业设计分为产品设计、环境设计、传播设计、设计管理 4 类；包括造型设计、机械设计、服装设计、环境规划、室内设计、UI 设计、平面设计、包装设计、广告设计、展示设计、网站设计等。工业设计又称工业产品设计学，工业设计涉及心理学，社会学，美学，人机工程学，机械构造，摄影，色彩学等。工业发展和劳动分工所带来的工业设计，与其他艺术、生产活动、工艺制作等都有明显不同，它是各种学科、技术和审美观念的交叉产物。

过程装备与控制工程专业培养适应国家战略需求、服务石油石化等能源行业和区域发展，具备自然科学与工程基础知识、过程装备与控制工程专业知识和实践能力，身心健康、德智体美全面发展，能够在过程工业等部门从事过程装备设计、开发、制造与安装、运行维护、安全管理、监督和营销等方面的技术和管理工作或进入相关学科继续学习深造，具有创新精神与社会责任、国际视野的优秀工程技术人才。

车辆工程专业培养掌握机械、电子、计算机等方面工程技术基础理论和汽车设计、制造、试验等方面专业知识与技能，了解并重视与汽车技术发展有关的人文社会知识，能在企业、科研院（所）等部门，从事与车辆工程有关的产品设计开发、生产制造、试验检测、应用研究、技术服务、经营销售和管理等方面的工作，具有较强实践能力和创新精神的高级专门人才。车辆工程专业毕业学生能在车辆企业从事整车及其零部件的研究、设计、制造、检测、实验及运行管理、经营销售等方面的工作。也可以从事科研院所的技术开发工作；高等院校车辆专业的教学和科研工作；交通部门的交通管理工作；以及其他企、事业单位的相关技术咨询与管理工作。

汽车服务工程专业培养德、智、体、美全面发展，掌握汽车服务工程的基本理论、专业知识及基本技能，能综合考虑社会、法律和环境等因素，使用现代工具对汽车服务工程问题提出合理的解决方案，并组织实施，具备在汽车服务工程相关领域从事研究开发、工程应用及运营管理等方面的工作能力，能在团队中认识角色定位，进行有效交流与合作，具有人文社会科学素养、社会责任感、职业道德、创新意识、可持续发展理念、国际化视野和善于学习实践的应用型高级专门人才。

机械工艺技术主要研习现代机械制造技术的相关知识，包含机械制造工艺设计、机械加工、设备操作与维护、数控加工技术等，是使用相关机械设备进行工艺设计的技术。常见的激光雕刻、3D打印都属于机械工艺技术。

微机电系统工程以机、电技术，尤其是微机械为基础，运用微电子技术和微加工技术，进行微纳米和微机电系统内的一系列微型器件的设计、制造及测试等。例如：微泵、微传感器、微加速度计、小飞机、小卫星和微米卫星等。

机电技术教育主要研究机械设计与制造和电子技术等基本理论和技能，能够从事机电技术专业教学工作，或是机电技术领域内产品的设计与制造。例如：技校的机电类课程教学、工厂内各类机床（车床、铣床、刨床、磨床等）的技术操作。

汽车维修工程教育主要研究汽车组成构造、制造工艺等基本知识和技能，主要以应用基础为指导，以实用的工艺技术为基础，以求解决汽车技术状况的维护、性能指标的恢复以及使用寿命的延长等实际问题。主要从事于汽车的维修与养护、保险与服务等汽车后市场行业内。

智能制造工程专业立足"新工科"培养理念，该专业主要研究智能产品设计制造、智能装备故障诊断、维护维修，智能工厂系统运行、管理及系统集成等，培养能够胜任智能制造系统分析、设计、集成、运营的学科知识交叉融合型工程技术人才及复合型、应用型工程技术人才。例如：安装、调试、维护和维修工业机器人。就业方向智能制造行业：智能产品设计及制造、智能制造产品开发、智能产品管理、系统架构规划。

智能车辆工程专业主要培养从事车辆智能管理研究和智能车辆设计、制造、实验研究以及经营管理等工作的复合型高级专门人才。

仿生科学与工程主要研究和建立一类人工系统，使之具有生命系统的某些特性。该专业是涵盖生物电子学、生物传感器、生物仿真材料、生物物理学、生物电机和生物大分子的自装配等的一门交叉学科，具备仿生装备设计与制造、仿生材料开发、仿生学研究等方面能力的高素质专门人才。例如：研究生物体的结构、功能和工作原理，将这些原理移植于工程技术之中，发明性能优越的仪器、装置和机器，创造新技术。

新能源汽车工程专业以机械工程、电气工程和车辆工程为主干学科，培养能在新能源汽车工程领域从事设计制造、零部件开发、生产、实验、运用过程知识和能力储备的高层次应用型人才。例如：新能源汽车相关产品的研发、试验、生产装配、检测、运维等。

第七章　建筑学
——充满成就感的设计师

引言 ─────────────────────────────

　　建筑类是一个大而广泛的概念，但是建筑以及与建筑有关的思想却体现在我们生活的方方面面。生活中，小到做一个模型，大到盖一栋房子，设计一个公园，都会涉及关于建筑的知识。此外，我们耳熟能详的著名景点，例如古希腊的帕特农神庙、北京的故宫和颐和园，等等，都是蕴含着深刻的建筑理论知识和设计美学的并且具有厚重历史的建筑。所以说，学习建筑学的同时也需要拥有更加广阔的知识面和深厚的专业素养。

　　那么，建筑学专业是什么？建筑学专业要学什么？建筑学专业的未来就业以及发展前景如何？希望文本对上述等问题的解答能够让各位家长和学生对建筑专业有所了解。

一、建筑类专业介绍与特点

（一）什么是建筑类专业？

建筑学，从广义的范围上来讲，是一个研究建筑及其环境的学科，也就是说建筑学，不仅包含建筑本身，同时也涵盖着建筑与周边空间的关系、与人的关等等内容。小到一栋楼、一个小区的建设，大到一个旅游区、一个城市的管理，全都在建筑类专业的涵盖范围内，所以建筑类专业涵盖了美学、社会人文、经济等多方面的内容，可以说是横跨了工科、艺术、社会学等多个学科维度的一门学科。

21 世纪初正是中国高速发展的时期，处处高楼平地而起、通车通电，经济飞鸿腾达，离不开每一个建筑师、规划师日日夜夜的辛勤工作，建筑类行业也就是在这个时候逐渐步入辉煌时刻。每个城市都不可缺少的建筑、道路、绿地等重要元素，就是这个专业所要学习的内容。

（二）建筑类专业的研究对象

建筑学（Architecture），从广义上来说，建筑学是研究建筑物及其周围环境的学科，它旨在总结人类建筑活动的经验，以指导建筑设计创作，构造某种体系环境，等等。建筑学的内容通常包括技术和艺术两个方面。

传统的建筑学的研究对象包括建筑物、建筑群以及室内家具的设计，风景园林和城市村镇的规划设计。随着建筑事业的发展，园林学和城市规划逐步从建筑学中分化出来，成为相对独立的学科。

建筑学服务的对象不仅是自然的人，而且也是社会的人，不仅要满足人们物质上的要求，而且要满足他们精神上的要求。因此社会生产力和生产关系的变化，政治、文化、宗教、生活习惯等的变化，都密切影响着建筑技术和艺术。

（三）建筑类专业的前景解析

教学形式独特，课程形式新颖。建筑类专业的很多专业课程都会采取类似小班教学的模式，每一个设计课都会有一个设计老师带五六个学生，上课大部分时间都是围着桌子边讨论边教学，辅导也是老师一对一的辅导，上课方式以及上课地点都相对更加自由，讲课方式也不拘泥于老师讲、学生听，很多时候是学生自己找资料讲述自己的设计，老师在一旁点评。

成就感。建筑类专业绝对是一个让学生拥有巨大成就感的专业。上学时代，这个成就感来源于每一份大作业的成果，是看着自己暗夜奋战做出的方案、画出的图纸、搭出的模型的时候，是向别人讲述自己的灵感如何一步一步成为一个建筑设计成果的时候。就业之后，这种成就感是看着自己的设计图纸逐步转化成一座座实体建筑的时候，是看着一座城市按照自己参与的规划逐渐拔地而起的时候，十年、二十年之后，再路过这座建筑或这座城市，可能就会自豪地跟别人说，看，这是我设计的房子，这是我参与规划的城市。

思维超前。作为一个设计师，学生所思考的和设计的，都应该超前于这个时代，因为学生是在为未来的使用者做设计，尤其城市规划专业，更是在为一个城市的未来做设计，所以这种超前的思维能力的培养，是隐形中存在的，同时也会无形之中用于生活的方方面面。比如毕业买房子时，建筑类专业的学生就会翻出一个城市的规划图，看哪里规划了地铁线，未来可能会升值，或者哪里规划了公园，未来会有出门见绿的好的居住环境，买房子的时候就有了自主思考的能力。

有趣的灵魂。首先，设计的过程就是创新的过程，所以你会喜欢了解新事物，时刻保持好奇心，大脑时刻迸发出新的灵感想法，让你对生活时刻充满热情。其次，你丰富的内心世界也会引领生活过得独特而又出彩。比如买房装修，你自己就是一名设计师，你会比普通人在设计房屋方面更有自己的想法，会让自己的生活空间通过设计变得与众不同。最后，丰富的学习内容能够让一个人更好地认识自己，因为只有见多识广才能知道自己喜欢的到底是什么，很多同学都在本科的学习中找到了自己感兴趣的爱好，比如手工、摄影、服装设计等。

未来发展的多样性，一个让你拥有更多技能的专业。建筑类专业的培养过程可以说是一个被无数次"赶鸭子上架"的过程。本科五年，你会被逼迫着去尝试各种从未做过的事情，比如第一次锯木头、第一次用玻璃窗帘改造模型，也会被逼迫着掌握各种技能，比如摄影、排版、建 3D 模型，被逼迫的途中，你的空间想象力、审美能力、动手能力、思辨能力、学习能力等各种能力都会得到无形的提升，所以学建筑的人几乎不用担心未来发展，就算在建筑行业出路不明朗，本科期间学习的技能都可以算作一技之长。

二、对建筑类专业认识方面的误区

（一）学了建筑就是天天画图？

实际上并不是这样。学了建筑类专业，是否天天要画图还和你的就业方向有关，如果去了设计院，确实要从事画图相关的工作。但是如果就业从事甲方、公务员、地产等相关工作，一般会成为管理性人员，从事管理性的工作，日常的工作内容也是以事务性的工作为主，用的软件基本上也是常用的办公软件，以及用学过的建筑类知识来管理设计院的设计工作等。

（二）美术不好，不能学建筑学？

美术确实是建筑类专业的必修课，从素描到水彩、景物到写生，本科学习的每一年都会有美术这门课，而且大一、大二里学分最多的专业设计课，一般也都是通过手绘的方式进行表达的，但这并不能说明，美术不好就不能学建筑。现在已经是科技时代，就业后的所有工作几乎都是通过电脑制图，手绘的低效方式已经被电脑取代了。而建筑类专业的手绘学习，更多是帮助一个设计师实现设计灵感的图示化表达，也就是说，当你有了一个设计灵感，你能快速而又准确地记录下你的灵感，而且能够让别人读懂，所以手绘，仅仅是一种媒介而已。

所以，总体来说，没有绘画技能，照样可以报考建筑类专业。

（三）建筑类专业不适合女生学？

首先要明确一个想法，建筑类行业的最终出路并不是工地搬砖，也不是工地监工，并不需要戴着安全帽在工地吃灰，大多数的建筑类行业就业后，都是父母口中那种"坐办公室"的，每天的"合作伙伴"还是手中的鼠标键盘，所以建筑类专业并没有不适合女孩子这个说法。其实事实是，城市规划专业、景观园林专业，一般女生的报考比例、录取比例会更大，笔者本科时，班上女生的数量基本是男生的二倍，建筑学专业的男生会相对多一点。而且建筑类的专业，尤其是城市规划专业、景观园林专业，是非常偏文的，理论知识学的非常多，尤其是读到研究生，就更是以理论的研究为主，这样来讲的话，其实女孩子会更有优势。

（四）建筑类行业是夕阳产业，没有前途？

多数人对建筑行业的解读是夕阳产业，学了没有前途，毕业会找不到工作，"劝退"的人不在少数，那么到底这个说法是不是合理，可以从建筑类行业的服务对象以及目前的社会背景进行一个综合的评判。

建筑类行业的服务对象，是人类四大基本生活内容"衣食住行"之一的"住"，自古以来盖房子、住房子都是刚需，那为什么建筑类行业会进入夕阳时代？一线城市的发展已经趋于饱和，每年新的地产楼盘已经屈指可数，建筑类行业的焦点已经转向了老旧社区更新改造，传统建筑正在向绿色建筑、低碳建筑转型，所以未来偏向大数据、绿色化的建筑设计会非常吃香，而对于二、三线城市来说，城市还会有很大的扩张潜力，也会有更大的优化发展的空间，也是需要很多的建筑师、规划师的。

从目前的社会背景来看，后疫情时代，国家经济发展受到了巨大冲击，中央经济工作会议提出，要适度超前开展基础设施投资，以基础设施支撑带动经济发展，官方也给出了"新基建"的范围：信息基础设施包括以 5G、物联网、工业互联网、卫星互联网为代表的通信网络基础设施，以人工智能、云计算、区块链等为代表的新技术基础设施，以数据中心、智能计算中心为代表的算力基础设施等；融合基础设施包括智能交通基础设施、智慧能源基础设施等；创新基础设施则包括重大科技基础设施、科教基础设施、产业技术创新基础设施等内容。从各省发布的 2022 年重点投资项目中可以看出，交通、水利、能源项目、保障房项目，等等，为重要的投资建设项目。

不可否认，目前国内的建筑行业确实是大不如前，但是我国作为一个发展中国家，谋发展还是第一位，理论上来讲，还是需要城市建设、提升城镇化率。所以总体来说，建筑行业仍处于具有潜力。

（五）文科生学不了建筑学专业？

文科生可以学建筑类专业，虽说大部分院校建筑类专业仅招收理科生，但也有部分院校接收文科考生，如同济大学、华中科技大学、昆明理工大学等学校的建筑类专业都是文理兼收的。而且大部分的学校在大一结束后都有一次申请转专业的机会，如果你的综合排名与分数突出，是可以选择转到建筑类专业来的。

而且整体来讲，建筑类专业对理科知识的学习要求不像其他专业那么高，文科生虽然会吃力一些，但经过努力也完全可以克服。比如大多数理工科专业都要学大学物理，但是建筑类专业就不用学，只要学建筑力学就可以了。再者就是数学类，其他理工科需要学线性代数、微积分等多门数学课，建筑类专业则只需要学习一学年的高等数学。虽然建筑学类本科也要学习编程相关课程，但是学的也是最简单的那一类。

说到根本，建筑类专业本来就是一个培养设计能力、提升艺术水平的专业，没有理科基础不会被一棒子打死，尤其是城乡规划专业，其实学起来非常的偏文科，理论知识很多，文科生学起来反而有优势。

三、建筑类专业学习内容

（一）核心课程

建筑类专业的课程分布基本上可以用四个类型的课程来概括：

第一类是学分占比最大、课时最多的课程，也就是大家口中常说的"大作业"。这类课程是建筑类专业特有的课程，是培养设计能力的重要课程，一般每个学期会有 1 ~ 2 个设计课程。根据课程难度，学时长度大概是 4 ~ 8 周，一般随年级升高，设计作业逐渐复杂，从幼儿园、别墅，到博物馆、体育馆、商业街，学时长度也会相应增加。专业课大多采取小组教学的方式，一般由一名老师，带5名左右的学生，分别对每个学生的设计方案进行点评，在不断的修改与完善中，确定最终的设计方案。

第二类是各专业的专业基础课程，这一类课程主要是在帮助设计师完成专业理论知识的储备，包括原理知识、建筑历史、规划历史、专业软件入门，等等。

第三类课程是大学生的一些公共课程，这些课程不管是哪个专业，都是一样的，比如大学英语、时事政治、大学体育之类。

第四类就是一些实践课，比如建筑测绘、社会调研等。

下面以最典型的建筑老八校之一——东南大学的本科教学体系举例，各个院校建筑类专业的课程设置基本类似。

(1) 建筑学专业

主要课程部分：

通识教育基础课包括：思政类、军体类、大学英语、高等数学、通识类选修课。

大类建筑学的基础和概论包括：建筑设计基础Ⅰ–Ⅲ、建筑设计Ⅰ–Ⅱ、视觉设计基础Ⅰ–Ⅳ、建筑制图与表达I–Ⅱ、建筑概论、城乡规划概论、风景园林概论、建筑环境与技术基础I–Ⅱ、建筑历史基础、建筑通史。

专业主干课包括核心主干课程"建筑设计"及其引领的人文及技术两翼课程群：

核心主干课程：建筑设计Ⅲ–VI。

建筑历史与理论类主干课程：建筑史论I–Ⅱ。

建筑技术类主干课程：建筑结构I–IV、建筑构造I–IV、建筑物理I–Ⅱ、建筑设备I–Ⅱ。

专业方向及跨学科选修课：

限选课：

建筑文献阅读基础、建筑制图与表达Ⅲ–V、建筑技术与设计Ⅰ–V、建筑理论与设计I–V、遗产保护基础、城乡规划原理Ⅰ、居住环境与住宅设计原理、场地设计、数字化技术与建筑。

任选课：

建筑设计及理论方向：建筑理论与设计Ⅵ（英语、研讨）、名师理论前沿（全英文、研讨）、绿色建筑理论与设计（双语）、建筑理论前沿（英语、研讨）、建筑设计理论前沿（英语、研讨）、城市设计导论（双语）、建筑造型与技术、材料（双语）、空间句法及其应用（研讨）、城市形态分析与类型形态学（研讨）、中国现当代居住形态（研讨）、医疗福祉设施规划与设计方法（企业）、室内设计原理。

建筑历史与遗产方向：建筑遗产保护及其方法、测绘建筑与建造发现、中国古代建筑营造基础、图文阅读与解析、中日韩古代建筑文化交流、礼仪中的建筑、美国住宅史、城市遗产保护及其方法、景观遗产保护及其方法、遗产与技术、遗产与文化、遗产考察。

建筑技术与数字方向：绿色建筑Ⅱ科学与设计（英语）、建筑技术前沿（英语、研讨）、技术观Ⅰ–Ⅲ、建筑新技术、建筑节能新进展、建筑环境控制学前沿（英语、研讨）、互动的建筑信息。

艺术设计方向：建筑画表现综合技法、室内装饰设计、家具设计、现代艺术设计鉴赏与实践。

执业实务方向：建筑实务（企业）、建筑经济（企业）、城市建筑设计实务（企业）、快速设计强化训练。

跨学科方向：城乡规划史Ⅰ–Ⅱ（研讨）、中国风景园林史（研讨）、外国风景园林史（研讨）、城市中心（区）发展与规划管理与法规、城市社会学（研讨）、城市环境与城市生态、城市更新、风景园林设计原理、景园生态保护与修复、景园旅游与游憩、环境行为心理学。

主要实践环节：

短学期实践环节：军训（3周）、视觉设计实习Ⅰ（1周）、工地实习（1周）、认知实习Ⅰ（2周）、视觉设计实习Ⅱ（2周）、认知实习Ⅱ（2周）、测绘实习（4周）；工程实践（12周）；课外实践；毕业设计（20周）。合计47周（不含课外实践）。

双语教学课程：

建筑设计基础Ⅰ–Ⅱ、建筑设计Ⅰ–Ⅵ、建筑理论与设计Ⅰ–Ⅴ、建筑史论、绿色建筑Ⅰ理论与设计、数字化技术与建筑、城市设计导论、建筑造型与技术、材料。

全英文教学课程：

建筑理论与设计Ⅴ、绿色建筑Ⅱ科学与设计、建筑设计理论前沿（打通本硕课程）、建筑理论前沿（打通本硕课程）、名师理论前沿（英语、研讨）、建筑技术前沿（打通本硕课程）、建筑环境控制学前沿（打通本硕课程）。

（2）城乡规划专业

主要课程：

通识教育基础课：中国近现代史纲要、马克思主义基本原理、毛泽东思想、邓小平理论与"三个代表"的重要思想概论、思想道德修养与法律基础、形势与政策、就业导论、大学英语、体育、高等数学、军事理论。

大类学科基础课：建筑设计基础–1、建筑设计–1、建筑制图与表达–H、视觉设计基础–V、建筑历史基础、建筑概论、城乡规划概论、风景园林概论、建筑环境与技术基础–H、建筑通史。

专业主干课：城乡规划原理I–IV、城乡规划史I–II、城乡规划与设计I–IV

主要实践环节：

视觉设计实习–I、建筑认知实习、乡村空间要素与社会经济发展认知、城乡历史环境认知、城镇总体规划系统认知、规划实务、规划同实习、工程实践（规划院）、毕业设计。

双语教学课程：

建筑设计基础–4、建筑设计–1、城乡规划与设计–V、城乡规划史I、建筑史论、建筑设计理论H、城市设计导论、GIS及其在域乡规划中的应用、城乡规划系统数据分析、绿色建筑理论与设计、城市规划建模初步、地块交通影响分析与组织优化。

全英文教学课程：

城市政策分析、绿色建筑科学与设计。

系列研讨课程（含新生研讨课）：

建筑设计基础–1、建筑设计–I、城乡规划与设计–V、视觉设计基础–V、城乡规划史HI、建筑史论–H、园林史论–H、城乡规划原理Ⅲ、城市规划初步、城市经济学、城市社会学、城乡生态与环境规划、GIS及其在城乡规划中的应用、城乡社会综合调查研究、城市形态分析与类型形态学、空间句法及其应用研讨。

（3）风景园林专业

主要课程：

通识教育基础课：思政类、军体类、大学英语、高等数学、通识类选修课。

大类学科基础课：建筑设计基础、建筑设计、视觉设计基础、建筑环境与技术基础、制图与表达、建筑通史、概论课等。

专业主干课：

风景园林设计原理、景观建筑设计、景观规划设计、中国风景园林史、外国风景园林史、景园植物学、种植设计、风景区规划原理等。

专业选修课：

景观工程与技术、城市绿地系统规划、景观资源与评价、环境行为与心理、景园旅游与游憩、景园生态保护与修复、园林美学、景园管理与法规、景园遗产保护及其方法、GIS 应用等。

主要实践环节：

社会实践、文化素质教育实践、大学生课外研学（SRTP）、工程实践、园林测绘及系列实习环节课程。

双语教学课程：

景观规划设计、景观建筑设计、城市设计概论、风景园林设计原理、景园生态保护与修复、城市绿地系统规划等。

全英文教学课程：

景观工程与技术 Ⅱ、景园生态学基础、景观资源与评价、绿色建筑科学与设计等。

系列研讨课程（含新生研讨课）：

风景园林设计原理、园林美学、景园生态学基础、城市绿地系统规划、风景区规划原理、景观资源与评价、环境行为学、植物造景、景观工程与技术等。

（二）建筑类专业学习的乐趣与难点

建筑类专业有五年的学制，一个最重要的原因是课程繁多，四年时间学习难度较大。所以，这也就引申到了我们这里要讲的建筑类专业独特的培养模式的问题。

作为一个建筑师、一个规划师，你要把一个房子设计好，让人用得舒服，要把一座城市规划好，推动城市发展，那就不仅仅是要和冰冷的混凝土打交道的问题，而是要同时考虑人的观感、人的使用需求、经济的发展需求，等等，所以对一个建筑师、设计师的培养，同时也是一个艺术家的培养、一个心理学家的培养、一个经济学家的培养，是对一个人感知力、观察力、行动力、表现力的多方面提升。

所以建筑类专业不同于其他专业的学习方式，有更多需要动手去完成的作业，比如做模型、画图，等等，也有更多需要亲身体验的感受，比如对不同建筑的调研感知、对不同城市的调研感知、对不同人群的采访等，总而言之需要你"走出去""多动手"，所以建筑类专业的本科课程设置，每一年都会有雷打不动的美术课，也会有模型课、社会调研课，会比其他专业的学生有更多有趣的课后作业需要在业余时间完成，从而督促你"参与"与"感知"，因为一个设计师只有读懂了建筑、读懂了城市，才能设计好建筑、设计好城市。所以谈起独特，建筑类专业的学习，真的是一段独特而有趣的学习过程。

四、建筑类专业适合哪些学生

（一）对建筑设计的兴趣与热情

首先，先问一问自己，想要报考建筑类专业的初衷是什么？如果说是自己的设计热情，喜欢做设计，想看着自己设计的房子落地，喜欢建筑类专业丰富的校园生活，独特的学习方式，那建筑类专业可以作为一个报考选项。如果只是图一时兴起，"建筑学听起来挺有意思的，我想报了学学"，或者是以就业、找一份光鲜亮丽的工作为目的，那笔者在这里就必须要劝退了。所以，先搞清楚自己到底想要什么，是选择一份热爱？还是选择就业？

（二）具有一定的创造能力

对于建筑类专业这种很看天赋的专业，确实需要有一点创造天赋。可以看一看，自己是不是思维活跃？喜欢尝试新事物？时常有新的灵感迸发？对事物有自己独特的看法与见解？对设计有热情？有创造欲？动手能力强？虽然说有没有天赋也并不是用这几个问句就能简单评判的，但起码如果有这些情况，可能会比其他人更适合学建筑一点。

（三）成绩达到录取要求

最后就是考试分数的问题，如果分数能够进入建筑老八校或新四校，或是能进通过了学科评估的院校，（而且已经做好了上文的扪心自问以及天赋评判），可以一试。如果分数只能进一个学科评估都还没通过的学校，那笔者在这里也是劝退，因为教学质量不好，还不如不学。而且整体国内的就业情况来看，用人单位还是很看重学校出身的。

五、建筑类专业就业介绍

（一）就业去向及建议

建筑类专业学生毕业去向一般主要有四个方向：第一是去建筑行业的设计单位，主要从事建筑设计、城市规划设计、景观设计等设计性工作，也就是俗称的"乙方"；第二类是进入开发建设单位，也就是所谓的"甲方"，从事房地产开发、土地一级开发建设等工作，这一类可以根据身份不同分成两类，其一就是传统的房地产开发建设行业，进入地产公司，其二略偏向于政府类的开发建设企业，比地产公司有更多政策优势；第三类为考取公务员，进入城建部门、园林绿化部门等从事管理工作；第四类即是通过升学读博，留在高校任教。

关于就业方向的建议，可能不用笔者多说，大家根据常理也能推断出来，公务员一定比甲方好，甲方一定比乙方好。为什么这么说，可以从不同就业去向的工作内容进行分析：

首先乙方，一般专业性比较强，工作的机械化程度比较高，一般的设计院为保证设计的专业程度以及设计完成的效率，都会有非常详细的分工以及流水线一样的工作流程，比如张三专门负责设计各类管线，李四专门设计户型，赵六专门负责出施工图，A画完了平面总图，B去深化具体某个细节，这也就造成了设计院的一般人员的工作内容大都是局限在某一个特定视角，在某一个专业做得很精，而且日复一日只做这一部分工作，直到资历足够升职以后，才会接触到各专业的各类信息。

而对于甲方来讲，一般是需要全面统筹整个项目的，可能组织设计院开展设计工作仅仅是诸多工作流程中的很小一个节点，所以甲方还要办理各类手续，组织各个专业的设计团队去共同推进项目，深化项目，直至项目施工落地，甚至竣工结案，也就是说，从入职的那一天起，所接触到的信息是多方位、全方位的，你对整个工作都需要有整体而又宏观地把控，工作对象不只是某一个专业，而是所有的专业，所以你的认知会更广，你接触的人会更多，所以这对一个人能力的锻炼也是很大的。

最后就是公务员，作为一个公职人员，你所接收到的消息都是第一手的，对国家各类方针政策的感知渠道是最丰富、最便捷的，公职人员的视角会比甲方更加宏观，可能甲方关注到的只是与一个项目相关的一小片区域，但公职人员的视角却是一座城市的发展，思考的是如何通过多个项目来塑造一座城市的整体形象。

以上的分析内容都是从个人发展的角度来探讨的，因为笔者认为这是选择就业时的一个非常重要的考量内容。如果从工资和工作的状态来讲，那还是看个人偏好。

（二）代表性企业概况

笔者这里把一些有名的设计院情况大致罗列了一下，扫描下方二维码获取，这里的工资水平一般都是入职1～3年之内的大致水平，数据来源于互联网各大论坛。

扫二维码查看详细内容

（请看建筑-表1-设计院待遇基本情况）

（三）读研与否，建筑类专业就业出路的差异

投简历来看，研究生更吃香。尤其某些知名设计院、地产，招聘门槛基本都是研究生起步，甚至对于研究生的要求也会限制专业评估分数，比如要求硕士研究生、专业评估 B 等级及以上，就算是有的地方还招收本科生，进入岗位之后分配的工作内容也是有差异的，比如本科生，建筑专业的大部分就是从"画厕所"做起，城市规划专业的从"种树"（总平面图点树、立面图 P 树，等等）做起，而研究生就会参与很多研究性的项目。考公的话在职位选择上会有限制，一般比较好一点的岗位也都是给研究生的，另外近几年兴起的选调生考试，大部分的报考要求也会写明要硕士研究生，除非一些非常好的学校，比如清华、北大等，会有少部分本科生参加选调的机会。

只就工资来看，本科和硕士工资相差不多，最多就是两三千的差距，甚至有些地方只差几百元。

从等级考试要求来看，考证要求的工作时间年限不同。比如一级注册建筑师，要求本科毕业需要有 3 年的工作经验，研究生毕业要求有 2 年的工作经验；注册城乡规划师，要求本科毕业需要有 3 年的工作经验，研究生毕业要求有 1 年的工作经验，诸如此类。

从升职空间来看，硕士研究生会更有优势。一般的单位在职务调动时，能力同样优秀的情况下，会同时考量学历、政治面貌、证书等多方面内容，这时候研究生学历会更有竞争优势。有部分单位在选聘中层时，会明文规定，要求硕士研究生学历。从这个角度来看，为了未来的路可以走得更远更顺，还是建议深造读硕士的。

从未来发展机会来看，研究生给了一个二次选择的机会，选择一个热门一

点的学习方向对后期的就业有帮助，比如最近比较火的大数据、人工智能、互联网、软件＋建筑等前沿点的方向。也有很多人会在硕士专业选择时，选择小程度转专业，比如本科建筑学，研究生城乡规划，或是本科城乡规划，研究生建筑学，或是也有同学本科学习了建筑学之后，研究生又根据自己编程的兴趣，选择了信息工程类专业、大数据专业等，这样通过本科与研究生专业的结合，整体思维逻辑的视角都会有所不同，对后期的就业非常有帮助。

从就业福利来看，目前北上广等一线城市，某些二线城市，为了吸引人才，都出台了很多人才福利政策，比如落户政策、创业扶持、人才绿卡、安家费等，知名学校的硕士学历享受的就业福利有可能让你终身受益。

六、建筑类专业读研升学方向介绍（二级学科）

这里所介绍的深化研究方向基本上是研究生时细分的专业方向，考研时可根据自己的兴趣选择研究生导师，确定自己的未来研究方向，这里主要讲一讲这些细化的研究方向都有哪些。

（一）建筑学专业

建筑照明：包括建筑室外照明与建筑室内照明，范围再大一点，会有城市灯光设计。很多室内空间，尤其博物馆布展等，需要室内灯光的加持来反映展品的某些特征，因此需要专业的灯光设计，室外灯光设计是主要服务于滨湖建筑的夜景氛围、建筑场馆的夜间景色等。

建筑声学：一般影剧院、影音室等对声学的要求很高，会需要专业的建筑声学技术作为设计的支撑。

建筑历史保护：随着国家对历史建筑保护重视程度的提升，也有院校专门形成了历史建筑保护这个专业，后面会进行详细讲述。

绿色建筑：包括最近比较火的被动式建筑、低碳建筑、零碳建筑等，非常切合城市绿色化发展的主题。

（二）城乡规划专业

山地城市学：山地城市在整体的城市风环境、城市交通、城市视线通廊等方面都与平原城市存在较大差别，而且山地城市因为泥土流失、山体滑坡等自然灾害的存在，因此生态环境也比平原城市更加脆弱，山地城市的规划与建设是一门有别于平原城市的充满特殊性的学科。

城市大数据：与大数据结合的城市规划，通过大数据可以了解一个城市的交通流量、人口流动实时动态、居民评价等，根据大数据的反馈进行城市的优化设计，用到的软件有 GIS、PHYTHON 等。

历史文化名城保护：这里的历史文化保护偏向于城市层面，即对一片历史城市区域的整体保护，包括建筑肌理、生态环境、特色文化等，一般通过整体的城市保护，规划串联形成步行路线，强化文化特色，使老旧城市重新焕发生机。

城市风水：虽然作为一个 21 世纪的研究生要相信科学，但仍有部分学校设置这个研究方向，毕竟这是中国古人的智慧，在某些方面也是有一定的研究价值。主要学习内容为一些风水理论的学习、阴阳八卦理论等。

（三）建筑类新兴专业方向：历史建筑保护工程专业

近年来，随着各国对历史文化遗产保护意识的不断增强，历史建筑的修缮与保护工作逐渐成了人类可持续发展的重要工作之一，中国作为一个有上下五千年历史的文明古国，对历史建筑文化的传承与保护更是被作为一项重要的工作提上日程，历史建筑保护工程专业也正是在这种背景下新出现的建筑类专业分支，其主要目的是满足历史建筑日益增长的保护需求，而培养有较高的建筑学素养与保护技法的专业化人才。

目前国内仅有七所高校设置历史建筑保护工程专业，分别是同济大学、北京建筑大学、苏州大学、湖南理工大学、南阳理工大学、廊坊师范学院、西安建筑科技大学。其中除了西安建筑科技大学与南洋理工大学为五年制，其余均为四年制。大部分院校的该专业学制比正常的建筑学学制少一年。这也是因为这个专业会删减掉建筑力学与结构这一类的课程。本科前两年与建筑学专业学习的专业课差异不大，设计课内容相似，到大三后会以古建的翻新设计为主。

中国古代建筑博大精深，最著名的就是榫卯结构，很多古建的搭建甚至没有用到一根钉子，全部靠木头的搭接而建成，而且很多古建经历上千年，扛过无数场风雨、地震，仍旧屹立不倒，所以历史建筑保护专业，一方面注重历史理论知识的灌输，另一方面，会非常注重学生绘图能力以及构造意识的培养，因此对古建的实地测绘会非常多。

从就业方向来说，一部分人会和建筑学专业的毕业生一样，从事设计院的相关工作，另一部分人会去到历史建筑修复这个行业。总的来讲，这个行业算是一个朝阳产业，发展潜力比较大。但是这个方向由于需要很多的积累与实践，因此更加注重年龄与经验，想要成为这方面的专家或是佼佼者，往往需要数十年的时间。

七、报考建议

（一）学科排名

（1）建筑学

建筑学专业学科评级来自 2017 年底教育部公布的第四轮全国建筑学学科评估结果。

扫二维码查看详细评估结果
（请看建筑-表2-建筑学第四轮学科评估）

（2）城乡规划学

城乡规划学专业学科评级来自 2017 年底教育部公布的第四轮全国城乡规划学学科评估结果。

扫二维码查看详细评估结果

（请看建筑-表3-城乡规划学第四轮学科评估）

（3）风景园林学

风景园林学专业学科评级来自2017年底教育部公布的第四轮全国风景园林学学科评估结果。

扫二维码查看详细评估结果

（请看建筑-表4-风景园林学第四轮学科评估）

（二）报考建议

（1）报考综合考虑因素

笔者认为，教育部评估结果是学科排名的有力标准，如果下定决心要学建筑类专业，而且能够考上专业评估通过的院校，可以综合考虑学校情况、专业情况、城市情况，尽量选择学科评估结果靠前的学校。

首先是专业情况：可以通过多种渠道了解不同学校的教学特色，教学亮点，从中挑选你喜欢的。

其次是学校情况：虽然有些学校学科评估并没有那么靠前，但是学校综合水平靠前，这样的学校一般可以为学生提供多种综合的资源与机会，性价比会更高；有些学校自身虽然没有特别优秀，但是由于靠近更加优秀的大学，有时会有交换学习的课程，可以通过学校的官方网站获取这类信息。

最后是城市情况：一线、二线的城市，就业机会往往会比较多，而且很多就业单位在用人时也比较有地域偏好。同时还要考虑人脉的问题，大学结识的同学、老师等会成为自己职业生涯的重要人脉，大学在哪，一般人脉网就会在哪里展开。所以在学校选择时，可以同时结合自己未来想要打拼的城市，做出综合的选择。

此外，如果你的分数不能考上任何一个通过评估的学校，但仍想学建筑学，可以从以下思路考虑：选择一个想去的城市，去了解哪些学校与当地的设计院、房地产公司有良好的合作并受到其认可。或者进入当地学校的就业信息网站，了解哪些设计院、房地产公司会在学校官网发布招聘信息，一般只有用人单位比较信任与看好的学校，才会选择去学校就业信息网站发布信息。在此基础上，去了解学校的师资、培养方案等，根据自己的分数，选择适合自己的院校。

（2）重点院校

"建筑老八校"：

建筑老八校包括清华大学、同济大学、东南大学、天津大学、哈尔滨工业大学、华南理工大学、重庆大学、西安建筑科技大学，其中清华大学、同济大学、东南大学、天津大学由于开设建筑类专业较早，实力最强，被称为"四大"。哈尔滨工业大学、华南理工大学、重庆大学、西安建筑科技大学称为"四小"。

随着国内基础设计的不断发展，建筑专业对人才的需求量不断增加，在"建筑老八校"的基础上，又有几所学校学科发展速度较快，即浙江大学、湖南大学、沈阳建筑大学与南京大学。这几所大学在近几轮的学科评估中排名不断提升，而且基本上都有建筑学一级或二级学科博士学位授权。

八、建筑类专业学长学姐说

学习建筑学专业要进行很多其他方面知识的学习，例如美术、几何等，这不仅要求学生具有较好的抽象思维能力，也需要具有动手画图的能力。在不同的课上，学习建筑学的同学可以从方方面面感受到建筑的魅力，从帕特农神庙到故宫，抽象的建筑理论变成实际上充满美学意蕴与厚重历史的现实建筑。

但是同时，想要学好建筑专业首先需要宽广的知识面。这就要求学生在学好专业知识的同时，努力阅读相关书籍，拓宽自己的视野和知识面。但是光有理论的学习也是不够的，学习建筑学还需要一定的实践观察能力，不仅是课本教材上的建筑，还有实际生活里的建筑，例如生活的城市中的建筑就随地可见，要有留心观察生活的能力，才会对建筑学专业有更深刻认识。

最后，学生需要对建筑专业有一个准确的认识，建筑的特点是美观兼实用都具备。学生在进入大学学习思考的时候，要具备多面的视野的同时兼具动手实践能力，从而为学习建筑学打下一个扎实的基础。

九、相近专业介绍

（一）建筑类专业的学科分支与学制差异（城市规划、建筑学、风景园林）

首先简要说一下这三个专业的差异，建筑学的主要研究与设计对象是一栋建筑，城市规划的研究对象是比建筑更大的范围，比如一个街区、一个村落、一座城市，而风景园林专业的研究对象一般是城市中的绿化区域，比如一个公园，或者一个小区中的绿地、街边的绿化等。下面是对各专业情况的详细说明：

建筑学专业：建筑学是一门技术与艺术相结合的学科，在建筑技术可行的条件下进行艺术创作，满足人类的使用需求。

建筑学专业的学习内容第一步是以认识建筑为主，学生通过学习各国建筑风格、各国建筑历史、临摹各类建筑著作，认识不同的建筑设计风格与基本的建筑设计手法、空间组织手法；第二步才是设计建筑，从大学一年级到大学四年级，设计的内容逐渐变得庞大复杂，从一开始的独栋别墅设计、幼儿园设计等功能比较单一、空间组合比较简单的设计入手，逐步学习博物馆、体育场馆等的设计方法，同时也要了解城市规划、景观园林的基本理论知识。

城市规划专业：一般是五年制，部分学校学制是四年制，但四年制的院校培养方向一般是偏向于人文地理，以理论知识学习为主，五年制的院校一般是通过了教育部的专业评估，在理论知识学习的基础上，融入了更多的设计能力的培养。毕业证一般获得都是工学学士学位证。一般城市规划专业的课程设置在大学一年级、二年级，与建筑学的内容比较相似。从大学三年级开始，学习内容开始逐渐分化，课程视角不断扩大到城市层面，学习内容以城市层面的知识为主。

城市规划专业的学习内容涵盖了城市管理、设计、城市道路规划、城市经济、城市环境、绿化景观等多个方面，学习内容非常宏观，设计中更加关注国家的重点方针、政策，着重考量一个地区的经济发展水平与发展状况。按照设计的层级来分，最高有国家级的规划，其次有省级、市级的规划、街区的规划；按照时间来分，有长期的规划与短期的规划，规划师需要在考量多方背景因素后，对道路、景观、城市视线通廊、基础设施分布等内容作出统筹的规划设计，做好建筑设计的上位指引。

风景园林专业：一般是四年制，部分学校是五年制，毕业后拿到的是工学学士学位或农学学士学位。一般景观园林专业的学习内容以两方面为主，一方面是包括园林景观构造、景观艺术小品、园林园艺等设计与艺术类课程的学习，一方面以生物、生态等理科内容为主，比如植物学、生态学等。一般风景园林专业在大一、大二的学习内容也与建筑学有重合部分，也要学习建筑工程、建筑力学等课程，了解建筑、城市规划的基本知识，但仍旧是以景观园林方向的内容为主，大三学年的课程内容区别逐渐明显。

（二）建筑类专业的相关专业及区别

与建筑类专业比较相关的专业，主要有土木工程、工程管理、暖通给排水等专业。这几类专业都是典型的工科专业，与建筑类专业相比，这几类专业对设计能力的培养较少，且学制都是四年。

浅显地来讲，可以把建筑学学习的内容想象成如何把一个房子设计得更漂亮，房子内部的房间分隔、功能布置、步行流线等是不是用着舒适合理；土木工程的学习内容就是如何把这个房子盖得更结实，用什么样的混凝土、什么样的钢筋配比，所以土木工程的学习课程主要涵盖了建筑施工技术、工程材料、结构力学、混凝土结构、建筑抗震等内容，可以说是对一个建筑的组成成分的研究。所以经常就有开玩笑的说法是，如果施工之后房子倒了，那只能找土木工程的问题，原因是结构没选好、受力没分析好、建筑材料选得不对。土木工程类专业的就业方向一般是在施工单位、建设单位从事工程管理工作，或是在监理单位从事监理工作，或在设计单位从事结构设计工作等。

　　暖通给排水类专业的学习内容主要是为了服务建筑、城市等的市政相关领域，如城市市政给排水、建筑水暖、城市水资源等的设计、管理、施工等，本科的学习内容包含了化学、微生物学、给排水量计算等内容，毕业后的就业方向一般是环保部门、城市运营管理、设计单位的市政设计等。

　　工程管理类专业的目标是培养有系统化管理能力的人才，既然是要管理，需要具备各方面的知识素养，才能够掌控全局，因此工程管理类专业是一个相对较为综合的学科，这个学科注重学生综合素质的培养，需要了解工程相关的自然科学、社会科学、人文科学等多方面的知识，本科的学习内容涵盖了数理类、工程类、经济类、管理类等多个学科，说白了这个专业就是什么都学一点，但什么都没有学"精"。当然这个"没有学精"并没有贬低的意思，因为不管是对于哪个专业，大学本科其实就只是带你翻开了专业书的第一页而已，想要学"精"，在本科这个阶段确实还有些难度。但也是由于工程管理专业这个"什么都学一点"的课程安排，让这个专业的学生在读研以及就业的时候有了更多的选择，你完全可以根据自己的喜好，去选择一个角度把它继续学"精"。

第八章 法学
——手握社会之秤的"精英人才"

引言

　　提到法学类专业，同学们可能会想到现实生活中或者电视剧中穿着西服的精英律师，他们往往站在法庭上纵横全场，凭借自己的专业知识和严密逻辑据理力争，赢得最后的胜利。实际上，律师这个职业仅仅是法学类专业的"冰山一角"，法学类的学生毕业后从事的职业也不仅仅是光鲜亮丽并且气场十足的精英律师。但总体来说，法学类是一个知识体系众多且范围广阔的学科。

　　那么法学类专业到底是什么？就读于法学类专业需要学习什么？以及法学类专业的就业如何？文本将为各位考生和家长解答上述等问题。

一、法学类专业介绍与特点

（一）什么是法学类专业？

关于"法学类专业"这个概念，可以有最广义、广义、狭义三种理解，详释如下。

（1）授予法学学位的专业类

从最广义的意义上来理解"法学类专业"这个概念，即授予法学学位的专业类（指大类）。依国家规定，法学学士属独立学位。法学本科门类下设 6 个专业类，32 种专业。专业类（一级学科）包括法学类、政治学类、社会学类、民族学类、马克思主义理论类、公安学类共六大专业业类。专业（二级学科）包括法学、政治学与行政学、国际政治、外交学、社会学、社会工作、民族学、科学社会主义、中国共产党历史、思想政治教育、治安学、侦查学、边防管理共32 种专业。

因此，从最广义的意义上来理解"法学类专业"这个概念，其包括法学本科门类下设的所有一级学科和二级学科代表的专业，从这些专业毕业的本科生都将被授予法学学士学位。然而，虽然同属法学门类下的学科，各一级学科如政治学、社会学等与法学一级学科其实有着非常不同的研究内容以及研究方法．

（2）广义的法学类专业

2020 年 2 月 21 日，教育部发布了《普通高等学校本科专业目录》，广义的法学类专业包括 0301 法学类（一级学科）及其二级学科，2021 年 2 月又对该目录进行了更新。根据其规定，0301 法学类（一级学科）下设 7 个专业（二级学科），是为广义上理解的"法学类专业"。其中，各二级学科与法学二级学科在学习的内容上有关联之处，特别是 030102T 知识产权已经成为法学的一个重要的分支领域，但同时各二级学科之间也有众多差异之处。

（3）狭义的法学类专业

狭义的法学类专业，即 030101K 法学中的专业分支，其专业学习者毕业后大多从事传统意义上的法律职业，如法官、检察官、律师、法务等。狭义的法学类专业包括法学理论、法律史、宪法学与行政法学、刑法学、民商法学（含：劳动法学、社会保障法学）、诉讼法学、经济法学、环境与资源保护法学、国际法学（含：国际公法、国际私法、国际经济法）、军事法学 10 个专业。

"法学类专业"通常采用此狭义的定义，在日常生活中被人们广泛地运用。因此，本文立足于狭义的法学类专业定义，对法学类专业的相关情况进行系统的介绍。另外，本科的学习以法学的核心课程如民法学、刑法学、宪法与行政法学、诉讼法学、经济法学、国际法学为主，本科同学即使有具体的（二级）专业划分，也需要对以上内容进行系统学习，如此安排的主要目的在于培养本科同学的基本法学素养和法律思维，而对于 030101K 法学学科内部的深入学习与研究，主要在硕士、博士阶段进行。

（二）法学类专业的研究对象

法学（以下均对应学科分类中 030101K 法学），一般是指以法律现象为研究对象的研究活动以及由此产生的知识体系。一般认为，法学的研究对象为法律现象，所谓法律现象，不仅包括国家制定的法律规范、法律文本，还包括法律产生与运行的环节等。法学的研究对象在不同时代、不同法学派眼里不完全相同。

简明扼要地说，法律现象说到底即是权利、义务现象。凡是与法律意义上的权利、义务直接联系的社会现象即属于法律现象。而法学研究的根本任务即确定权利、义务的界限，并努力使其确定得与时代发展的趋势相一致，从而通过法律来保障并推动社会进步。

（三）法学类专业的前景解析

（1）法学类专业的优点

第一，入学门槛较低，可选择的院校范围较广。法学作为高考填报志愿的考虑专业，可以说入学门槛是众多专业中较低的了。首先，文理兼收。法学虽然在人们印象中属于偏文科的专业，实际上文科生也比较多，但是它并不会拒绝理科生的加入。同时，入学后法学专业对于数学没有学习的硬性要求，这对于文科思维的学生以及数学不好的理科生十分的友好。其次，可以选择的院校范围较广。从 400 多分到 600 多分，都可见招收法学专业的学校；从沿海到内地，中国的各地各类的许多院校都设置了法学专业。

第二，专业性、实用性强。法学是一个专业性非常强的学科，拥有着独特的法学术语、法律思维以及知识体系，以至于未系统学习过法学的人常常难以掌握其精要。而法律职业资格考试也逐渐将本科法学专业作为考试的资格要求之一，更加缩紧了其他专业的同学从事法律职业的可能，意在加强法律行业的专业性。同时，法学的实用性也非常强，不论最终是否从事法律职业，法学专业的同学在生活的方方面面，都能更加清晰地看到法律现象的出现，分析各方权利与义务，维护自身的合法权益，这对于同学们将来的生活十分有用。

第三，社会需求旺盛。随着中国法治建设的逐步深入，人们的权利意识越来越强，未来中国各行业对法律职业人才的需求还将继续增长。特别是在涉外法律领域、知识产权领域、新兴行业相关领域，对于拥有法学背景的复合型人才的需求更是旺盛。社会对法律人才的需求也是逐步从多向精转变，同学们应当适当调整自己的学习目标，提高对自身各方面的要求。

第四，就业出路广泛，就业方向明确。首先，法学专业的同学主要就业方向是检察院、法院、公安机关、律所、公司法务等。这些都是社会意义上较为体面的工作，同时既有较为稳定有保障的体制内工作，也有挑战大收益也大的律师类工作，可满足不同性格、条件的同学的需求。其次，从事法学学术研究，成为大学教授也是一个很不错的选择。再者，法学是公认的公务员考试第一专业，相对于其他专业的同学来说有着不可比拟的优势，考试难度相对来说也会更小一些。

第五，社会地位较高，就业薪酬可观。由于法学属于国家和社会的上层建筑设计领域，从历史的进程来看，掌握法律知识的人往往处在权力的上端、对社会起着总体的引领和规范作用，在人们心中，法律职业者便常常有着专业、高大上的形象。法律职业者的就业环境整体较好，从事的职业对于他人事务具有重要的推动作用、维护他人合法利益，因而社会认可度、受人尊重的程度也较高，法律职业者也具有较高的成就感和幸福感。整体而言，合格的法律从业者的薪酬保持在社会中上等水平。

(2) 报考法学类专业时可考虑的几个方面

第一，专业课程繁多，且难度较高。法学专业科目设置较多，且涉及社会的各个领域，部门法之间有所差异，是属于广而深的学科。法学专业需要同学培养理性思维、逻辑思维，并锻炼法律思维，有时甚至需要与日常逻辑反向而行，而这些思维能力的提升往往离不开对基础而艰深的法学知识的反复学习，对于同学的挑战比较大。同时，对于法律的学习理解需要结合实践，同学们需要在学习的空隙，广泛参与社会实践，比如前往法院、检察院、律师事务所等单位，这使得修学难度在一定程度上有所增加。

第二，竞争性较强。在本科学习时，由于法学生人数较多，学生面临的压力和竞争较强，不论是各种竞赛、奖学金评比，还是研究生考试、法律职业资格考试等，竞争的压力一直存在。而在就业方面，法学专业已经多年位列就业红牌专业之列，可见就业竞争之大。一是法学专业的同学基本上都需要通过全国法律职业资格考试，这是从事法检、律师等行业的敲门砖，而法考又是公认的全国几个比较难的考试之一，其通过率常常在 10% 左右浮动。而如果想要进入检察院和法院还得通过公务员考试，无论是法考还是考公都是要一层层干掉和自己同层次甚至更优秀的竞争对手。二是传统的法律市场已经饱和，就业难度大，而现在更多的是对于高端法律人才的需求。

第三，成长成本高，回报周期长。从事律师、检察院、法院、法学学术职业的同学，需要面临一个较长的成长周期。成为独当一面的法律人，常常需要是 3—5 年不等的时间，而在此之前，收入只能保证基本的温饱，特别是在律师行业，律所实习生的待遇相对较低，在前期需要家里的帮扶。在法院，员额制的改革也推迟了法学生成为法官的时间年限。然而，一旦成长成为律所合伙人、法官，所带来的收益则可快速覆盖前几年的付出，这是一个由缓到快的曲线成长路径。

随着社会的发展，其实各个专业的学生都面临着不同的困难和挑战，而不同专业的同学想要在自己的领域内做到优秀，仍旧需要付出不少的努力。在选择专业时，同学和家长们从多方面比较各专业为宜。

二、对法学类专业的认识存在的误区

（一）理科生不能学法？

一般理解意义上，理科生对于数字、公式比较敏感，而在文学、语言方面的能力较弱，因而一般不考虑几乎全是文字的法学专业。其实不然：首先，法学专业并不拒绝理科生的加入，这为理科生学法创造了客观条件；其次，法学不仅需要对文字的阅读和理解能力，也需要理性思考和逻辑分析能力，从这一方面来说，经历过数学、生物、化学等理科系统训练的学生，相比之下拥有更强的逻辑分析能力，善于发现规律、进行推导，与法学的案例分析有异曲同工之处，这就为理科生学法创造了主观条件。同时，法学相对于高中的文史学科，不同的地方在于它对于文字蕴含的情感、语言的丰富性和饱满性要求不高，而更加注重分析的合理性、说理的透彻性、合乎逻辑，因此，理科生与法学并非绝缘的，作者鼓励大家不要轻易为自己设限，特别是学了理科后发现自己不太适应的同学，法学是一个很好的选择。

（二）学法就是背法条？

很多非法学专业的人会认为，学习法学就是背法条，其实这是对法学的一个很大的误解。法律条文确实是法学生学习的重要对象和材料来源之一，但法学生学习的通常是法律条文背后的法理知识，其中一个知识点可能会对应多个条文，一个条文也可能对应多个知识点，即，法学生学的是法律规范而非书面化的法律条文。因此，学习法学主要是理解法律条文背后所蕴含的法理、逻辑，需要记忆的也是这一部分内容，对于法条，所记忆的大概是一些关键条文或关键词。这一点可以由法律职业资格考试的主观题来印证，法律职业资格考试的主观题除了第一道法理学论述题之外，其余的都是案例分析题，然而回答这些案例分析题并不需要在答案中列明具体法条及内容，如果确有需要，从小窗查阅考试设备上自带的法律条文即可，无需依靠记忆默写条文。

拥有极强的记忆力、能够对法律条文如数家珍的同学当然会表现得更加专业一些，但是鉴于法律文件数量巨大，多数人并不能做到这一点，实际上也无需做到。而通过实践的运用，某些法条在个人的脑海中留下了深刻的印象，因而再次使用时会顺利地被复述出来，这就是实践带来的锦上添花了。总之，在法学的学习中，还是以锻炼理解能力和分析能力为主，加强记忆能力为辅。

（三）学法就是学习法律文本？

与上一个问题类似，许多人对法学的第一印象就是学习相关的规范性法律文件，其实这也是对法学的一个常见的误区。法学既可以是一门规范科学，也可以是一门社会科学，而对于目前中国的法治发展现状来说，也许把它视为一门社会科学更加有利于我们在中国法治实践的基础上总结经验、发展出我们自己的法律。

把法学看作一门社会科学意味着我们看问题的角度不仅仅停留在法律规范的内部视角，而是需要从政治学、经济学、人文科学、社会学、历史学甚至自然科学等多重角度来观察我们的法律实践。如果只学习法律文本，对于其背后的制度来源与历史依据等不做考察，很可能落入"象牙塔"的陷阱。

三、法学类专业学习内容

（一）核心课程

以华东政法大学《全日制本科专业指导性教学计划》（2018 年版）为例，法学院的专业教学计划构成分为实践课程和理论课程。其中，理论修读课程包括普通教育课程和专业教育课程两大类，各类课程内均有必修课和选修课；实践修读课程包括军训、社会实践、科研实践等类别，均为必修课。

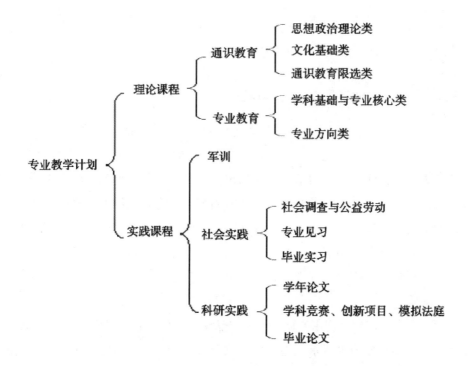

图8-1　华东政法大学专业教学计划设置的课程

　　对于即将进入大学本科学习的同学及其家长来说，更多需要了解的是专业教育类课程。以华东政法大学《全日制本科专业指导性教学计划》(2018年版)民商法方向指导教学计划为例，其中专业方向核心课程包括:《中国法制史》《法学基础》《宪法学》《民法学总论(含民事责任、人身权法)》《刑法学总论》《外国法制史》《行政法学》《物权法学》《债权法学(含合同法)》《婚姻家庭与继承法学》《知识产权法学》《商法学总论》《公司法学》《经济法学》《刑法学分论》《民事诉讼法学》《刑事诉讼法学》《行政救济法》《国际公法》《国际私法》《国际经济法概论》《法学论文写作》《法律文书》《法律职业伦理》。

　　专业方向类限制性选修课分为深度研习课和横向拓展课。其中，深度研习课包括案例研习课和专题研讨课。案例研习课开设《民法案例研习Ⅰ》《民法案例研习Ⅱ》《刑法案例研习Ⅰ》《刑法案例研习Ⅱ》《诉讼法案例研习(刑诉Ⅰ+民诉Ⅰ)》《行政法与行政诉讼法案例研习》《知识产权案例研习》《商事案例研习》。

　　其他大学的本科培养方案，整体上都有通识课程、专业基础、专业选修、实践实习等课程设置，在专业教育类课程方面，本科大学的差别并不大，因此上述内容可为各位同学及家长供作参考。

（二）法学类专业学习的乐趣与难点

总体来说，法学类专业学习的困难与乐趣是同时存在的，具体如下：

第一，专业课程种类繁多，内容涉及领域广泛，课程量大。法律约束着社会的方方面面，法学专业的学习相应的也会涉及现实各方面的问题，无论是刑法、行政法等公法，还是民商法等私法的内容，都有其独特的逻辑以及所关心和讨论的问题，反映了包罗万象的社会现实。学习每一个部门法学，可以说是同时在了解其规范的领域。这既是法学类专业学习的难点，同时也是法学类专业学习的乐趣。我们通过法学的知识，可以看到社会的包罗万象，认识到社会的真实本质。

第二，专业课程难度由基础到进阶。法学专业的课程对于学生的逻辑思维、体系思维、推理能力等要求较高，由于法学的复杂性，一般低年级时会教授基础的核心课程，包括法理学、刑法学和民商法学，此类课程体系性较强，也是法学的核心和基础学科，通过学习可以培养同学对法学的基本认识和法律思维，为后续的课程学习打下良好的基础。高年级时则会教授其他部门法课程和更多的进阶课程，例如行政法学、经济法学、案例研习课程，前二者的体系性没有民法学和刑法学那样强，且内容庞杂繁复，因此适合高年级教学；后者是培养法学思维、提升法学推理和写作能力的必备课程，对于法律实践也能起到承上启下的作用。

第三，理论与实践相结合。法学院的本科同学除了学习法学理论（不同于上述提到的理论法学，而泛指课堂中学习到的法学知识），同时需要积极地参与法律实践。同时案例研习课程对于法律实践也能起到承上启下的作用，而真正的法律实践则是去运用自己学习到的法学理论知识解决现实生活中涉及的法律问题。法律实践包括但不限于去公安机关、检察院、法院、律所、公司法务等岗位实习。

所以，进行法学类相关专业知识学习的过程也是一个认识能力、思维能力与实践能力不断加深的过程，这个过程既充满了乐趣也存在相应的难度。

四、法学类专业适合哪些学生

（一）具有记忆能力、理解能力、分析能力

首先，法学生所需学习的内容庞杂众多，其中有不小的部分属于关键的知识点，无论是对于法律事务还是学术研究都是需要同学们完全掌握、记忆的，如此需要用时才不会觉得"捉襟见肘"。因此对这些关键的知识点（如刑法中典型罪名的构成要件、民法中合同成立的条件、合同有效的条件等），同学们需要进行强化记忆，因而法学类专业对于记忆力是有一定要求的。

其次，法学生需要具备一定的理解能力，尤其是对抽象概念的理解能力。法学生在学习的过程中会阅读大量的教材、法学经典著作，也会碰到一些实务案例，有对案件材料、判决书等进行阅读分析的要求。因而，对长文本的阅读以及对相应术语的理解能力是法学生的核心素养之一，面对一段对较长的叙述，合格的法律人需要在脑中明确它表达的实际意思是什么，如在读完一长串案件事实陈述时能够明白其描述的是法律涉及的哪个方面。

最后，法律人需要具备较强的逻辑分析能力。无论是鉴定式案例分析方法，还是历史分析方法，都需要我们归纳案件事实、总结争点，并运用法律分析各方的权利与义务，最终阐述自己的论证过程。在这些过程中，我们都需要运用自己的逻辑分析能力，去拆分或合并事实、概念，去运用三段论进行推理。其实上述的理解能力与此处的逻辑分析能力是一体的，前者主要是在吸收知识的时候发挥作用，也同样需要逻辑分析，而后者主要是在生产知识的时候发挥作用。

（二）具有较好口头表达能力

说起法律职业，笔者觉得西装革履、口齿利索、说起话来条理清楚头头是道的律师形象是普遍会在大家脑海中浮现而出的。确实如此，口头表达能力对于法律职业者来说是十分重要的。就律师来说，如何说服客户选择自己作为律师、如何向客户说明相关解决方案的具体思路、如何在法庭上据理力争赢得官司，都少不了逻辑清晰而具有说服力的表达。在平常的案件讨论中，清晰明确

地提出问题、表达自己的观点、与对方有效地进行互动交流也是提升效率的一个重要方面。口头表达能力是关乎语言的布局、适时地输出关键信息、使自己的观点能够被较好地理解接受的能力，为了达到上述效果，我们可能需要去考虑语速的快慢、语调、情绪、相关的肢体动作。对于本科的同学，可以适当地参加辩论比赛、模拟法庭、演讲比赛等锻炼自己的口头表达能力。

需要补充说明的是，法律人也需要具备一定的书面表达能力。这一方面主要表现在对法律文书的撰写方面，法律文书需要具备一定的规范性、符合法律的要求，同时，法律人也需要具有草拟合同等书面文件的能力。对于法学学者来说，撰写法学论文的能力可谓是立身之本了。

（三）细心认真，执着追求

法学生从事的职业要求其必须细心认真、有耐心。为了一个诉求，认真研究、仔细论证，有时一个关键术语或标点符号的变化都能够导致法律策略的转变。分析案件时，要层层递进、沉下心来思考，急于求成的态度往往会导致疏忽。法律是规范社会的一种方式，需要时常对社会的变化做出反应、调整，以对社会进行好的引导。因此法学生、法律职业者需要时常关注社会现实，"目光在事实与法律之间往返流转"，随时更新自己的知识库，学完便一劳永逸的态度并不现实，因此法学生要一直奔跑在路上，常学常新。除了对新的知识的追求，法学生需要铭记在心、不停追逐的是对正义的执着追求，法律人的内心应该有一条道德的底线，这是法律职业共同体的要求，如此法律才能成为治理社会的利器而非恃强凌弱的帮凶。

五、法学类专业就业介绍

（一）就业去向

（1）就业现状

法学类专业的毕业生就业前景较好，但也相对固定。数据显示，大多数法学毕业生从事的职业为检察官、法官、仲裁员、公证员、行政机关公务员，公司法务、律师，高校法学教师、科研机构研究人员等。随着时代的发展，也出现了一些新兴的法律职业。

同时，法学专业严峻的就业形势在 20 世纪末就已显现。由于法学专业投入少成本小，有师资就可以开展教学活动，有条件的学校基本开设了法学专业。1997 年恢复法学教育时，全国只有 3 所大学设有法律系，每年招收 200 多人。2001 年，全国设有法学本科专业的高等学校为 292 所，2005 年增长到 559 所，如今全国已有 610 所高校开设法学专业，每年法学毕业生达到 10 万多人。

法学毕业生不仅要具有良好的职业道德和素质，还要有深厚的专业知识背景和跨学科的行业知识，相对而言，与经济、国际交往、知识产权相关法学专业的研究生，就业前景更为广阔。另一方面，法官、检察官、高校教师等社会地位较高的工作对院校背景或学历水平也都有相当高的要求，随着法学毕业生人数增加，公、检、法等单位人员逐渐饱和，从 2002 年开始，法学本科毕业生就业率就开始低于全国平均水平了，法学专业也开始有走向医学专业"读研"道路的趋势，目前很多在校的法学专业学生也都有考研的打算。

（2）就业去向案例分析

华东政法大学：

2022 年 2 月 23 日，华东政法大学发布《华东政法大学 2021 届毕业生就业质量报告》，报告显示，2021 届本科毕业生毕业去向落实率为 92.69%，硕士落实率为 93.97%，博士落实率为 95.45%，2021 届本科生升学率为 21.05%。2019 届本科毕业生的平均月薪 6301 元；2019 届硕士毕业生的平均月薪为 7813 元；2019 届博士毕业生的月薪为 9867 元。

从单位性质分布来看，2021 届本科毕业生中，有明确去向单位的总人数为 816 人。其中，到党政机关就业 72 人，占比为 8.82%；到事业单位就业 57 人，占比为 6.99%；到部队就业 15 人，占比为 1.84%；到律师事务所就业 164 人，占比为 20.10%；到国有企业就业 115 人，占比为 14.09%；到三资企业就业 82 人，占比为 10.05%；到其他企业（律所除外）就业 298 人，占比为 36.52%；参加国家地方项目 13 人，占比为 1.59%。

（二）就业建议

了解目前法学专业就业的情况，有助于各位同学和家长更新认知、调整预期，积极探寻未来的努力方向、设置合适的目标。以下对各就业方向作简单的介绍。

（1）公检法以及其他党政机关

去向介绍：法学生基于自身政法专业的背景，在考取选调生等公务员岗位时具有天然的优势。一方面，从各省份公布的公务员岗位要求来看，有许多岗位仅限于法学专业的毕业生报考，典型的如各级法院的法官助理岗位、各级检察院的检察官助理岗位。另一方面，公务员岗位大量针对法学专业的毕业生开放，相较于其他专业，这是法学专业的毕业生在考取公务员时所拥有的一个非常大的优势。

代表单位：各级公安机关（派出所、公安局、公安厅、公安部）；各级人民检察院（基层人民检察院、市人民检察院、省人民检察院、最高人民检察院）；各级人民法院（基层人民法院、中级人民法院、专门人民法院、高级人民法院、最高人民法院）；司法局、税务局等行政机关。

职业状况：近几年，从国家有关部门公布的公务员报名人数、报考录取比例来看，相较于 2019 年以前，公务员再次成为大学毕业生们在就业选择上的"香饽饽"。以 2022 年为例，据官方消息，2022 年国家公务员考试总报名人数突破202 万，183 万余人通过资格审查，创下公务员考试人数新高。而此次国考共有16745 个职位，共招录 31242 人，平均竞争比超过了 60 比 1，竞争非常激烈。

公务员的考试报名情况以及报录比数据能够直观地、真实地反映现在的社会趋势——"考公热"，彰显着"铁饭碗"的吸引力：稳定、收入较高、工作压力相对较小、福利保障完善、社会地位较高等。

薪资水平：公务员的工资水平与所在地区经济发展水平基本上成正比关系，加上公务员享有的各种福利待遇，如住房公积金，公务员的实际收入是普遍远高于当地平均水平的。尤其是江浙沪地区，其公务员的薪资水平一直是富有吸引力的。与法学生密切相关的法院、检察院的岗位，在公务员里的收入水平也一直是名列前茅的，属于公务员中的"高收入群体"。以法官为例，据了解，2021 年，法院的法官每个月的基本工资在 8000 以上，中国东部地区的基层法院法官，年薪大约在 20 万，中部地区法官年薪 12 万左右，西部地区法官待遇 8 万左右。如果是中级以上人民法院的法官，总体待遇还要好一些。

另外，公务员也能享受到各种社保、医疗、购房等政策优惠，在退休后，其退休金也很高，这些也是非常重要的考量因素。

（2）律师事务所

去向介绍：法学类专业的毕业生另一大就业去向是入职律所，成长为一名执业律师。律师是指接受委托或者指定，为当事人提供诉讼代理或者辩护业务等法律服务的人员。

成为一名执业律师，必须经过两个环节。第一个环节是通过法律职业资格考试，此时可以取得法律职业资格证书，该证书是从事律师职业，以及考取法官助理、检察官助理的前提条件或者称为资格条件。所以，不能通过法律职业资格考试，就不能当律师、法官、检察官。第二个环节是在律师事务所挂实习律师证满一年并通过当地司法局组织的执业律师面试。通过面试后，就可以申请执业律师证，正式成为一名执业律师。

岗位特点：不同类型的律师，其职业特点是有所不同的。实务中，常常按照主营业务是诉讼业务还是非诉业务，将律师细分为诉讼律师和非诉律师。

是否需要和法院、仲裁机构经常打交道，是诉讼律师与非诉律师的重要区分标志。

诉讼律师需要经常在法院开庭、在仲裁机构开庭，包括代理民商事案件、刑事辩护，等等，其日常工作就是办案。具体的工作内容包含撰写基本的法律文书（如起诉状、代理词、辩护意见、申请书），开庭等。一名优秀的诉讼律师必备的能力包括良好的沟通能力，抗压能力，以及自学能力。诉讼律师就是影视剧中常见的在法庭上与对方唇枪舌剑的律师，因此，良好的沟通能力和口头表达能力，其重要性不言而喻。而且，由于诉讼律师执业前期工资普遍不高（与非诉律师比），所以在执业的前两年，一方面要承受办案带来的压力，另一方面也要经受住薪资压力和案源压力。一般的，只要前期能够坚持下来，随着时间的积累，薪资也会稳步提升。

非诉律师，一般很少直接参与法院的庭审，更多的工作投入在为客户提供专业的法律服务上，非诉律师为企业或者机构等客户出具法律文件，解决经营中的法律难题。非诉律师在公司上市、企业融资、涉外投资、房地产业务、合规与监管等领域发挥着重要作用。其日常工作主要包括为客户提供法律意见书、修改合同、参与项目审核与谈判，等等。成为一名优秀的非诉律师，需要精通某一领域的知识，这里的知识，包括但不限于法律上的知识，如资本市场业务律师需要掌握一定的财务、税务知识。一般的，还需要有良好的英语能力，因为非诉律师在工作中比诉讼律师更容易接触到外国客户和外文文件。实务中，非诉律师的学历背景也往往较高，国内外一大批律师事务所在招聘非诉方向的新人时，都要求硕士研究生以上学历，因此，学历对于非诉律师也很重要。

薪资情况：就律师的薪资来说，也是视执业年限和所在地区等因素而定的。首先是实习律师，在作为正式律师执业前，要先经过为期一年的实习律师期。实习律师没办法独立办案，只能在带教律师的指导下做一些辅助性工作。另外，实习律师欠缺经验，也很少有当事人会委托，所以大多数实习律师只能靠着带教律师发放的微薄津贴生存。

在三、四线城市，大多数诉讼领域的实习律师每个月的工资仅有 2k 至 3k。二线城市的诉讼领域实习律师每月收入能达到 3k 至 5k。在一线城市，每月 5k 以上是比较常见的，但也不会太高，一般不会超过 7k。少数一线城市的红圈所能够给到实习律师每月 1w+ 的工资，但相应的入职要求和工作强度也会很高。一般而言，非诉律师在前期的薪资水平相较于诉讼律师而言，会相对较高。

其次是执业 1 到 3 年的初级律师，律师分为两种类型：提成律师和授薪律师。提成律师类似于个体户，自己接案子自己赚钱，优点是一个案子可以赚很多，缺点是不稳定。授薪律师类似在公司打卡上班，给其他大律师打工。一些刚刚执业的新律师，由于害怕接不到案子，所以在刚开始的三年内会先选择做授薪律师。

随着工作年限的增长，律师的收入也会逐渐增加。大多数律师在执业第三年时，年收入能达到 20 ~ 30w。当然，律师的收入取决于个人。执业第三年月收入仍不能过万的律师也大有人在。

再次是执业 3 ~ 10 年的资深律师，由于具备了相当的工作经验和稳定的案源，其收入一般在 15 ~ 100w；然后则是合伙人律师，年收入在 50w 以上，合伙人代表着对律所的收益持有份额。一般而言，律所都要求合伙人达到一定的创收要求（一般是年创收一百万以上）。对于红圈所的合伙人，年入千万都是比较常见的现象。

再高一级是红圈所主任，其年收入在百万以上甚至千万。红圈所主任，就是红圈所在各地主所及分所的负责人。以上这些收入情况是呈金字塔形分布的，收入越高的，人数越少。其实，律师行业的大部分收入都是由少数人所拥有，行业内部的收入水平差距十分大。因此，想要做到律师行业的最顶层，同学们面临的挑战不可谓不大。

（3）公司法务

岗位介绍：成为企业的法务专员也是法学专业学生的毕业去向之一。法务是指在企业、事业单位、政府部门等法人和非法人组织内部专门负责处理法律事务的工作人员。其职责包括：对合同文本的制定、修改、审核；处理、收集、整理相关资料，配合律师处理公司有关法律事务；收集、分析与本公司业务相关之法律信息并结合公司情况提出专业意见，针对工作中发现的问题及时提出预防措施；为公司提供咨询和法务意见书，提供客户及员工的法律问题咨询，负责制订公司的各类法律文件等。

法务与律师的区别在于：其一，角色不同。法务是单位的法律顾问，专职服务于公司，法务部是公司的一个部门，而律师是独立于单位外的法律工作人员，一个法务工作人员只供职于其所属公司，而一个律师可以同时为多个公司提供法律服务。其二，工作内容不同。法务更多的是与公司内的其他部门进行内部沟通，为公司做好法律方面的风险把控，防范公司经营过程中法律风险，而企业需要专业的法律服务，如大型诉讼纠纷、企业上市、债务重组等，则需要聘请外部专业律师来进行。其三，工作环境不同。大型企业法务部在对外（如向其他律所）购买法律服务时属于甲方，法务部内部的法务人员受公司内部规章制度的约束，而不受诸如律师协会、司法局等律师监管机构的监管，其面临的是另外一种外部环境。

工作特点：从事法务职业的特点是工作较为稳定，起薪较高，但相对律师而言，法务的薪资的发展空间比律师要小，工作的强度也相对较小。实务中常见的，有些法务会在工作五年以上后，选择转行做律师，以谋求更高的薪水和更大的发展空间。

薪资情况：法务的薪资水平取决于其供职公司。一般而言，上市公司的法务工资是很高的，如华为公司的法务月薪起薪在2W元以上。知名国企的法务工资也很可观，如中建的法务月薪在1W元以上，且能够享受到国企的各种福利待遇。如果供职于中小企业，那么工资可能相对较低，月薪一般在5000元左右。

（4）高校教师

法学专业和其他专业一样，有其对应的教师岗需求，高校教师也是不少学霸们的理想职业，我们做简单介绍。

高校教师也是公认的"铁饭碗"之一，其稳定、社会地位高、社会认可度好的特点使其常年位于各大"铁饭碗"榜单之前列。工作内容主要是给学生授课和从事学术研究（发文章，做学术研讨会议等）。现在的高校，无论是985、211、双一流名校，还是普通院校，其招聘的法学教师都要求具有博士及以上学历。所以，想要成为一名高校教师，那么首先要取得博士学位。所以，对于法学有着强烈的兴趣，并且愿意在法学这条道路上刻苦钻研的同学，成为一名法学院教师可以纳入你的规划。

（5）新兴的法学相关职业

随着互联网时代的发展，我们社会中涌现了许多新的问题，由此也产生了一些新的职业。网络、移动设备的便捷已经使得人类离不开它们，数字生活成为人生体验的重要部分。网络记录了我们生活中大大小小的痕迹，因此带来了个人隐私、交易安全、国家安全等方面的风险。而我国最近颁布了《网络安全法》《数据安全法》《个人信息保护法》，在法律方面开启了规制的第一步。在法律行业，也相应地产生了一些新的职业。律师开始关注大数据领域的业务，公司法务需要了解新的相关问题，而一些公司也专门设置了一些职位，例如"数据合规官"（DPO）。

2021年3月18日，人力资源和社会保障部、国家市场监督管理总局、国家统计局，正式向社会发布了18个新职业，合规师便名列其中，而数据合规官是其一个重要的类型。由于互联网普及范围非常之广，相关规制领域也非常大，数据合规官作为一个新兴职业，在我国还处于极度紧缺的状态。数据合规官，顾名思义，其职责是要确认企业等所掌握的数据是否需要保护，需要如何保护，以及相关的法律后果，数据合规官要充分了解行业发展状况、法律规制情况，为企业制定相关方案、合理规避风险。在数据成为新的资源的时代，数据合规官这一新兴法律职业值得关注。

六、法学类专业升学介绍

（一）读研方向介绍（二级学科）

（1）法学类专业主要二级学科

表 8-1　法学类专业二级学科

030101K 法学	
专业代码	专业名称
030101	法学理论
030102	法律史
030103	宪法学与行政法学
030104	刑法学
030105	民商法学（含：劳动法学、社会保障法学）
030106	诉讼法学
030107	经济法学
030108	环境与资源保护法学
030109	国际法学（含：国际公法、国际私法、国际经济法）
030110	军事法学

（2）法学类考研基本情况介绍

种类：硕士研究生，简称硕士，官方将其分为学术型硕士（简称学硕）和专业型（硕士）两种。具体到法学专业，就是法学学术型硕士（简称法学学硕）和法学专业型硕士（简称法硕）。法学硕士，根据微观研究方向的不同，又分为民商法学硕士、刑法法学硕士、经济法法学硕士、国际法法学硕士、宪法与行政法法学硕士，等等，无论本科是学什么专业的，都可以报考法学学硕。法硕，分为法学法硕和非法学法硕，内部一般不做具体专业的细分。本科是学法律的，可以报考法学法硕；本科不是学法律的，可以报考非法学法硕。

法硕与学硕的不同：首先，培养方式不同。官方认为，学术型硕士以培养学术型人才为目的，因此是许多打算继续读博的同学的选择，其培养时间一般为 3 年。专业型硕士以培养实用型人才为目的，其培养时间一般为 2 年。法硕较之于学硕，会有更多的时间投入律所实习、公检法实习等实践活动当中，以适应毕业后工作的需要。另外，研究生学习方式也分为全日制和非全日制，应届生一般报考全日制，在职的同学可以报考非全日制。

其次，学费不同。学硕是国家统一划定收费标准，目前是 8000 元 / 年。国家每个月还会给研究生发放补贴，学习成绩较为突出的，还可以拿到几百到几千不等的奖学金。法硕的收费，则是由各学校自主划定，没有统一的标准。目前，各大知名院校的法硕学费普遍较高，基本一年都在 1.5 万以上。部分院校还不提供住宿，在学费之外，住宿费用也是很大的一笔支出。如复旦大学在 2021 年发布的硕士学费标准中，2 年制的法本法硕总学费是 8.4 万元，即 4.2 万元 / 年。3 年制非法学法硕的总学费是 12.6 万元，即 4.2 万元。且复旦大学法硕不提供宿舍，那么其费用一年折合下来为 5 万元以上。因此，对于想要报考法硕的同学，报考前一定要充分了解院校的收费信息等，在全面了解信息的基础之上，再决定自己的目标院校。

最后，研究生考试的内容不同。法学类研究生考试都由 4 门课组成，分别是英语、政治、专业课一和专业课二。其中，英语、政治是全国统考，法硕与学硕做的卷子是一样的。而专业课则大有不同。法硕是全国联考，法硕的专业课一、专业课二的卷子是由教育部统一出的，全国各地的考生，无论你报考的是哪个学校，专业课都是考察一样的内容。学硕则是由各院校自主命题，考清华大学的，卷子由清华大学出，考武汉大学的，卷子由武汉大学出，所以各不相同。

（二）升学建议

选择考研的目标院校，同样需要考虑地理位置、学校专业水平等因素，下面做简单介绍。

（1）地理位置

基于大部分同学读完研究生后会选择就业，所以你的目标院校所处的地理位置与你的就业地密切相关。对于志在留在北上广深等一线城市的同学，笔者建议，在考研时优先选择所在地为北上广深的学校。或者说，选择一个你以后想留下来的地方，经济发展好的地方。因为这有利于你积攒人脉和经验，对以后的职业发展不可谓不重要。譬如，想在上海地区发展的，那么可以考虑复旦大学、上海交通大学、华东政法大学、上海大学、上海政法学院等位于上海的大学。想在广州、深圳发展的，可以考虑暨南大学、中山大学、海南大学、广东警官学院等。想在两湖地区发展的，可以考虑武汉大学、中南财经政法大学、湖南大学、湘潭大学、湖北大学、湖北经济学院等。想在西南地区发展的，可以考虑四川大学、西南政法大学、重庆大学、西南大学等。

（2）学校专业水平

学校专业水平，既包括该学校的综合实力，也包括该学校的法学专业实力，还包括该学校的校友资源等。法学专业的传统名校，即"五院四系"，都是法学实力十分强劲的学校，不仅在高考填志愿时是想读法律的同学的热门之选，也是考研时的极佳选择。这里，列举教育部四轮学科评估的法学 A 类院校榜单，以供参考，分别是：中国人民大学、中国政法大学、北京大学、清华大学、华东政法大学、武汉大学、西南政法大学、对外经济贸易大学、吉林大学、上海交通大学、南京大学、浙江大学、厦门大学、中南财经政法大学。

七、报考建议

（一）学科排名

法学专业学科评级来自2017年底教育部公布的第四轮全国法学学科评估结果。

扫二维码查看详细评估结果

（请看法学–表1–法学类第四轮学科评估）

（二）报考建议

第一梯级：

（1）传统"五院四系"法学院之"五院"

在法学界，存在着"五院四系"的说法，代指中国建立的五所政法院校以及四所知名大学的法律系，这几所高校的法学专业拥有着悠久的历史和雄厚的法学实力，在中国法学界具有很高的地位。这些法学院不仅名师众多，其毕业生也由于具备扎实的法学素养而更容易得到就业单位的青睐。

"五院四系"中的"五院"是指原北京政法学院（现中国政法大学，北京市）、原西南政法学院（现西南政法大学，重庆市）、原西北政法学院（现西北政法大学，西安市）、原中南政法学院（现中南财经政法大学，武汉市）、原华东政法学院（现华东政法大学，上海市），"五院"发展到今天，已属于多学科的政法类大学。

（2）传统"五院四系"法学院之"四系"

"五院四系"中的"四系"是指北京大学法律系（现北京大学法学院）、中国人民大学法律系（现中国人民大学法学院）、吉林大学法律系（现吉林大学法学院）、武汉大学法律系（现武汉大学法学院），现在均已改为法学院，成为所在大学的重量级学院。

这几所大学均是位列国家"双一流""985 工程""211 工程"，入选"强基计划"的综合性高校，无论是知名度、学校的实力还是社会认可度都毋庸置疑。与此同时，作为历史悠久的法学院，他们均拥有着雄厚的法学实力与师资，与"五院"可相比拟。这四类院校的高考分数要求较高，不再赘言。法学院录取分数线基本是北京大学〉中国人民大学〉武汉大学〉吉林大学；在区位优势上，前两者又大于后两者。具体招生政策与历年高考录取分数线，同学和家长可访问各学校官网进行查询。

（3）新兴一流法学院

随着社会和经济的发展，法学专业被更多高校所重视，由此出现了一批"五院四系"之外的新兴法学院。这些法学院虽然法学传统不如"五院四系"深厚，但由于他们紧跟时代步伐、重视专业建设，也涌现了一批学术大咖、培养了大批人才，为中国特色社会主义法治建设提供了新鲜血液。因而，这些法学院也不容小觑。

这些新兴一流法学院包括，清华大学法学院、上海交通大学凯原法学院、南京大学法学院、复旦大学法学院、四川大学法学院、浙江大学光华法学院、厦门大学法学院、南开大学法学院、中山大学法学院、北京师范大学法学院等。这些法学院都是发展于一些一流的综合性高校内部，加上实力不俗，因而分数线也并不低。

此外，有行业特色的法学院校也在快速发展之中，例如：上海财经大学（金融法学）、对外经济贸易大学（国际法学）、北京航空航天大学（民商法学和航空法学）、中央财经大学（财经法学）、北京外国语大学（国际法学）、国际关系学院（法学与国际政治）、外交学院（国际法学）等。

（4）第一梯级中不同分数的择校出路

经过前文对各类院校的介绍与志愿分析，可以总结出以下几点：

第一，"五院"各政法类专业院校的优势是法学专业实力雄厚、师资力量强大、行业内认可度很高，分数要求相对低一些，其中中国政法大学和华东政法大学还具有区位优势；而缺点是学校综合实力较弱（没有"985"院校，而"211"院校只有中国政法大学和中南财经政法大学两所），专业设置单一、缺乏多元性，法学专业内部竞争性强、非法学学生转专业意愿强烈，学校影响力多限于地方，学校硬件设施条件稍逊。

第二，"四系"及新兴法学院所属的综合类院校优势是学校知名度在全国范围内都很大、认可度高、学校平台大、教学具有多元性，区位的影响相对较少；而缺点则是分数要求高，部分高校法学专业水平较传统"五院"来说还是低一些。

第三，在选择学校时，除了分数、专业实力、学校实力之外，要注意考虑地域因素。建议优先选择北京、上海、广州、深圳等东部发达城市，其次就是成都、武汉、重庆等直辖市或者较发达的城市，以及整体教育质量偏高的浙江。因为城市的发展会带来视域的提升，在大学阶段，同学们可以多多提升认知和眼界，广泛探索，更多地激发个人的潜力。另外，在大城市无论是教育资源、工作机会还是公共设施条件都会更好一些。

第四，结合以上因素，以个人情况为具体考量，找到自己的择校出路。选择大学可谓是一个了解自己的过程，除了上述外部、客观因素需要考虑，内部、主观因素很多时候才是决定性的。例如，个人的性格气质、家庭条件、生活方式、教育背景、观念偏好、就业意愿等都会影响他此时的选择。一个人虽然考了较高的分数，但是由于自身习惯家乡的环境、喜欢安定和旧事物，想要扎根家乡，那么他就会选择家乡范围内自己分数能达到的最好院校。尽管可能有更好的外省院校可供选择，但对于他来说，这就是最适合自己的。因此，在选择的过程中要多探寻自己的内心，尊重最真实的想法，不要被外部世界的声音所干扰。

第二梯级：

法学专业类择校的第二梯级中，院校录取分数相比第一梯级的院校低很多，处于中间位置。因此在这里简要推荐几所院校：大连海事大学、天津师范大学、甘肃政法大学、上海政法学院、上海海事大学、上海对外经贸大学、扬州大学、南京审计大学、浙江工商大学、宁波大学、中南民族大学、西南民族大学、华侨大学、福建师范大学、广州大学、广东外语外贸大学、海南大学。

第三梯级：

法学专业类择校的第三梯级，院校录取分数相比第二梯级的院校要求更低一些，处于偏后的位置。这一梯级同样有许多院校可供选择，但此时同学和家长可以更加关注院校的地理位置条件，因为学校和专业的差别并不大。这里推荐的学校主要有：山东政法学院、曲阜师范大学、河北经贸大学、中国劳动关系学院、湖北经济学院、西华大学、重庆邮电大学、成都理工大学。

八、法学类专业学长学姐说

学法是一个循序渐进的过程，在本科学习期间，我们需要广泛地学习各部门法的内容，而对学习深度的把控能力有限。本科阶段是积累法学基础知识与核心素养的阶段，也为之后的深造或工作打下良好的基础。

在本科期间，除了掌握课上老师教授的知识之外，对经典书目的阅读是必不可少的，例如王泽鉴的《民法总则》、朱庆育的《民法总论》、贝卡利亚的《论犯罪与刑罚》、萨伯的《洞穴奇案》、让·雅克·卢梭的《社会契约论》、孟德斯鸠的《论法的精神》。本科生可以选择一些经典书目进行泛读，并选择至少一本书进行精读或反复阅读，在阅读的过程中学会思考、提问甚至质疑；另外，本科同学也应当关注一些典型案例、法律及论文，尝试法学学术写作，这些对于法学思维的培养大有裨益。法学思维，简单来说就是体系性思维、逻辑思维、分析思维。同时，积极参加模拟法庭、辩论赛、法律检索大赛等活动也有助于提升同学们的法学能力。

实习经历对于法学生（尤其是有志于从事律师职业的）来说是十分重要的。在大一、大二，由于同学们还处于初学者阶段，可以进行一些较为简单的实习，如利用寒暑假的时间进入公安机关、检察院和法院进行实习，以开阔眼界、体验法律职业为目的；在大三、大四学年，许多同学需要准备法律职业资格考试、研究生入学考试，因此实习时间较少，这一阶段以学习为主，实习次之；如果没有考研打算，则可以在司法考试之后参加律所、公司法务等实习，丰富实践经历，为秋招、春招做好准备，顺利就业；在大四下学期，同学们的时间相对宽裕，可以在准备毕业论文的同时参加实习，首选律所，也可以是法务。

九、相关专业介绍

法学类专业与其他专业的关系：在现代社会的背景下，学科的专门化程度越来越高，在某一领域内颇有建树的人才越来越多，而学科之间的相互融合、借鉴在学术领域较之以往有所减弱。然而，由于社会经济的不断发展，社会现实的愈加复杂化、多元化，实践对于跨学科的复合型人才却是需求甚渴。实际上，无论是从理论还是实践的层面，法学与其他学科均有着紧密的关系，了解它们之间的联系与区别对于我们理解法学有着重要的作用，对其他学科的一些知识的掌握也同时能够增强同学们将来对社会的适应能力。这是因为，现代的法律渗透到社会的方方面面，有关法律的许多问题并不是纯粹的法学问题，而是法学与其他学科的交叉问题。

（1）法学与政治学之间的关系

政治学是以政治现象及其发展规律为研究对象的一门科学，由于法是政治活动和实现政治目标的一种形式，因而政治和法具有内在的统一性，法学和政治学有着内在的联系，特别像宪法学、立法学等本身就兼有法学和政治学的两重性。

我国正在全面推进依法治国，建设具有中国特色的社会主义法治国家。如何理解政治与法治的关系、党的领导与人民当家作主的关系、党政政策与国家法律之间的关系，是我国法治道路上必须思考和解答的问题。

（2）法学与经济学之间的关系

经济学是研究各种经济关系和经济活动规律的科学。法学与经济学有着十分密切的联系。首先，经济基础决定上层建筑，法律所反映的统治阶级意志以及规定的权利和义务与界限归根结底是由社会的物质生活条件所决定的。其次，法律对经济起着能动的反作用，符合社会生产情况和发展趋势的法律能够推动生产力的发展，而与社会实际相背离的法律对社会生产力的发展会起到阻碍的作用，甚至摧毁社会经济。

可见，制定良法、规制市场经济秩序尤为重要。由此，法学中产生了经济法学这一分支，专门研究有关经济的法学知识，包括涉及宏观调控的法律、涉及微观市场秩序规制的法律、市场运行监管法律制度、国有经济参与法律制度，等等。现实中，也有不少法学专业的同学在大学或是工作之后选择报考会计相关的考试，可见经济学知识对于法律实务也大有帮助。

(3) 法学与侦查学、犯罪学、法医学之间的关系

法学与侦查学既有联系也有区别。

侦查学是研究侦查主体实施的具有刑事司法活动性质的侦查活动及其规律的科学。侦查是为查明案件真相，收集证据，查获犯罪嫌疑人为根据目的的活动研究、揭示、掌握、运用侦查活动及其规律。

法学（主要是刑法学、刑事诉讼法学）同样对犯罪行为进行研究，不同的是，侦查学除了需要学习侦查的相关规定，还要学习侦查技巧（如指纹鉴定、笔迹鉴定等）等，侧重于侦查单项领域，实践性要求高。而法学是对犯罪行为的整体研究，侦查只是其中的一部分，不会过多地学习侦查技巧，而侧重于对整个犯罪行为的侦查、起诉、定罪、量刑等方面的理论研究。侦查学专业的毕业生主要到公安机关、检察机关、国家安全机关等部门从事侦查工作、刑事执法工作、预防和控制犯罪以及侦查学教学、科研等方面工作，与法学专业的毕业生从事的职业有所不同。

犯罪学是关于犯罪现象及其产生原因和预防对策的知识和理论体系。犯罪学与刑法学的目的都是为了防止和减少犯罪，与犯罪作斗争。但不同的是，法学是一门规范性的科学，它以法律为依据，对犯罪现象进行规范性研究，侧重揭示犯罪的法律特征以及犯罪与刑罚之间的关系；而犯罪学从犯罪发生的过程入手，通过揭示犯罪的心理、社会等方面的原因，寻求预防犯罪的方法、制定预防犯罪的对策体系，是一种事实性的学科。

法学与法医学在理论学习上基本没有联系，二者分属于不同的学科门类，前者是法学类，后者属医学类，二者的区别可见一斑。但在司法实践中，法医学与法学有着紧密的联系，最直接的一点即法医对于犯罪现场的蛛丝马迹的鉴别、对于尸体解剖等结果直接影响着刑事案件的进展，也为后续诉讼的开展提供了相应证据。法学院一般会将法医学作为法学专业同学的选修课，无需深入了解。

(4) 030101K 法学与 030102T 知识产权之间的联系与区别

知识产权是人们依法对特定智力成果（作品、发明等）、其他特定成果和商

业信誉享有的专有权利，包括著作权、工业产权（专利权、商标权）、商业秘密等。知识产权专业的学生即对上述涉及的知识进行系统的学习。在学科分类目录当中，知识产权和法学并列，而在大学的院系设置中，知识产权专业的学生也常常会单独分在一个学院，与法学专业的学生分开。可见，法学与知识产权之间也是既有联系也有区别。

近年来，知识产权是十分热门的专业，一方面是因为实践的需求大而供应人才稀少、给专业人才的待遇好，另一方面是知识产权所涉及的广度、深度之高，使其成为独特的一门专业。知识产权与法学专业的课程有较大的重合部分，如二专业的学生都需要学习法学最基本和核心的课程，包括上文提到的民商法学、刑法学、法理学等，而知识产权法在法学专业的课程中，也属于高年级需要学习的一个部门法。知识产权专业的毕业生同样可以参加法律职业资格考试。

二者的区别在于，知识产权专业的学生需要学习除了法律之外的其他课程。例如，他们对著作权法、商标法、专利法进行专门深入的学习，而在法学专业的课程安排中，此三门课合为一门"知识产权法"进行讲授；他们也需要额外学习知识产权国际公约、企业知识产权战略、知识产权代理实务等课程。其实，知识产权实务更偏"商业""管理""经济学"，而不是"法律"。知识产权专业毕业的学生能在律师事务所、专利事务所、商标事务所等从事商标代理、专利代理等专门知识产权事务，同时也能在公、检、法等部门从事专门的知识产权司法审判及其他法律事务，或者在版权局、商标局、专利局、科技局等部门从事知识产权管理事务。

十、其他

法学专业必考证书——法律职业资格考试介绍

法学专业的毕业生基本上都需要参加国家法律职业资格考试，通过并获得法律职业资格证书，这是开启法律职业生涯的第一步。国家统一法律职业资格考试与注册会计师全国统一考试被称为我国难度最高的两大考试，因此法律职业资格考试的含金量非常高。

国家统一法律职业资格考试是中华人民共和国司法部依据《中华人民共和

国法官法》《中华人民共和国检察官法》《中华人民共和国律师法》《中华人民共和国公证法》和《国家统一法律职业资格考试实施办法》（2018）的有关规定设立的法律类职业证书考试。担任法官、检察官、律师、公证员、法律顾问、仲裁员（法律类）及政府部门中从事行政处罚决定审核、行政复议、行政裁决的人员必须通过法律职业资格考试（高校法学教师不需要通过该考试，实践中从事法务工作招聘单位也基本上要求通过法律职业资格考试）。法律职业资格考试实行全国统一命题和评卷，成绩由中华人民共和国司法部国家统一法律职业资格考试室公布。国家统一法律职业资格考试成绩一次有效。通过考试的人员，由中华人民共和国司法部统一颁发相关证书。法考改革以来，法考每年通过率保持在 10%—15%。

第九章　电气类
——手捧"金饭碗"的工科专业

引言

　　作为第二次工业革命的主要技术，电力作为高效的二次能源深入渗透到生产生活的各个方面。作为高考志愿工科专业的热门专业之一，当提到电气工程专业，人们经常会联想到国家电网、南方电网等大型电力央企，这些单位体量庞大，肩负着我国电力供应的重要任务，也是众多学子理想的工作单位。从第二次工业革命开始，电就与我们的生产生活密不可分，而电气工程在当下也并不仅仅是传统电力的发、输、配、电、用等知识内容，在新的时代中电气工程的课程内容与发展方向也有了更多的定义。希望本文能够给对电气工程专业有所疑惑的家长和同学们一个初步的解答。

一、电气工程专业介绍

（一）什么是电气工程专业？

电气工程是以电子学、电磁学等物理学电学分支为基础，涵盖电子学、电子计算机、电力工程、电信、控制工程、信号处理等子领域的一门工程学，学科内容与高中学习的物理、数学等知识关系密切。电气工程是以电能、电气设备和电气技术为手段来创造、维持与改善限定空间和环境的一门科学，涵盖电能的转换、利用和研究三方面。

当下电气工程主要的研究方向分为强电和弱电，分别对应能源与信息两大电的应用场景。小到一个开关、一个手机，大到航天飞机、宇宙飞船都离不开电。电是怎么来的？在我们的生活中，人类如何能够顺利、安全地使用电能？如何通过发电、变电、输电、配电，把电能送入千家万户？正如斯坦福大学的教授指出："当今的电气工程涵盖了几乎所有与电子、光子有关的工程行为。"

电气曾经与机械、土木、车辆并称为工科 F4，随着社会发展和产业结构调整，其他三个专业的吸引力逐渐下滑，而电气工程因为其不可替代性强、专业知识面与就业面广、招聘需求大等原因，所以仍是高考志愿选择中的热门专业，报考分数一直以来居高不下。

（二）电气工程专业的学习（研究）对象是什么？

电气工程专业的学习研究对象分为强电与弱电两大主要方向。

强电方向：研究最常见能源——电能的发、输、配、变、用这五个环节，研究重点在于中间的三个环节。目前，国内能源（石油、煤、天然气等）总量的近 70% 转换成电能，而在用电设备中，众多电机驱动装置消耗了 60% 左右的总电量。各行各业、日常生活均离不开电，在现代社会中，没有电的日子是无法想象的，而电作为一种能源，如果想被可靠地应用，就需要电气工程的科学和技术原理来支撑，而解决电的发、输、变、配、用等各个环节中的问题，便是电气工程的目的之一，此谓"强电"。所以本专业强电的学习（研究）对象就是"电力系统"，从电能在发电厂的产生、在变电站及换流站中的变换、在电力网中的传输到用户侧的使用与控制等都是强电方向所涉及的内容。

弱电方向：电作为一种信息载体，可以直接加载信息，也可以作为控制信号，无论怎样，电都是贯穿于工业控制领域的信息传递使者，而解决数据传输、控制等问题或者用某种控制手段实现电能更安全可靠地被应用，便是电气工程的另一个目的，此谓"弱电"。

电和磁是一体两面的存在，变化的磁可以产生电，变化的电也可以产生磁。电磁波是可以在空间传播的，而人们通过电磁波的传播，可以传递想要传达的信息，手机就是电磁波传递信息的一个最典型的应用，这是电作为信息载体的第一个方面。

在今天这个数字时代，图像、视频、音频可以被方便地存储、编辑和传播，而所有这些信息的传播，都是通过传输数据来进行的，而这些数据本质上讲就是0和1组成的二进制代码，这就是为什么所有电子设备和数据服务器内部都含有模拟电路和数字电路构成的大规模集成电路——芯片，而且都需要电来供应能量。在某种意义上讲，我们所传递的所有数据，都是由无数个高低电平以极高的频率计算得到的。计算机，通信网，无线电无不以电作为信息载体。这是电作为信息载体的第二个方面。

（三）电气工程专业前景

（1）就业平台大

98家中央国资委直接管理的央企中，大约70%都是能源相关企业，而电气工程则研究的是能源中应用最广泛的电力能源。例如国家电网、南方电网，企业实力可以排到全世界顶尖水平。国家电网、南方电网作为电力行业的龙头企业，是国企就业的不错选择。电气工程专业则是电网企业最为对口的专业，收入具有一定的保障，在非一线城市的就业幸福指数较高。

（2）工作稳定性高

行业稳定。十九世纪中期，第二次工业革命，世界由蒸汽工业转为电气工业，几百年的时间里，电力既可作为能源进行传输与使用，又可作为计算机、电子芯片的计算驱动与信息传播。电气工业不仅没有出现衰退之势，反而在逐步扩大自己的领域，例如：不少国家与车企已经承诺在 2035 年左右停止生产与销售燃油汽车，大力推行电动汽车。可见电力作为主要的能源与信息媒介，在百年的时间尺度上，具有非常重要的战略地位。

就业稳定。因为央企、国企有招收应届毕业生稳定就业的重担，所以在经济形势下滑，其他专业就业形势不乐观的情况下，电气工程所对口的企业绝大多数均为国有企业，最具有代表性的电网公司近些年也在通过不断地扩招而保障大学生的就业，所以电气工程毕业生就业形势相对平稳。

工作稳定。由于近年来政策的不断更新和突发事件的影响，教培行业、互联网行业发展都进入了瓶颈期，而国家电网、南方电网为代表的电力央企，待遇较优且工作相对稳定，员工也具有完备的假期与补贴保障。

（3）工作待遇具有一定保障

电气工程专业毕业生的平均薪资，在工科专业中一直排名靠前。以电网企业为例，电网职工的收入在房价偏高的一线城市以外，基本 3 ~ 5 年可以在当地安家置业，且收入在当地达到中等偏上的水平，尤其是三四五线城市性价比更高。而其他电气对口的电力设备行业、电源行业、发电行业的薪资待遇在各地也属于中等偏上的水平。

（4）就业选择可攻可守

由于电力在工业、能源、制造业、建筑行业的广泛应用，以及电气专业在数学、编程等信息化领域的优势，学生的就业面很广，几乎可以满足大部分学生的就业需求。

如果你不甘稳定，有较高的技术追求，渴望具有挑战性的工作，可以去高科技公司，例如华为、大疆、特斯拉、西门子、德州仪器等大型科技企业。

如果追求相对稳定的工作，希望凭借自身的努力成为当地的一名中产阶级，那么各级电网公司将是你最好的选择。

（5）适合读博担任教职

取得电气工程博士学位之后，可以选择毕业后在高校担任老师。电气工程作为理工科的代表性专业，全国各大高校都开设电气工程专业的博士点，并且培养博士的名额也非常多。可以说理工科选择电气专业，读博的概率就比很多专业要大很多。同时因为电气所对应的产业界是国网、南方电网等大型央企，具有非常多的科技项目，经费充足、平台广阔，可供电气工程专业的老师施展才华。

（6）适合出国深造

电气工程是除了计算机以外，各个专业中最容易出国留学的专业之一，且最有可能寻找到工作机会的专业。欧洲、北美都有大量电气工程的高校与企业，美国研究生毕业留美担任电气工程师也是非常好的选择。

（7）工作具有年龄优势

电气和计算机经常是两个拿来比较的专业，而电气与计算机最大的区别是，计算机行业技术革命太快，新技术层出不穷，一旦没有持续性的学习，就容易落后。对于计算机专业从业者来说，35 岁是个分水岭，35 岁之后身体、家庭等很容易跟不上工作的节奏，所以大部分计算机行业工作的人容易产生"35 岁危机"。

但是，电气行业基础设备覆盖面广，技术变革相对较慢。计算机行业可能 3 年技术更新一代，对技术要求较高，而电力行业可能需要 10 年才能更新一代，经验积累显得更为重要，所以不存在 35 岁裁员现象，反而是经验越多越吃香。

（8）起薪相对不高，热门城市工作内卷严重

电气工程毕业生刚就业的待遇不如计算机，尤其是越顶尖的高校毕业生差距越大。但是从某种程度而言，40 岁以后从事电气工程相关工作的人可能比从事计算机工作的人工作稳定度、幸福度高。

近年来，电气工程专业作为对口的电网企业在省会城市的招聘非常火爆，这也带来了各大热门城市、省会城市供电局应聘的学历内卷，针对应聘者的第一学历、第二学历、成绩排名等均提出了较高的要求。

二、对电气工程专业认识的误区

（一）女生不能学电气工程专业？

大多数工科专业应该都有报考的学生中女生的比例较少这个问题。但是需要

注意的是，电气工程不限制女生报考，电气工程对口企业一般不限制女生应聘。

由于电气工程专业毕业生大多进入到央国企工作，这些企业在招聘时相对会更加注重男女比例，重视女性应聘者，分配岗位时，基本分配给女生的都是工作强度较为适中的岗位。如在电网企业中大部分女生都是优先分配到调度、营销等岗位。部分女生上进心很强，能力很强，要求进步，可能会选择基层班组。

（二）物理不好，不能学电气工程？

从学科的角度，物理学涵盖"声光热电力"。电气工程是以物理中的电、磁学分支为基础建立，这方面思维比较好的同学会有一定的优势。但是大学的学习和高中的学习模式不同，高中物理知识点少，题型较多，重在做题技巧。而大学的课程，知识点较多，题型较少，考试考查内容比较单一，物理不太好的同学多花一点时间都能够通过考试。

其次从工作的角度，电力行业是相对成熟的行业，所以工作内容相对固定、工作规程相对清晰，技能要求相对专一，比较注重经验积累。

只要在大学期间按部就班地学习，不荒废功课，基本不会因为物理不好而毕不了业。所以物理不是很好的同学，如果没有其他更合适的选择，也是可以考虑电气工程这个专业的。

（三）电气工程专业毕业了是不是都要去爬电线杆？

电网公司的登高作业均为专设的工作岗位，需要高空作业证，此类岗位一般招录的门槛会低很多，大部分的员工是不需要高空作业的。其他方面，例如进入企业做设计工程师类的工作，更不需要爬杆的，主要从事设计相关的工作。电力电子方向，大部分时候跟程序员工作性质类似，偏重软件编程、实验室测试等。因此电气工程专业能做的工作方向很多，且具有一定的差异性，登高作业只是少数人的特殊选择。

（四）电力系统行业是夕阳行业？

有人认为现在很少停电，电力系统足够健壮，可研究的内容不多，其实这是典型的认识误区。我国电力系统是世界上最复杂的人工系统，目前正处于第二代电网向第三代电网的转型过程中。由于电能生产、传输与使用是同时进行的，不易大量存储，新能源和新型输电设备的接入导致电力系统处于非常脆弱的窘境，许多技术面临着前所未有的挑战，而这正是青年才俊大展宏图的良机。例如，他们不仅需要攻克世界上最复杂的交直流输电技术，也需要解决由风电、光伏等间歇性新能源因素带来的经济运行问题。

（五）电气工程专业毕业只能去电网？

许多人认为学电气工程专业的学生，毕业之后就是去电网公司、发电集团工作。其实该专业不仅可以去电力系统工作，还可以去电力行业的其他公司如：西门子、ABB、上海电气、中国中车、华为等电气设备制造公司，同时还有不少电气专业的优秀青年进入金融、投行（能源投资研究）、快消、互联网等行业就业。

电气作为第二次工业革命的主流技术，在所有的工业场景均有用武之地，可以说是就业面最广的专业之一。

（六）国家电网不招收本科生？

电气本科生是可以进电网公司的，电网公司里还是本科生居多，新招录的职工本科生大多数在县公司，研究生大多数在市公司。其次研究生相比于本科生来说，职业发展路线更为开阔。但是，不论是本科生还是研究生，刚入职时都需要下基层，此为后话，此处不展开详细讨论。

总而言之，学历高低以及毕业院校的专业强弱对个人职业发展具有一定影响，但最终职业发展走向取决于个人综合的能力的高低。

三、电气工程专业的学习内容

（一）电气工程专业的本科核心课程及课程特点？

核心课程：收集了包括清华大学、华北电力大学等大学的本科培养方案，培养方案包含通识课程、专业基础、专业选修、实验实习等，课程设置大致如下：

①通识课程：包括思想政治理论、体育、外语、文化素质、军事理论

②公共基础课程：

数学课：高等数学、线性代数、复变函数、概率与数理统计

物理课：大学物理、物理实验

生物 / 化学：大学化学、化学实验

③专业基础课程：工程制图、计算机程序设计、电路原理、模拟电子技术基础、数字电子技术基础、信号与系统、电磁场、微机原理与应用、自动控制原理、电机学、电力电子技术基础、电力系统分析、高电压工程、通信与信息技术

④专业核心课程（选修）：

电力系统方向：发电厂电气部分、电力系统电磁暂态分析、电力系统规划与可靠性、电力系统稳定性分析、电力系统继电保护、电力系统调度自动化、电力系统负荷预测高电压方向：电力系统过电压、电气设备在线监测与故障诊断、高电压绝缘、高电压试验技术、电介质材料与绝缘技术

电力电子方向：电力电子技术应用、电力电子系统建模与仿真、电力系统谐波与无功补偿、电能质量及控制、直流输电技术

建筑电气方向：建设电气工程设计、建筑电气节能及新能源应用、供配电系统、建筑智能化系统

电机方向：电机设计、电机及其系统的仿真分析、同步电机励磁控制

电力市场：电力系统基础、电力市场运营理论与技术、经济学原理、能源经济学

（二）课程难点与乐趣

第一大显著特点：学习内容比较杂，宽口径专业，涉及的领域特别广，电机学、电磁场、电力系统、电力电子、高电压等都是必修课。因为强电与弱电的知识都需要掌握，所以从电路原理到计算机控制，从高电压绝缘技术到模拟电子技术、数字电子技术等都会有涉及，从大一开始，你可能就要比别的专业的同学多上好多学时的课程。

第二大特点：学的东西难度高。本专业不论是基础课程还是专业课程都有不小难度，有些课程比较抽象，要求学生具有较强的想象能力和逻辑思维，更是有电气四大天书——《电磁场》《电机学》《电力系统暂态分析》《电力系统继电保护》的存在，可见其难度之大。同时本专业的课程都有很强的连贯性，许多课程都是承上启下的关系，所以从大一开始，就应注重专业知识的积累。

电气工程专业作为一门工科专业，学习难度与学习压力相对来说还是较大的，主要难点在于理论部分的知识体系较为繁多，通过考试仅仅是第一步，想要扎实掌握对学生的要求相对较高。但是从另一方面来说，电气工程所学的课程实用性较强，实验课的动手操作也会非常有趣，比如动手焊接一个心形流水灯，是不少电气学子大学的回忆。

四、电气工程专业适合哪些人？

（一）比较适合追求稳定就业选择的同学

电网公司、发电公司招收了大部分电气专业的毕业生。而这些企业大部分为央企、国企，其主要特点就是工作稳定，收入中等偏上，但收入与金融、计算机行业的顶尖企业相比还是有一定差距。其次在大型的央、国企中，晋升与调动均有规范的标准要求，需要时间与成绩来沉淀，自由度相比民企较低，但因为企业规模大，抵御风险的能力相较普通民企会强很多。

（二）比较适合就业目的地在非热门大城市的同学

电气专业主要对口电网公司、发电公司、电气设备公司。电网公司在一线城市的收入相比于物价水平，工作性价比较低，而水电、核电、火电、风电等一线工作地点一般都远离大城市，其他工作岗位相对于信息产业、金融产业及其他城市配套产业而言在一线城市等热门大城市的工作机会竞争会特别激烈，对学历要求较高。

（三）适合肯钻研、动手能力较强的同学

电气工程作为一门工科专业，其教学过程涉及大量实验实操内容，例如电路板接线等。如果具备肯钻研、动手能力强的能力，在课程环节能够通过实操将电路等理论知识打扎实，同时在工作后也能表现出很强的能力。

（四）色盲色弱慎选

电气工程专业作为工科专业，大部分的同学未来的工作都将涉及具体的生产过程，且电气工程对口的主流企业的招录体检也会对色盲色弱这类遗传病有一定的要求。

五、就业介绍

（一）就业方向

主要就业单位有电力公司、电力设计院、电力规划院、电力建设部门、电力生产单位、电气工程研究开发公司和研究院以及具有电气相关专业的院校。从事自动控制、电力电子技术、信息处理、试验分析、研制开发、经济管理以及电子与计算机技术应用等领域的工作。

（1）就业方向1：发电集团

代表性企业：

①五大发电集团：中国华能集团公司、中国大唐集团公司、中国华电集团公司、中国国电集团公司（国家能源集团）、国家电力投资集团公司。

②四小豪门发电集团：国投电力、国华电力、华润电力、中广核。

③核电领域的中国核工业集团、水电领域的三峡集团和煤电领域的国家能源集团。

工作特点：一般有运行、检修、采购、销售等岗位。工作环境较为一般，工作地点一般远离城市。整体而言火电的增量空间相对较小，核电近些年来不会有太大的扩张，水电中游的开发已经结束。新员工基本上工作地点均为上游

更偏远的电站，光伏风电目前初具规模，并且随着双碳政策的影响，备受资本市场关注，未来有一定的发展空间。

工作待遇：水电、核电一般优于火电，火电优于光伏、生物质等电厂，跟电厂效益不同会有很大的差距，总体待遇为 5 ~ 20 万。

工作要求：一线生产单位要求本科生，其他的岗位则是研究生及以上，但比较优秀的电气研究生毕业选择进入发电企业的比例较少。

（2）就业方向 2：电气设备（装备）制造企业

①三大电气制造厂：东方电气、上海电气、哈尔滨电气。

②其他电器制造厂：许继、南瑞、特变电工等。

③八大民营光伏企业：阳光电源、隆基、特变电工、正泰、晶科、天合、通威、林洋能源。

工作特点：

研发岗，负责某一项目某一具体单元的设计研发工作。

销售岗，大部分是技术销售，负责与客户沟通，推广方案。

行业偏向于制造业，在整个电力系统偏下游，工作强度有时较大。

工作要求：研发岗研究生是基本门槛，本科生进入一般是做技术销售、售后，需要长期出差，对人际交往能力也有较高的要求。

工作待遇：具体要参考企业效益，一般年薪在 12 ~ 20 万。

（3）就业方向 3：电网公司

①国家电网：北方 27 家省公司、6 家分部、43 家直属单位。

②南方电网：覆盖南方广东、广西、云南、贵州、海南五省。

组成部分：各省电力公司、电网直属单位。其中，省电力公司主要由省电科院、省经研院、省供电局、检修公司、各市县局组成。

工作特点：

稳定性，电网虽然没有编制，但是工作具有很大的稳定性，相比于民企裁员等压力，电网企业在这一方面可以给足员工归属感和幸福感。

基层工作，电网有 3、5、8 年限设置：必须在基层单位生产一线工作相应年限。其中：硕士研究生 3 年以上，国（境）外硕士留学生 4 年以上，大学本科 5 年以上，大学专科生 8 年以上。

体力劳动,人民电业为人民。电网的基层工作并不像白领那么光鲜,尤其是实习期的时候,需要付出很多体力劳动。

差异性,地区收入差距大,家乡电网性价比最高,由于各地用电量不同,电力公司的经营状况也不尽相同,所以不同地区的电网薪资待遇差别和公务员一样,都有较大的地域性差异。

特殊岗位,存在"倒班"岗位,例如运行、调度,难免要进行倒班,即有时候要上夜班。

工资待遇:

电网公司的待遇一般在当地工薪阶层里位于中等或中等偏上的水准,一般三、四线城市可以到 8 ~ 12 万,一二线城市及一些用电量更大的城市有 15 ~ 20 万甚至更高。

招聘门槛:

校园招聘中省会城市市局供电局基本上要求 985 电气硕士,一些竞争激烈的更是要本硕 985,普通地市 211、原电力部直属院校硕士和 985 本科都有机会。

统考批次,类似公务员考试,本、专科学历只要专业对口均可报考,只有应届生才能参加考试。

(4) 就业方向4:电源、光伏、功率半导体、新能源汽车等新兴行业

诸如小米、华为等硬件公司,特斯拉、比亚迪等新能源汽车企业,美的、格力等家电设备制造商,工业制造业对电气工程师的需求是非常广泛的。

工作特点:该方向一般为电力电子方向专业技术比较优秀的研究生所青睐的方向,尤其是名校学生,去国内的上市企业以及国外公司担任硬件工程师的岗位。产业分布比较聚集,大部分企业都在长三角、珠三角,对技术要求较高,薪资较高,研发氛围比较好,适合做项目比较拔尖并且乐在其中的人。

主要岗位与工作场景:

硬件工程师,标准的研发岗,因此此类企业一般为上市民企或外企,故公司氛围比较轻松年轻化,但是工作强度也相对较高,相对于计算机专业从业者 35 岁的年龄关卡,硬件工程师一般是年纪越大越有经验且在行业内越受欢迎。

工作要求:技术考核偏重,大部分为电力电子硕士。

薪资待遇:20 ~ 40W

(5) 就业方向5：电力设计院

大大小小的电力设计院非常多，主要工作是完成电网公司、电厂等单位交办的前期设计以及一系列程序履行、会议召集等工作。这些设计任务主要有新建、改扩建变电站一次、二次设计；各类输电工程的设计；发电厂的设计，等等。设计完成经甲方审核通过并履行一系列手续后，最后将方案交由电力施工单位施工。

工作特点：设计院的工作对各类电气设备性能结构、电力系统分析等专业知识要求较高。工作相对辛苦，项目多的时候加班加点很是正常，在设计前后需要去各地出差，故属于乙方单位，要完成甲方提出的各种项目需求。其次随着双碳政策的发展，国内目前电力设计院的业务在逐渐萎缩，未来发展较难有大的突破。

工作待遇：薪酬待遇还算不错，一般年薪在 10 ～ 30 万。

工作要求：基本要求研究生学历。

发展前景：国内目前电网建设已大体具备规模，该行业发展的高峰期已过。未来海外业务将成为重点发展对象，尤其是非洲。

（二）就业建议

（1）省会城市工作机会竞争激烈

电气聚集着众多优秀的学生，而大部分的名校学生的就业首选目的地即为家乡省会，更加优质的就业岗位大部分为电网公司的省会市局或直属单位，因此近年来电网省会电网的招聘水平逐渐上升，985、211 大学的研究生学历在很多地方已经成为基本门槛，所以如果想去省会城市工作，如果本科不是名校，电气可能并不是你的首选专业。

（2）基层工作普遍化

不管是电网还是发电企业，随着高等教育的普及和国企就业性价比的提升，造成了国企就业竞争偏大，尤其是甲方单位或坐落在发展较好城市的单位。这就导致不少名校毕业生，甚至名校硕士在刚进入电力系统企业时，需要在基层工作一定的年限，基层的工作环境往往不比高楼大厦里的白领，所以同学们要有一定的扎根基层的心理准备与吃苦耐劳的良好品质，才能更好地在这个行业发展。

六、升学介绍

（一）电气工程读研方向与推荐院校

在研究生阶段，每个研究生会选择一个研究方向进行深入研究，这也称之为电气工程的二级学科，一般分为五个大方向。学硕电气工程学科分为以下几个方向：电机与电器、电力系统及其自动化、高电压与绝缘技术、电力电子与电力传动、电工理论与新技术。专硕都为能源动力，方向需要根据导师来定，不过一般也是上述五个方向之一。电气工程五个方向各有各的优势与特点，读研在选择方向时要根据自己的喜好以及对以后就业的规划，有针对性地进行选择。

（1）电力系统及其自动化

是进电力公司，供电局，电力研究院所等单位的最对口二级学科。该专业既涉及电力系统高压技术，网络分析，设备运行与选择，又涉及电力系统继电保护，自动化装置，通讯，综合自动化等弱电自动控制的内容，做到强电与弱电相结合，设计与施工相结合，控制运行与管理相结合。

专业特点：

①学科性：专业方向正对国家定位电力系统及自动化学科。

②专业面宽：专业既涉及电力系统高压技术，又涉及自动化装置等弱电自动控制的内容，做到强电与弱电相结合，设计与施工相结合，控制运行与管理相结合。

③适应性、兼容性强：因为各个方向都会涉及，就业也不会局限于一个方向，各大电力设备企业，发电厂等都会需要。

（2）高电压与绝缘技术

这个方向包含了高压与绝缘两个研究领域，其中高压方向开设高校较多，单独开设绝缘的高校凤毛麟角。研究方向涉及气体放电、等离子、局放、闪络等多个方向，主要运用于电力系统防雷保护设计、绝缘子在线监测、防污闪、真空断路器设计、脉冲储能技术等。就业进电力公司，研究院所，或者是大型现代化电力设备、电缆等研发制造厂商。

专业特点：

①专业性：需要有扎实的电气工程知识以及高电压知识。

②交叉性：不仅需要高电压与绝缘理论、电磁场及暂态过程、高电压绝缘信息检测与处理等方面的理论基础，同时需要熟练掌握仿真软件与计算机程序，能够熟练运用计算机来解决一些问题。

（3）电力电子与电力传动

电气学科的新兴研究领域很多与电力电子技术的发展密不可分，电力电子专业在各级工业、交通运输、电力系统、计算机系统、通信系统等各个领域都有广泛应用，实用性强，就业方向也较多，除了电网，还可以考虑其他地方，主流阵地在研究所（航天、船舶，空间电源研究所，电力设计院），工业自动化类企业，电子、半导体公司，电源、能源类公司等。企业招聘凡是招电力电子的，也必定会招自动化（控制工程），反之亦然。

专业特点：

①新颖性：这个方向是一个全新的学科，前景很好。

②交叉性：电力电子与电力传动学科主要研究新型电力电子器件、电能的变换与控制、电力传动及其自动化等理论技术和应用。它是综合了电能变换、自动控制、微电子及电子信息、计算机等技术的新成就而迅速发展起来的交叉学科，对实践动手能力要求很高，难度较大。

电机与电器：这个方向包含了电机，电器两个研究领域，专业难度较大，其中有实力开设出电器专业的学校比较少。电机本体设计研究已相当纯熟，发展较其他专业略微缓慢。在电机的电力电子驱动技术方面，主要研究电动车、电机驱动系统的结构与控制策略、变频电源谐波抑制技术。在电气中相比于电力系统与电力电子方向，比较冷门。电机和电器的就业导向不尽相同，电机最对口的是去大型电机厂，电机设备设计、制造，或者去搞电机驱动，传动控制。电器最对口的是开关设备厂商。

专业特点：

（1）成熟性：此方向的一些技术研究已经较为成熟，发展较其他专业略微缓慢。

（2）结合性：因为电机本体研究得已经很透彻了，所以需要与其他方向进行结合，电机目前的热点是电机控制与故障检测方向，需要与其他科目相结合。

电工理论与新技术：包含了电工学，电子学，电工原理三个领域，属于偏向基础教学和理论研究的学科，主要从事电磁现象的基础理论研究及新技术的开发与应用，电磁能量和电磁信息的处理，衍生各类高新技术，如强磁场和磁悬浮技术、脉冲功率技术、电磁兼容技术、大系统的近代网络理论与智能算法应用技术等，以各类信息处理技术与应用。这是个比较新的方向，前景看好。至于就业，其实可以选择的面也很广，没有必要受限于学科。

专业特点：

（1）新颖性：此学科开设时间晚，属于一个新兴的边缘交叉学科，一般都是各个学校的重点学科。

（2）结合性：电工理论与新技术方向与信号检测、处理与智能仪器仪表、测控系统与控制工程、电工电子新技术、自动化技术、计算机技术方面都有交叉，与其他学科交叉、融合，发展形成多种新技术，如电磁环境保护技术、生物电磁学技术等。

（二）电气工程类专业升学建议

电气工程类专业考研、保研难度属于工科各大专业的前列，难度仅次于计算机。高稳定性的工作通常更受青睐，于是这两年国家电网等国企也成了大家的首选。许多本科不是电气类的同学也选择来跨考电气工程的硕士，为的就是毕业后能够有机会进入电网公司工作，所以导致近两年电气保研、考研"内卷"严重，难度陡升，说是工科前三难度也不为过。

保研：近几年，电气工程专业的保研难度一直在增长，一方面是因为电气强校的一些学生本身可以拿到国外大学的通知书的，但因为国外的新冠疫情形势严峻，只能转向国内高校，这就导致国内高校的保研竞争加剧；另一方面电气专业硕士毕业后，有国家电网公司作为就业保障，尤其这两年就业形势严峻，多数人把目光都投向了国企与体制内，使得一部分本身准备跨专业保研的学生放弃了别的专业，转而考虑电气专业保研，使之难度一直在增加。

电气保研去向除了电气"二龙四虎"院校之外，985院校中，重庆大学，天津大学，中南大学，四川大学与山东大学等电气强校也是首选，211院校中南京航空航天大学，北京交通大学等高校也备受大家青睐。

同样电气保研时多会选择去往离家近的学校，因为电气工程专业具有很强的地域性，除了顶尖的电气名校，每个地区都会对本地区的学校有所偏重。例如国网河南省电力公司每年校园招聘除了会前往电气"二龙四虎"学校，还会在郑州大学开设校园招聘，郑大本身相比于天津大学，四川大学等电气名校稍逊色些，但因为学校位置在河南省，具有地域优势，在河南省的就业质量并不比其他985差，保研时如果有意向的就业地区，建议选择当地的电气名校。

考研：电气专业考研难度要远高于其他同档次学校的工科专业，与相关专业相比也是有过之而无不及（计算机专业除外），分析任何一所985的考研成绩，340分左右的成绩可能会被其他工科专业录取，但在电气工程可能进不了复试环节，尤其近两年电气考研内卷严重，一般电气985院校和电气强势211院校需要350分以上才有希望进入复试选拔。与保研一样，考研择校首要考虑的就是就业问题，基本以后想在哪就业，就考所在省份的电气强校。电气考研难度日益增长，如果有考研想法的同学最好在大三下学期开学时就着手准备复习。

七、报考建议

（一）学科排名

电气工程类专业学科评级来自2017年底教育部公布的第四轮全国电气工程类学科评估结果。

扫二维码查看详细评估结果

（请看电气-表1-电气工程第四轮学科评估）

（二）报考建议

（1）学校平台大于专业实力

本科无需过多纠结于学科实力排名，在大部分本科同学都选择本科升学的背景之下，大部分同学更应该选择一个较好的学校平台，例如985大学、211大学这样的名校，以上学校没有合适的选择情况下可以考虑原电力部部属院校如三峡大学、长沙理工大学、南京工程学院等，其次可以考虑本省电网录取人数比例较高的大学例如山西大学、山东科技大学等，同时还可以考虑电气实力不俗的双非院校例如哈尔滨理工大学、河南理工大学等。

优先考虑985、211大学的主要原因有三：

985、211大学的本科教学水平均有较高的质量保证，并不会因为其学科排名不佳而教学质量差。

985、211大学的保研率较高，在当前普遍优先选择本科升学的情况下，保研率是选择院校的一个核心指标，同时在考研复试环节也能占据一定的院校优势。

目前就业压力下，不少电网省会市局对本科学历有一定限制，例如有些市局校园招聘门槛要求本硕均为985大学。

（2）优先选择原电力部直属的院校

当分数有限，没有合适的985、211大学可以选择的情况下，可以优先选择原电力部直属的院校，包括：华北电力大学、上海电力大学、东北电力大学、长沙理工大学、三峡大学、南京工程学院、沈阳工程学院、长春工程学院，以及四川、西安、贵州、山东、重庆、长沙、武汉、哈尔滨、江西、广西、郑州的电力职业技术学院或电力高等专科学校。这些院校的电气类专业毕业生进入国家电网、南方电网的人数非常多，例如华北电力大学每年进入电网企业超过1000人、东北电力大学每年进入电网企业500人左右，其他几所本科院校每年也基本能有300至400人进入电网企业，但是报考前一定要看考生的分数排名被这些院校的电气类专业录取是否有把握，因为电气类专业与非电气类专业进入电网企业的难度差异是巨大的。

八、学长学姐说

（一）夯实基础

电气工程专业课程较多，内容较为复杂，电气专业的同学一定要掌握好核心的选修课：高等数学、线性代数等，以及核心的专业课：电路原理、电磁场、电机学等。这些课程掌握得好，不光能够在保研中占尽先机，也通常是各大院校的考研初试内容，在电气工程学子本科毕业选择继续升学的比例越来越高的情况下，只有掌握好本科期间的核心课程才能在升学选拔时有个人的话语权。同时专业课内容，大多为国网、南网统一考试的笔试内容，如果掌握不好，本科、研究生毕业时若参加电网统一考试，准备考试的压力就会比较大，也不容易取得好成绩。

（二）尽早规划个人的就业方向

电气工程的就业面比较广泛，学长学姐建议各位电气专业的同学在本科的课程与实验学习中，尽早找到自己感兴趣的学习方向，尽早了解与自身匹配的就业企业类型与地域。这一方面能够帮助同学们提前做好准备与积累，在如今升学热的情况下，一般进入比较好的课题组均要求同学们有专业课的优异表现或某一方向上的科研成果。从就业的角度而言，去电网还是不去电网通常是很多学生内心纠结的问题，需要提前了解电网公司工作的实际情况，并与个人的情况与追求进行对比，如果想要进入电网公司那么提前准备，考取研究生、通过四六级以及计算机二级均是非常重要的。

其次对于高考学生需要考虑的是：随着时代的发展，电网的薪资虽然近些年不如辉煌时候那么具有吸引力，可在后疫情时代，其还不错的薪资待遇、丰富的隐性福利、堪比于公务员的"编制性"与稳定性以及电力央企的可持续发展性在当下社会依旧是毕业大学生所青睐追求的知名企业之一，尤其在三、四线城市几乎是首选就业企业。需要注意的是电网的绝大部分岗位，只面向应届生进行招聘，所以对于大部分来说，是否要选择进入电网工作是在毕业前就需要做出决定的。

九、相近专业介绍

电气类专业在本科专业目录里面一共有八个专业，分别是：电气工程及其自动化、智能电网信息工程、光源与照明、电气工程与智能控制、电机电器智能化、电缆工程、能源互联网工程和智慧能源工程，八个专业中电气工程及其自动化专业是全国院校中开设最多的，也是招收人数最多的，其他专业只有部分学校开设，下面对其余七个专业一一进行说明。

智能电网信息工程：智能电网信息工程专业创建于2010年，是依据国家发展战略新兴产业，紧密结合国家智能电网建设之急需而开设的一个新兴交叉学科专业。

这个专业其实可以分成两类：电网与信息。也就是说，一半的院校注重的是以电网为基础，电网智能化信息化，代表学校就是以东北电力为首的几大原电力部直属院校。而另一半则是基于通信工程，而面向电网的交叉专业，电网或许并不能搞清楚，但通信一定是绝对强项，代表学校就是以成电为首的电子、通信类院校。

其实这个专业，目前同电气工程及其自动化同属电气类专业，就业也差不多，被写入国家新工科专业进行发展。单论就业前景目前来看，和计算机相比可能有差距，但是在工科之中，特别是传统工科相比还是不错的。这个专业就业目前更偏向强电这一块，但就业方向广，也可以选择偏通讯这方面。

光源与照明：这个专业需要学习基础的电气专业知识，同时也要学习材料学、光学、微电子学等专业的知识，有点类似电气与光学的交叉专业。

半导体照明作为 21 世纪最具发展前景的高新技术领域之一，具有低功耗、高光效、高稳定性、超长使用寿命等优点，是一种符合节能环保的绿色照明光源，正在引发世界范围内照明电光源的一场革命。此专业就是学习光源与照明技术领域的基本理论、基本知识和相关信息电子实验技术、计算机技术等方面知识，毕业后能从事半导体照明材料与器件制造、半导体照明、集成电路设计与制造，以及相关微、光电子产品的研发、设计、制造、工程应用和性能测试等工作。

此专业就业去电网的人员较少，多数前往国家机关、电信、科研机构等事业单位从事 LED 芯片制造与封装，集成电路设计及制造，开关电源与智能控制等工作，也可以前往照明企业例如 PHILIPS、OSRAM、GE 等，就业薪资与专业前景目前处于中等水平，不做特别推荐。

电气工程与智能控制：这个专业其实是介于电气工程与自动化之间，电气、电子信息与控制相结合的宽口径专业，这个专业应该算是弱电，专业比较偏重于控制。同样这个专业需要学习的科目也特别多，数学、计算机、机械设计等专业的基础知识都需要掌握，同时设备信息管理系统、智能化控制系统也是必修课。

现在我们已经进入工业 4.0 智能化时代，各种智能的控制技术已经广泛运用到电气控制的各个领域，此专业就是将电气工程与现在的智能控制相结合，所以学习这个专业的学生不仅需要电气专业的知识，还要精通计算机语言，掌握编程能力，并且熟练地把这些运用到我们日常工作和进一步的工程研发上面去。

此专业因为与现在的人工智能的时代背景相契合，就业薪资以及待遇都比较好，属于中上等水平。同样就业方向去电网的较少，多为生产和管理的自动控制、电气设备的系统控制和运行维护等方面的工作，主要就业企业为西门子、ABB 等电力和自动化企业。

电机电器智能化：此专业较为特殊，全国开设此专业的高校中只有一所——上海电机学院。

顾名思义，主要学习的就是电机电器及其智能化操作，主要面向装备制造业的电机设计，制造，控制等工作。在如今人工智能如此火爆的当下，整个电机操控体系的智能化、网络化和长途操控将是大势所趋。而当今社会越来越要求现代电机拥有自我适应、自我更新等功能，形成具有针对不同任务的个性化服务。而这就是智能化融入现代电机的体现，也是此专业的学习目标。

此专业的学习与就业方向分为电机设计和电机控制两个大方向，学习前者的人不多，所以毕业后很抢手，主要是去电气设备企业进行电机的设计，例如施耐德，格力或者车企等；学习后者的人数较多，但就业形势也较好，就业单位与前者类似。此专业总体就业与待遇处于中上水平。

电缆工程：同样此专业较为特殊，因为开设此专业的本科院校，全国只有一所——河南工学院。

电缆工程专业是为了培养光纤光缆和电线电缆材料研究、产品设计、生产制造、质量控制、企业管理等方面的高素质应用型人才。所以本科不仅需要学习电气专业知识，还要学习电介质物理、电气绝缘结构原理与设计等和材料学接近的知识。电缆产业作为第二大产业（汽车工业第一），每年需要相关专业毕业生数万人，而培养电缆方面人才的院校寥寥无几，同样该校电缆专业毕业生与企业需求人数比达到1：8，毕业生多年供不应求，是一个值得考虑的专业。

能源互联网工程：能源互联网是以互联网技术为核心，以配电网为基础，以大规模可再生能源和分布式电源接入为主，实现信息技术与能源基础设施融合，通过能源管理系统对大规模可再生能源和分布式能源基础设施实施广域优化协调控制实现冷、热、气、水、电等多种能源优化互补，提高用能效率的智能能源管控系统。能源互联网连接范围很广，包括发电领域的传统发电、光伏发电、风力发电、水力发电等，输配电领域的智能电网、微电网、输配电设备，智能储能领域、智能用电领域的智能建筑、电动车、智能家居、工业节能，能源交易领域的电力交易、碳排放交易，能源管理领域的节能服务和合同能源管理行业。能源互联网的构建需要打破行业中的信息不对称，可以极大提高传统能源电力系统的效率，优化资源配置，降低能耗与成本，所以未来"物联网＋智能电网＋可再生能源"将是能源互联网的核心。

智慧能源工程：此专业为2021年新增专业，上海交通大学为第一所获批此专业的大学，依托上海交通大学国家电投智慧能源创新学院产教融合平台，以双碳背景下能源行业人才需求为导向，聚焦国家能源产业发展和技术需求，采用产教融合、学科交叉的培养模式，以能源类和信息类课程为主线，在电气工程、动力工程、控制科学与工程、计算机科学与技术、材料科学与工程、化学等领域进行多学科交叉，旨在培养具有扎实的数理化基础，将信息化技术与电气工程、能源系统融会贯通，适应我国未来能源行业发展急需的复合型、创新型、实践型人才，为我国"碳达峰""碳中和"提供有力的人才支撑。

电气工程类专业与自动化类专业的区别：

自动化类专业和电气工程类专业都属于电气信息大类，这两类专业有很多课程都是相同的，所以，很多学生都认为这两类专业是一样的。但其实这两类专业还是有很多区别的。自动化类专业指的是自动控制，本科学习的内容很多，也很杂，东西涉及面很广，主要针对工业控制类。主要课程是电路原理，电子技术基础，计算机原理及应用，计算机软件技术基础，过程工程基础，电机与电力拖动基础，自动控制理论，信号与系统分析等。研究生主要研究的都是算法，大数据，数据分析，智能机器人方向，模式识别方向；而电气工程类专业偏重的是强电方向，弱电也会涉及一些，但是没有自动化类专业学得多，电气工程类专业主要学习的课程都和电学有关系，像电路原理，电子技术基础，电力电子技术，电力拖动与控制，计算机技术，信号与系统，控制理论等课程，研究生主要还是围绕电来进行研究。

这两个专业的就业方向，就专业不同而言。自动化类专业主要偏弱电，而电气工程类专业主要偏向的是强电。如果想进企业工作，可以选自动化专业；如果想要进企事业单位工作，建议可选择电气自动化专业。

电气工程类专业与电子工程类专业的区别：

电气工程类和电子工程类仅有一字之差，但研究方向却有显著不同。

简单地说，电子工程类专业偏向弱电，12V以下的电路，身边常见的电器都转化成低压直流电在工作。比如电脑、电视、手机、路由器等消费类电子产品。电子信息工程专业有三个主干课程，分别是电子科学、信息工程和计算机科学，就业目标行业主要集中在电子设备和通信设备的设计、制造和应用等领域。

电气工程类专业偏向强电，比如发电机组、普通送电网络/高压电、火车供电网、生产用电、工程用电机械如电动机、220V家庭接入用电等。

总的来说：电子信息类就是偏弱电，电气工程类主要偏强电。电子信息类专业偏向于微观电子电气设备，电气工程类专业偏重于宏观的电气机械设备之类。电子信息类专业就业偏向于信息通信，微电子方向；电气工程类专业就业偏向于大型电力设备制造厂以及发电厂等方向。

十、其他

（一）国家重点实验室

截至目前电气工程领域（高校）的国家重点实验室名单，集中在电气领域各大名校：

西安交通大学：电力设备电气绝缘国家重点实验室

清华大学：电力系统及大型发电设备安全控制和仿真国家重点实验室

华中科技大学：强电磁工程与新技术国家重点实验室

重庆大学：输配电装备及系统安全与新技术国家重点实验室

华北电力大学：新能源电力系统国家重点实验室

河北工业大学：电工装备可靠性与智能化国家重点实验室（省部共建）

（二）电气工程知名院校以及原电力部直属高校

电气领域素有"二龙四虎"院校之说。"二龙"指的是华北电力大学和原武汉水利电力大学（现已并入武汉大学）；"四虎"指的是清华大学，西安交通大学，浙江大学和华中科技大学，这几所院校的电气专业可以说是代表着中国电气学科领域的顶尖水平。

（三）国家电网招聘情况

国家电网一般来说共有三种招聘形式，分别为校园招聘、统一考试以及社会招聘。

（1）校园招聘：又称为提前批，简称校招，通常是在秋招时期，大概在每年的九、十月份举行，由国家电网的各省单位到各高校进行宣讲与招聘。校园招聘主要是针对部分985、211、原电力直属院校的优秀应届硕士（部分省也招收本科生）及以上毕业生开展的。校招需要自行带简历去招聘现场，目前大部分也是需要进行笔试和面试考核的，至于笔试内容，每个省份都不一样，有的是自行命题，也有的是参加国网统一的笔试。由各省的供电公司或国网下属单位自主招聘，招聘时更注重面试成绩，同时部分省份也会兼顾笔试成绩，招聘进入单位后一般也可以选择到相对好的岗位。

(2) 国网统一招聘考试：国家电网每年有两次正式考试招聘机会，分别是 12 月份的一批考试和次年 4 月的二批考试。国网统一考试一般会提前一个月进行网申，网申通过则获得参加考试的资格，国网一批考试更多的是针对电气专业的本科、硕士、博士开展招聘，也包括部分 985/211 院校非电专业毕业生，一批次主要侧重于电气、通信、计算机等工科专业。国网二批考试：二批考试时间在每年的 4 月份 (2020 年受疫情影响推迟到 7 月份)，与一批考试不同的是，二批考试侧重人群会增加专科院校学生，同时招聘专业也更加广泛，例如会包括财会、其他工学、金融、管理等专业。

(3) 社会招聘：国家电网第三种招聘形式则是社会招聘。社会招聘是面向社会大众，并不仅仅是高校学生或者是应届毕业生。社会招聘主要是指部分国网直属单位，供电公司基本是没有社会招聘岗位的，由于社招通常是针对高水平技术人才，名额非常稀少，普通毕业生是基本不可能通过社招入职国网公司的。

（四）电网主要岗位介绍

①电网调控运行：调度岗，电力系统核心生产部门，负责地区电网调度，指挥变电站、电厂等。

②输电运检：主要负责输电线路的检修维护，满山跑，在电网岗位中属于比较辛苦的岗位。

③变电运检：变电运行主要就是守在变电站进行巡视和对各种设备进行操作，一般是倒班制。

④城区配电：主要负责城区的配电线路和变压器的检修维护，负责城区所辖 10 千伏及以下配网设备运行巡视、检修、抢修、缺陷处理工作。

⑤电力营销：电网营销业务是电网企业的核心业务。负责研究并制定电力市场开发战略及营销策略并组织实施；年度电力负荷的预测工作；制定年度电力营销目标并组织实施；电费回收的管理工作。

第十章 经济学类
——研究国民财富增长和分配的科学

引言

　　提到经济学类专业大家往往感到既熟悉又陌生，在很多家长与考生的认知中经济学就是研究"钱"、经济学专业就代表着"高大上"、经济学专业就业收入待遇很高，这些观点虽然有一定的道理但也对经济学类专业存在很多的误解。

　　作为一门非常重要的社会科学专业，经济学专业的研究内容不光与社会发展、经济活动的健康有序发展相关，还与我们的日常生活息息相关。作为一类文、理科学生均青睐的专业，经济学专业究竟是学什么？未来干什么？本文将为您深入解析。

一、经济学类专业介绍

（一）什么是经济学类专业？

我国大学本科专业分成 13 个学科门类，经济学门类下有经济学类、财政学类、金融学类、经济与贸易类 4 个不同的专业类。经济学专业属于经济学类，财政学和税收学专业属于财政学类，金融学、金融工程、保险学和投资学专业属于金融学类。经济学涵盖的专业范围十分广泛。其中不少专业不仅与哲学、社会学、历史学广泛交叉，还与数学、物理、心理、新闻传播、人工智能深度融合，是典型的交叉人文社会学科。因此，经济学专业兼收文科和理科考生。

经济学是根据各种现实需求配置稀缺资源以最大程度地满足需要的系统科学。经济学专业具有很强的理论性，相对而言更加注重理论研究。

财政学指研究国家经济收入国库充足，保证国家机构开展工作的经费，维护社会秩序，打击违法犯罪，满足各级行政事业单位开支的需要，是以研究国家为主体的财政分配关系的形成和发展规律的二级经济学科。内容包括财政理论、财政制度和财政管理方法。财政学可按财政分配主体分为：以国家财政为研究对象的财政学，以及对各个国家财政制度进行比较研究的比较财政制度学。财政学强调"核算"能力。可以说财政学专业培养的是国家税务部门的"会计"。

国际经济与贸易专业以国际分工、国际商品交换和国际资本流动为主要研究对象，是由国际贸易、国际金融、国际投资理论与务实组成的综合性学科，主要研究国际、国家与国家之间的经济活动和经济关系。

（二）经济学类专业的研究对象

第一个类别就是经济学类，经济学类下面具体包含经济学，经济统计学，能源经济，体育经济等专业。整体来说，经济学类专业是一个偏理论偏研究的专业。

第二个类别金融学类。经济学和金融学到底是什么关系？经济学的是经济理论的研究，相对来说比较抽象，而金融学类相对来说是一些实战性的专业。金融学类里面包含了保险学，投资学，金融数学，金融工程等专业，更加偏实操，偏技能型。整体来说金融学类的专业对数学的要求会比较高，如金融工程专业用数学进行建模，从事金融风险控制，金融衍生产品开发等工作。

第三类别财政学类。财政学类涉及的是政府的财政收入，支配、管理方面。一方面就是税收学，税收学简单来说就是政府的收入，怎么去要钱。第二个就是财政学，就是管钱的，钱收到了具体怎么用，怎么管理。这两个专业的就业主要是以公务员为主，进入国税，地税。除此之外，也可以进入银行、国企、事务所。

经济与贸易类专业。国际经济与贸易主要讲国际贸易的规则，学这个专业，更多对应的是去做国际贸易相关的工作以及与跨国公司打交道。同时需要较好的外语水平，甚至需要懂得多国语言。另外逻辑思维要好，具有表达清楚专业性内容的能力。

（三）经济学类专业的前景解析

优点：经济学种类非常多，但经济学专业其实大都相同，又都有自己的独特之处。经济学听起来高大上，工作的时候比较有优越感。工作地点比较稳定，不用经受风吹雨打，工作环境好。一般能进入头部单位的人接触的都是全国精尖人才。未来就业也可以选择工作较稳定的公务员、国企或者证券行业等。

缺点：经济学专业就业面较窄，不像其他专业那么开阔，不过胜在未来发展比较有前景且较为稳定。但该专业就业压力非常大，其次必须数学要好，甚至还要辅助学一下统计，社会还有心理专业的相关内容。总之就是前景非常好，难度非常大，竞争很激烈，就业压力大，薪资还不错。

二、对经济学类专业认识的误区

（一）经济学大类属于热门商科专业，主要研究如何赚钱？

谈到经济学专业，很多同学认为经济学是教人如何赚钱的学科，这是一个非常大的误会。事实上，经济学并不能教会大家如何聚商敛财。作为一门探索、研究经济体系运作规律的学问，它能够帮助大家深刻理解各类宏观经济、产业经济乃至卫生健康等政策，理解这些政策究竟怎样影响民众生活以及社会分配。

其实经济学专业培养目标并不是银行职员、证券人员等熟悉操作具体实务的人员。经济学专业是基础学科，侧重经济学理论，主要培养的是理论型人才。经济学注重的是理论学习和研究。也就是偏理论，做研究的。利用掌握的经济学理论，分析各种经济政策，对经济现象进行解读才是经济学专业学生最本质的工作内容。

（二）经济学大类专业不用接触数学？数学不好的学生适合报考经济学类专业？

经济学对数学也是有一定要求的。比如基础经济学，会随着研究的深入需要越来越多的数学知识来用作建模和分析的工具。所以对于数学课程应稍微了解微积分、线性代数、概率论与数理统计、运筹学。与数学关联度比较大的统计学专业与数理统计分析挂钩，同样对数学要求就比较高，像数理统计、描述统计、核算、经济统计分析，等等，都需要一定的数学功底。

（三）经济学大类只适合家里有资源的人学习？

当然普通人也适合，从业金融行业的大部分都是普通人。

其实无背景无资源无人脉的三无普通人才是金融行业的主力军。在这个行业里，普通人自有属于自己的生存法则，只是相比富二代们需要更加精细地去制定职业规划，多努力的同时少走弯路，小白也可以在金融业打下一片天。

家境贫寒能不能学金融是一个关于志愿填报比较热的话题，双方是各执一词的，但主张不能学的占多数，理由基本如下：

金融学学不到看得见摸得着的本领，比较虚。意思就是无法像师范、医生、工科生那样掌握一门养家糊口安身立命的本事。这个是经济学类专业的特点，而不是缺点。大家要明白金融学是一个知识领域众多的学科大类，大约可以分为偏文和偏理两类。偏文一类重点研究制度，偏向法学。金融政策、市场和企业制度，法律监管体系等。偏理一类重点研究技术，偏向数学、定价、风险评估、金融工具、财务核算等。

金融比较看重资源和背景，意思就是金融业很考验家庭背景，家庭背景好的能够提供很多资源，有助于个人发展，比如拉存款、拓展国企业务。这个也是针对金融学中偏文的专业来说，也只是说相对来说，金融是对家庭（尤其是经济条件）、要求比较高的专业，比如柜员（有存款指标），业务岗（能拉项目），而量化、行研、分析等技术岗更看重技能和证书。

（四）经济学大类专业是文科专业，只适合文科生报考？

现在很多学科都出现了交叉现象，所以，很多学科都不能片面地说是文科还是理科。对于经济学也是一样，经济学比较偏重于文科。但是学习经济学中也有很多关于数学的成分，像是微观经济学、宏观经济学等，都需要用到数学。

理论上来说，经济学招生是文理兼收的，但是对于经济类研究生招生，却往往只招收理工科的学生。想要学习好经济学，是需要一定的数学功底和严密的逻辑思维的。所以，虽然说经济学是偏文的文理兼修专业，但是如果是理科生的话，会更有优势一些。

三、经济学类专业的学习内容

经济学主要课程：《资本论》、西方经济学、统计学、国际经济学、货币银行堂、财政堂、经济学说史、发展经济堂、企业管理、市场营销、国际金融、国际贸易、线性代数、高等数学、概率论与数理统计等。

核心课程：经济学基础、中级微观经济学、中级宏观经济学、政治经济学、财政学、货币银行学、国际经济学、金融经济学、计量经济学、公司理财、经济史、经济思想史、当代中国经济、劳动经济学、产业经济学、网络经济学、会计学、统计学、国际贸易、国际金融、公司财务、市场营销、企业经济学等。

四、经济学类专业适合哪些学生

适合经济学专业的人要对经济学一定的兴趣，喜欢做经济分析、经济推导，能耐得住枯燥，具有钻研精神。喜欢追因溯果，辨析现象中各个因子的作用，有时候分析和推导的结果不一定符合预期，往往这时需要纠错或者推翻重来。

一，逻辑思维要强。经济学更加偏向利用数学逻辑进行严密的推理，对数学要求比较高。比如国际经济与贸易属于经济类学科，不仅涉及市场学、国际金融学、商品学的理论知识，还要运用统计、数学和几何等学科的知识，一定的数学水平是学好该专业的重要因素。

二，能够静下心去钻研。就性格而言的话，无论外向、内向都可以学好经济学，只要你能安静下来思考，分析。经济学和金融学一个很大的不同点在于，金融学更多地强调风险和不确定性，而经济学更偏向学术和理论方向。

三，对数字较为敏感。有一定的判断能力、预见能力、比较敏锐的洞察力。需要对数字有一定的敏感程度，例如当一个纵向数据在某段时间内变化异常，应该及时反应到变化原因。

四，有一定的语言要求。国际经济与贸易专业具有涉外性质、对外语水平要求较高，无论是专业理论学习还是从事相关实务的实践活动，外语水平至关重要。

五、经济学类专业就业介绍

很多经济学本科生进入很好的企业后，做的工作只是基础销售工作，与其他专业相比没有明显的差别，并没有体现出专业优势。但是研究生则不同，因为有更强的专业基础，他们有更多岗位和空间可以展示自己的能力，具体方向如下：

（1）证券公司

简单地说，证券公司就相当于一个中介的作用，它将投资人和被投资人联系起来。它在中间一方面是简化了投资人和公司之间的沟通成本与交易成本；另一方面是对公司提供的各种信息进行调查，起到一个担保的作用，消除部分信息不对称，以免伤害到投资人的利益。

证券公司中，一般也是分为前台部门、中台部门和后台部门。注意，前台部门是指与客户打交道多的部门，而不是指坐在公司门面位置招待客人的

"前台"。

(2) 投资部门

主要岗位有总经理、投资经理、研究人员，固定工资一般在 30W+，10w ~ 20w，10 ~ 15w，年底奖金看业绩提成，各个公司不同，牛市熊市收入差距大。

(3) 研究所

主要岗位有总经理、研究员、研究助理，现在大的证券公司都会设置研究所，研究所的收入比较稳定，固定工资一般在 30W+，10W ~ 20W，5 ~ 10W，年底奖金一般在固定工资的 50% 左右，不同体量公司差距大。研究所一般要求为硕士学历起。

(4) 投资银行部

主要岗位有总经理、保荐人、项目经理等，保荐人收入最高，行业平均 30w 以上，年底收入看项目提成。这个岗位一般要求名牌院校的硕士或有经验的人员。

(5) 经纪业务部

下设营业部、服务部等，营业部主要是靠客户交易佣金获利，交易量越大佣金越多，营业部客户经理收入一般和地区收入水平挂钩，一般月薪 5k。

同时，研究生和本科生所去的岗位有所不同，比如说研究生可以去投行部或者研究所。而本科生主要做经济业务，从事一些基础性的客户工作。要知道从事与客户打交道的工作，也就意味着有高业绩的压力。

(6) 保险公司

提到保险公司，好多人会想到这句话：穿得西装革履的人，不一定是老板，也有可能是卖保险的。但实际上，现代人的保险意识也越来越高，很多人出钱为自己买份保障是很正常的事情。而且保险公司待遇也不低，所以千万别对保险公司有偏见。

与证券类公司相同保险公司总部的部门设置一般分为前台、中台及后台。前台是指前线业务部门（销售与投资），包括：个险渠道部、团险渠道部、银保渠道部、中介渠道部、网销（电商）渠道部、投资（资产）管理部，当然不同公司的部门设置可能会有所不同。

中台是指业务服务部门，包括：运营（两核）部、客户服务部、战略企划部、财务部、精算部、产品部、信息技术部、合规及风险管理部、审计部。

后台是指公司服务部门，包括：董事会办公室、综合办公室、人力资源部。

保险公司的薪酬差异很大，在保险公司内部，投资管理、精算（含产品、研发）和信息技术开发三大序列薪酬较高，而销售（非代理）、核赔管理和客户服务管理序列员工的总薪酬水平相对较低。外勤的工资，差别非常大的，从 0 到年薪上千万都存在。保险公司的代理人很多是非员工制，采用责任底薪，业绩为零收入为零，这对代理人来说是很残酷的。

（7）管理咨询公司

提到咨询公司，大家就会想到高薪收入。如在"麦肯锡"工作，年收入早就达七位数了，不过工作也的确是很忙，经常全球飞。

咨询公司是指从事软科学研究开发、并出售"智慧"的公司，又称"顾问公司"。咨询公司属于商业性公司，主要服务于企业和企业家，从事软科学研究开发，运用专门的知识和经验，用脑力劳动提供具体服务。与经济学相关的咨询公司主要是指管理咨询公司。

管理咨询是指从事管理咨询活动、为企业和企业家提供咨询性服务。根据管理公司服务类别的侧重，管理咨询公司可以分为综合管理咨询公司、战略管理咨询公司、人力资源、财务、信息系统管理咨询公司等。

应届毕业生（本硕）一般职级都是 Analyst（分析师）或者 Associate（咨询助理）。

毕业生的年薪（基本工资 + 奖金）基本可以分成三档：

第一档：25 ~ 30 万人民币

代表公司：MBB，精品咨询公司 ZS 等。

第二档：20 ~ 25 万人民币

代表公司：传统战略咨询 Tier2 公司（如 ATK，LEK，Strategy& 等），精品咨询 Parthenon 等。

第三档：10 ~ 15 万人民币

代表公司：四大，凯捷，埃森哲（非战略部门，战略部门略高一点）等，以及人力资源四大。

（8）银行

经济类、金融类专业在银行内部主要从事风险防控相关岗位，或者与资金运用密切相关的岗位。风险防控的岗位主要分为：合规岗、法务岗、风控岗、内深岗。资金运用岗位主要分为：贸易融资岗、同业业务岗、投行业务岗、资产管理岗。

不同银行的工作人员岗位工资还是不同的。比如金融科技岗平均月薪在1万以上，客户经理岗月薪也大部分都在1万左右，而银行的管培生和柜员岗一般就只有几千元了。

（9）公务员

公务员也是经济学同学的一大出路。与那些几乎无岗位可报的专业相比，经济学的考生选择相对多。

很多同学认为，公务员岗位的薪资不高，那笔者也为大家说明一下公务员薪资的组成部分。公务员工资包括基本工资、津贴、补贴和奖金，其中基本工资包括职务工资和级别工资。

津贴包括：地区附加津贴、艰苦边远地区津贴、岗位津贴等津贴。补贴包括：住房、医疗等补贴、补助。奖金包括：定期考核中被确定为优秀、称职的，按照国家规定享受年终奖金。

所以算上这些补贴和津贴，再加上较高的公积金，其实公务员的待遇相对来说是比较好的，再加上极其稳定，所以也可以是同学们的选择方向。

六、经济学类专业升学介绍

（一）经济学类考研方向

考研院校与专业的选择很大部分决定着考生们以后的发展，同时在考研过程中的悉数选择里，如何择校选专业则成为考研胜利至关重要的一环。

经济学考研选择学校和专业是非常重要的一步。经济学这个学科包含将近20个具体专业。不同的专业的报考难易程度、学习过程、就业前景、发展道路也是大不相同。总体而言，经济类专业可以分成应用经济学和理论经济学。

（1）应用经济学

其下设二级学科为：国民经济学、区域经济学、财政学（含税收学）、金融学、产业经济学、国际经济学、劳动经济学、统计学、数量经济学、国防经济学。

其中金融学、国际经济学、国际贸易学在当今社会成了超级热门专业。这些专业相比其他专业确实有一定的优势，但是由于选择这些专业的人数太多，如果学艺不精可能会消减掉这些专业优势。

统计学和数量经济学紧随其后，这两个专业的特点是能够学到一门纯熟的统计工具，能够对经济问题进行专业的数量分析。精确的量化分析恰好是现代经济的特征和发展方向，因此这两个专业对擅长数理的人是性价比很高的。

国民经济学、区域经济学、财政学（含税收学）、产业经济学、国防经济学、劳动经济学虽然属于应用经济学之列，但是在学习中理论性也较浓。

应用经济学国家重点学科院校有中国人民大学、中央财经大学、厦门大学、南开大学，这些学校所有应用经济学下属的二级学科都属于国家重点学科。

（2）理论经济学

它包括政治经济学、经济思想史、经济史、西方经济学、世界经济以及人口、资源与环境经济学等二级学科。

理论经济学中政治经济学和西方经济学是研究经济的最基本理论的学科，适合造就经济方面的通才，就业面宽阔，但是针对性不强，可能什么都可以做，但是又属于什么都不是特别对口的情况。这两个专业是理论经济学的热门专业，能够帮助学习者建立扎实的经济学基础，如果有自己的其他特长，将会成为特别受市场欢迎的"综合能力强 + 特长鲜明"的高级人才。

经济思想史、经济史、世界经济以及人口研究性比较浓厚，相对容易考取，但是很多单纯为了学历而读研的考生选择了这个专业后，因为缺乏兴趣而备受煎熬。资源与环境经济学这一专业属于新兴的专业，如果能把握时机，学有所成，前途也是值得看好的。

其中理论经济学国家重点学科院校有北京大学、中国人民大学、厦门大学、复旦大学、南开大学、武汉大学，这些学校所有理论经济学下属的二级学科都属于国家重点学科。

可以发现两个一级经济学科同时都是国家重点学科的只有三所学校：中国人民大学、南开大学、厦门大学，这三所大学基本上可以说其经济学院所有专业都是国家重点学科。

经济学学术硕士专业包括：政治经济学、西方经济学、经济史、经济思想史、世界经济、资源与环境经济学，这一类属于理论型的专业；还有金融学、国际贸易学、产业经济学、区域经济学、国民经济学、数量经济学、劳动经济学、国防经济学、发展经济学、财政学、统计学、保险学，这一类属于应用型的专业。

经济学专业硕士包括金融、保险、应用统计、资产评估、国际商务、税务等专业。另外还有一些学校具有独立设置的专业，比如税收学、金融工程、金融贸易电子商务、数理金融学、农业经济学、经济大数据分析、消费经济学等。

（二）经济学类专业读研如何选择合适的方向？

经济学类专业可以选择的深造方向较多，考生往往对于自己该选择哪一方向进行深造感到迷茫，下文会介绍如何选择适合自己的方向。

（1）兴趣

金融是最火的经济学专业之一，那些在高档办公楼里西装笔挺、光鲜亮丽的金融人士引起大家一阵的跟风之热，纷纷选择要考金融学。但是你先要知道金融学是学什么做什么的，要知道这些内容非常简单，到网上搜一搜金融学和公司理财就知道了。如果看了之后你不喜欢这个专业，那么最好不要勉强自己。兴趣才是自己最大的动力，不然即使考上了研究生，往后的学习也会觉得困难。如果是真心喜欢，那么学习起来也会觉得动力十足。

（2）目的

考研读经济学的目的是什么？如果自己本科学习的其他专业但是对金融非常感兴趣，就想要跨专业尝试一下，那么就不要选择研究宏观经济学了，应该选择金融学或者金融专硕。如果是为了增加自己的砝码，在未来就业上面比其他人更具竞争力，这种就要选择学校名气比较大的985、211了，也可以考虑在未来发展的地区里有影响力的大学。如果是为了马上毕业工作可以选择年限较短的专硕。如果是为了要深入研究国家经济状况，以后还可能读博那就要选择经济学学硕，在选择学校上更多考虑导师的影响力和这个学校的专业在整个学术界的地位。

(3) 能力

考研选专业的时候，兴趣和目的是最重要的因素，能力则是次要的。能力这方面要看的是英语好不好，学术型研究生要阅读大量文献，如果英语好会是一个加分项。还有数学好不好，学术型研究生经常会面临数学建模的问题，如果数学好的话也是导师喜欢的类型。当然不同的学校和老师对于英语和数学的要求不同。

不同专业考试内容不一样，例如同样是金融，如果考的是金融学硕，专业课考试是经济学，参考书是微观经济学和宏观经济学；如果是考金融专硕，专业课考的是金融综合，参考书目是金融学和公司理财。所以两者复习的内容是不一样的。

对于跨专业的同学来说更不要怕专业能力不足，本科学的东西都是基础，大多数同学都是考前突击，平时学习扎实的很少，所以说只要准备时间充分，本科学习什么专业并不那么重要。跨专业考经济类专业成功的例子比比皆是。

(4) 选专业还是选学校

如果是想要做学术性的研究，选专业比学校更重要。不少同学非 985 大学不考。985 大学院系众多、实力雄厚、平台高，这是他们的优点，但这并不意味着他们的每个专业都好。对于经济类院校而言，有的学校可能名气不高，但是专业影响力强大，学校的老师往往都在业界得到认可，这样的学校是做学术研究的最好选择。

如果是想要研究生出来好找工作，选学校比专业更重要。有的 985 大学重点专业是理工类，也开设了经济类专业，这类院校的经济学往往比专门的财经类院校还好考，只是为了满足名校情结，好找工作的同学可以尝试这种选择。

(5) 怎么选地区？

选择地区也要考虑目的，如果是为了工作容易，在离家近的地方有更广的人脉。北上广虽然竞争压力大，但是提供的职位也更多，实习机会也多。

在地区上除了考虑未来发展的地方以外，还要看学校专业地域性，如果要研究西部经济发展你得去西南财大，如果想研究国际金融就选择上海财经大学。

我们的现在是过去选择的结果，未来是现在选择的结果。所以，选学校选专业一定要慎重。

七、报考建议

（一）经济学大类本科专业学校排名

（1）全国理论经济学学科评估结果

理论经济学学科评级来自 2017 年底教育部公布的第四轮全国理论经济学学科评估结果。

扫二维码查看详细评估结果

（请看经济–表1–理论经济学第四轮学科评估）

（2）全国应用经济学学科评估结果

应用经济学专业学科评级来自 2017 年底教育部公布的第四轮全国应用经济学学科评估结果。

扫二维码查看详细评估结果

（请看经济–表2–应用经济学第四轮学科评估）

（二）经济学大类专业特性和志愿填报建议

（1）经济学类专业特性

经济学是根据各种现实需求配置稀缺资源以最大程度地满足需要的系统科学。经济学专业具有很强的理论性，注重理论研究，比较适合做研究工作的考生可以考虑选择这个专业。

国际经济与贸易专业是由国际贸易、国际金融、国际投资理论与务实组成的综合性学科，主要研究国际、国家与国家之间的经济活动和经济关系。以国际分工、国际商品交换和国际资本流动为主要研究对象。报考该专业时，要注意两点：首先，国际经济与贸易专业具有涉外性质、对外语水平要求较高，无论是专业理论学习还是从事相关实务的实践活动，外语水平至关重要。其次，由于国际经济与贸易属于经济类学科，不仅涉及市场学、国际金融学、商品学的理论知识，还要运用统计、数学和几何等学科的知识，一定的数学水平是学好该专业的重要因素。

财政学是研究以国家为主体的财政分配关系的形成和发展规律的学科。主要研究国家如何从社会生产成果中分得一定份额，用以实现国家职能的需要。财政学专业的特点是强调"核算"能力。可以说财政学专业培养的是国家税务部门的"会计"。毕业生将来去国家有关部门工作的可能性更大，填报志愿时要注意这方面的特点，根据个人的兴趣爱好和理想进行选择。

（2）经济学类专业填报建议

①院校排名。

总体来说，按教育部第四轮学科评估以及各高校在各省份录取分数高低来分，经济专业领域的实力院校基本可以按以下分类推荐。

推荐院校 A：清华大学、北京大学、复旦大学、上海交通大学。

推荐院校 B：中国人民大学覆盖整个北方，三大全经济学科重点学校之一，南开大学（覆盖整个北方但在北京处于弱势，不过也是三大全经济学科重点学校之一所以排第二梯队，985）中央财经大学（覆盖整个北方，211 的牌子响）、上海财经大学（覆盖整个南方，211，得益于上海金融中心优势）、厦门大学（覆盖整个南方但在上海处于弱势，不过同南开、人大一样是三大全经济重点学科学校之一）。

推荐院校 C：是区位稍差的 211 财经和区位稍差但经济还行的 985，其中包括西南财经大学（就业覆盖西南地区和深圳地区，211 院校，金融一批国家重点学科）、中南财经政法大学（就业覆盖湖北地区，211 院校，金融二批国家重点学科）、兰州大学（区位优势不明显，但是区域经济学是国家重点学科，同时是985）、暨南大学（211，产业经济学全国第一，广州区位优势）、对外经济贸易大学（211，国贸是国家重点学科，北京区位优势）等。

推荐院校 D：一些经济学科很弱的 985 学校或一些 211 学校以及一些不知名的地区性财经院校。如东北大学的经济学科不算强势，相对来说就业方面也没有很大的优势。

推荐院校 E：其他普通院校。综合性大学凭借自己原有的优良资源，积极发展经济学学科建设，虽然起步稍晚，但在经济学与其擅长的学科相结合的交叉专业领域表现十分突出。另外，一些省内经济类院校在与当地经济相融合的领域也表现突出。这些院校的实力不可小视，对于那些发展目标明确的考生也是不错的选择。

②央财、上财、西财、中南财和东北财

中央财大是在首都北京的一所高水平财经类院校，学术根基比较深厚。

上海财大是国际化水平比较高的财经类院校，众多海归学者首选的地方，各方面都比较先进。

西南财大在业内口碑和学术地位众所周知，尤其是金融学科，一般国际金融学家来华报告演讲必会不辞辛苦先跑去西南财经。但其地理位置会被一心想去北上广大展拳脚的热血青年所忽略。

③中央财经和上海财经之间如何选择？

如果愿意留在上海找工作，优先选择上财，如果想在北京，优先选央财，这两个学校都是一流高校，当然考取难度也很大。这两个学校的金融和会计专业都很强。

中财会计是第二批的国家重点，中央财大的应用经济学和保险专业也可以优先选择；上海财大的工商管理和理论经济学在国内首屈一指，也是可以优先选择的。

八、经济学专业学长学姐说

经济学类专业属于全国高校开设较多的一个专业大类，其中招录学生较多的专业主要有经济学大类中的经济学、经济统计学以及财政学大类的财政学、税收学与经济与贸易类大类的国际经济与贸易、贸易经济。一般而言以上专业在进入银行、企业等非体制内工作时，只要是经济学大类的专业即可，具体专业名称卡得并不是很严格。

经济类专业就读多年来有以下几点体会：

宽口径培养，本科培养方案的课程中大多数课都是"软知识"，缺乏硬技能的培养，课程难度不大，对数学要求不算高，本科的这些课程能够让你对经济世界的体系规律有一个大致的了解，进入该行业工作后不会遇到很多陌生的名词、模型等，但是会看与会做之间还是有着巨大的鸿沟，经济学专业的宽口径培养并不像口腔、法学等所学知识对于就业有着非常有针对性的指导，这也是一把双刃剑。宽口径的知识体系，让学生的就业选择更多元化，经济类专业可以算得上就业面非常广的专业之一，就像计算机专业一样，是嵌套进入各个行业的，各个行业均需要经济知识的加持（国贸专业相对可能更窄一些，因为参与国际贸易的单位与企业大多数还是在一线发达地区与沿海地区），另外宽口径的培养也导致了学生就业的选择可能更多的依靠自己的方向选择，例如有人在券商实习积累了非常丰富的经验，那进入券商行业就会轻松，有人专心备考法考，则在经济与法律的交叉领域会相当受欢迎，有人外语优势明显，则前往与该外语国家交流密切的企业就非常吃香，还有人准备 CPA/税务师考试，则将来进入会计、税务岗位就会非常轻松，所以就业是自己的经历与能力选择的结果。

提前掌握交叉技能或硬技能，正如前文所言，课堂教学只能带给经济学学子一个学历帽子与知识背景，而当前大学就业竞争激烈，想要找到不错的工作光凭学历是远远不够的，需要提前积累所选择的就业方向所需要的技能。例如，打算进入国贸或涉外经济行业，那么英语口语必须足够好，同时也需要注意自身的形象管理等。从事会计、法律、税务类的工作，考取相应的从业资格证和更高阶的证书是非常必要的，这类证书往往备考时间较长，且有些只能在取得本科学位后才能参与考试，所以并不是很轻松就可以拿到的。其次，进入券商、投行等企业，数据分析的软件与工具的掌握也是非常必要的，需要学习诸如

python\R 语言 \SPSS 等数据分析处理工具。

选择发达地区的高校或保研率相对较高的高校就读，经济类专业在本科期间过分纠结小专业名字或专业排名是意义不大的，一方面宽口径培养，最后读研跨一个小方向是非常正常的情况，难度也不会很大。另一方面经济学类的本科课程并不是很难，并不需要多高的专业排名才能培养出更好的学生。不如打开思路，选择发达地区的高校，这里经济活动频繁，大型企业扎堆，在本科期间可以拥有更多更好的实习机会，同时这些地区的老师往往背景与能力也会更优秀。其次选择保研率高的高校就读，当下考研的难度一年比一年高，超过一半的同学在第一年无法进入自己理想的学校就读，所以保研率其实是面对当下考研难与考研热度居高不下的情况的一条重要的择校评价指标。

九、相近专业介绍

（一）经济学、财政学、经贸类本科专业择优推荐

（1）经济学：管理者孵化器

经济学是经济类专业中的基础性专业，经济学专业主要着眼于对经济学理论基础的研究，而经济类其他专业是对经济学某一领域的具体应用和拓展。

经济学专业毕业生就业去向分布比较广泛，经济学专业主要在综合经济管理部门、政策研究部门、金融机构和企业等，从事经济分析、预测、市场营销和经济管理工作，经济学有着"管理者孵化器"的美称。

升温明显，向"广"要"专"——经济学专业作为我国最早开设的经济类专业，近几年升温的迹象非常明显。一方面是我国市场经济的发展为经济学提供了广阔的舞台，提高了人们对经济学的认同度；另一方面是经济学专业知识涉及范围广，注重基础研究的特点，学生无论是就业还是深造都有充足的选择余地。

近年来，普通院校经济学毕业生的就业状况比较严峻，主要原因一是大部分比较理想的职位对学历要求较高，二是经济学虽然课程设置"广"，但存在专

业技能不"专"的弊端。因此该专业毕业生在广泛学习的同时，要力争具备一方面的专业知识和技能，可以参加报关员、注册会计师等考试，为将来的就业找好突破点。

(2) 国际经济与贸易：证书就是硬通货

国贸专业毕业生主要在会计师事务所、银行、外贸公司、证券公司、保险公司、期货公司、三资企业、政府涉外经济部门、国内的涉外企业和跨国公司在中国的分支机构等从事经贸业务、管理和宣传策划工作。

就招聘职位来看，以报关员、销售业务员、租船员、外事秘书、外贸业务员、销售主管等为主，大多为国际贸易实务。

国际经济与贸易是一门涉外学科，其核心就是"国际"这个词，这就对毕业生的外语水平提出了很高的要求，毕业后跨门槛的时候最好有英语六级或者商务英语证书，否则很容易被绊倒。如果参加外销员、报关员等相关资格考试，可以为就业增加筹码。

国际商务谈判师异军突起——国际经济与贸易专业是一个非常重视实践技能的专业，需要积累一定的工作经验，因此国际贸易专业毕业生的就业情况并不是很好。异军突起的国际商务谈判师，可以作为国贸专业毕业生的就业主要考虑方向。

根据近两年的行业发展，国际商务谈判会成为国贸专业就业的重要需求，主要涉及的领域有信息通讯、生物工程与医药、环境保护、新材料与新能源、现代农业、地球空间信息技术等专业，以及与奥运、世博会相关的建设，与市场开发领域的招商引资、海外融资、上市与开拓海外市场等活动。国际贸易的成交金额动辄数百万美元，对企业来说国际商务谈判师是外贸企业中不可或缺的人物。

其实在众多经济学类专业中，几乎所有专业都很好就业，薪资待遇也都比较好。但前提是要学得好，自身能力比较强，这样在就业的时候，才会有更强的竞争力。

经济学类下设的专业比较多，不同的专业，发展方向也不同。所以，大家在选择专业的时候，还是要考虑自身的情况和专业的特点来选择。想要学好经济学类的专业，在大学期间就不能只顾安逸，因为经济学类专业注定是要努力学习的，只有学得好，才能在未来激烈的竞争中，占据一席之地。学经济相关的专业，一般对于证书要求都比较高，所以，在校期间要努力学习。就业后要多积累经验，要知道工作越久，经验越丰富，薪资待遇就会越高。

（二）经济学、财政学、经贸类各专业就业前景

简单介绍一下经济学考研的几个专业的就业前景和就业方向，希望可以给选择专业提供一些参考。

（1）产业经济学就业前景

产业经济学实用急需，就业前景较好。产业经济学在当今中国已经成为世界工厂的大背景下即便走向世界也有说服力。它主要通过讲述产业结构、产业关联、产业组织及产业政策的内容，使学生了解和掌握常见的经济指标、基本方法，具有用基本理论分析现实中的某些经济现象和问题的能力，因此就业面相对来说比较广。

就业方向：毕业后在各级政府管理部门、科研院所、高等院校、公司、企业等从事经营管理，经济管理，经济分析、预测和规划，政策分析等工作，还可进一步报考相关学科门类的博士研究生，继续求学深造。

（2）国民经济学就业前景

国民经济学专业毕业的学生未来的职业主要集中在经济政治和经济规划领域，不过也可能进入职业教育规划、地区和组织规划领域，会计和财政领域，统计部门，或者执行其他的管理职能。除了大型工商业企业外，国民经济学毕业生通常也可以进入国家和国际性的政府机构和协会工作。

就业方向：本专业毕业生适宜从事经济理论和经济政策研究工作。在政府有关业务部门、政策研究部门从事经济监管工作；在大中型企业、各类银行及非银行金融机构从事劳动与社会保障以及人力资源管理工作；在高等院校、科学研究单位从事教学和研究工作。

（3）政治经济学就业前景

政治经济学理论研究水平在国内一直处于领先的地位，这种领先地位近年来得到进一步巩固。自 1996 年以来，本学科点的成员在《中国社会科学》《经

济研究》等重要刊物上每年都有论文发表，多次承担国家级和省部级重点课题，5 项成果获孙冶方经济学奖，多项成果获省部级优秀成果奖。本专业为我国培养了大批优秀的经济理论和经济管理工作者，许多成为著名专家、教授、学者和各级政府部门的骨干、领导者。多年来主要流向国家政策研究部门、政府部门、重点科研院所。近几年来，毕业生也进入新闻、金融、出版等部门。

就业方向：本专业的毕业生主要就业去向为国有大中型企业、外资企业、新闻媒体等。

近三年来就业去向主要有：北京高校管理工作岗位。如北京大学、中国传媒大学、首都师范大学、中央党校等；中央各部委，如商务部、中组部、发改委、教育部、财政部等；省市机关，如北京市教委、成都市委组织部、广州市政府等；大型企业，如深圳中兴公司、中国有色矿业建设集团有限公司、北大资源集团、通用公司等；新闻出版单位，如经济出版社、经济导报社、新华社、中国国际广播电台、法制日报社，等等；金融部门，如银监会、中国农业银行等。

(4) 国防经济学就业前景

当前，核扩散、资源争夺、环境外部性、种族冲突以及恐怖主义等问题对和平与安全构成严重威胁。来自军事和政治的危险可能比以前更多、更复杂。为此，政策制定者和研究者正在越来越多地应用经济学的方法和观点，来提高人们对这些问题的认识。

就业方向：该专业毕业生可去中央和国家的国防部门、解放军装备和后勤部门、军贸公司、军工企业，以及高等院校和科研机构等。

(5) 国际贸易学就业前景

目前，我国的国际经贸人才在数量上严重不足，在业务上、素质上符合国际贸易人才条件的人数不多。二十一世纪随着信息社会的发展，地球村的出现以及信息高速公路的建成，随之与国外的贸易往来将进一步增大，因此大批量地培养国际经贸人才已成为我国人才培育工作所面临的一项重要任务。

就业方向：在企业外贸部门中从事一般性进出口业务的谈判、生活及工作的接待专业人员，一般贸易交往中各种资料、合同的草拟、贸易交易实务、结算的实用型专业人员。三资企业中从事和参与企业贸易外事活动的实用型专业人员。旅游业、对外饮食服务和其他行业中，从事商贸活动，经营的实用型专业人员。跟经济相关的职业如银行、证券公司、期货公司、保险等相关领域的专业人员。国际贸易学专业就业率在所有专业中名列前茅，尤其是中国加入WTO后，对外贸人才的需求迅速提高。

（6）经济史就业前景

在理论经济学一级学科下，经济史作为二级学科，只是一个小学科，课时很少，甚至有边缘化的倾向，当然就不可能设置许多"闲人"。即使是已经很少了的编制，也不能保证"幸存者"们都有牢固的专业思想，其中经济学理论基础较好的人有可能进行"学术转型"，把精力转到容易拿到课题、板凳不十分冷的学科领域中去。

就业方向：毕业生大多是到高校、科研所等，当然如果有从事实际业务的本领，就业情景还是不错的，像经济学类的高薪职业主要有：特许金融分析师(CFA)、特许财富管理师(CWM)、基金经理、精算师、证券经纪人、股票分析师，可以转投研究这些领域。能在综合经济管理部门、政策研究部门、政府机关、科研和事业单位、高等院校、金融机构和企业从事经济分析、预测、规划和经济管理以及教学等工作。

十、其他

（一）金融读研需要（尤其是专硕）一笔钱

不少学校的金融专硕学费需要 5 ~ 10 万不等，对家境不太好的同学是一个考验。现在要想找个好一点工作的前提都是要取得硕士研究生学历，而金融学硕名额太少因此相当难考，金融专硕（俗称金砖）容易一点但学费高，例如五道口金融学院两年 12.8 万，人大金融硕士 13.8 万两年，中财 10.8 万两年，贸大 6 万两年，很考验家庭经济条件。金融管理类专业考证也是一笔费用，比如CFA，每级报名费折合人民币平均一万多，还有其他费用。这确实是个考验，但是只要能考上，工作半年到一年学费基本上就赚回来了。

（二）四大会计师事务所

俗称"四大"，即普华永道（PwC）、德勤（DTT）、毕马威（KPMG）、安永（EY）。"四大"工作强度特别大，特别是年审时，一天只睡两三个小时是常事，尤其是刚入职一到两年的新员工，熬夜加班是常态。但是如果能在"四大"待上 2 ～ 3 年，并且通过了注册会计师考试，那跳槽到券商、私募都将有极大的优势。因为"四大"的高强度工作节奏和严谨的工作习惯的培养，对于一个新人的成长来说是非常有帮助的。

第十一章 口腔医学类
——被誉为"金口腔"的专业

引言────────────────────────────

  根据阳光高考信息平台的统计，在我国口腔科医生与人口的比例是1：40000，而国际公认的合适的比例应为1：2000。我国现有口腔医生2.5万人左右，而与此同时却有25亿颗龋齿待填充，6亿颗错位畸形待矫正，超10亿人存在牙周问题。显而易见，我国口腔医生的数量远不能满足患者的需求。

  口腔医学是应用现代生物学、基础医学、临床医学、工程学以及其他自然科学技术的理论和技术，研究和防治口腔及颌面部疾病的一门独立的学科，是现代医学中的一个主要分支，在国内外都属一级学科。

  不了解口腔医学的人会认为口腔医学就是牙科，口腔医生就是看牙的医生，事实上，虽然大部分病人到口腔科都是为了看牙，但牙齿只是口腔医学研究的一部分，那到底什么是口腔医学？口腔医学的就业前景到底如何？如何选择和规划？希望本文能够解答各位家长和考生的疑惑。

一、口腔医学类专业介绍与特点

（一）什么是口腔医学类专业？

口腔医学专业是一门研究牙齿及其周围口腔颌面部软、硬组织的发生、发育以及其疾病的病因、发病机理、诊断与治疗等的实践性、综合性、交叉性很强的临床医学科学。它以研究口腔器官、面部软组织、颌面诸骨、颞下颌关节、唾液腺以及颈部某些疾病的防治为主要内容。口腔医学是应用现代生物学、基础医学、临床医学、工程学以及其他自然科学技术的理论和技术，研究和防治口腔及颌面部疾病的一门独立的学科，是现代医学中的一个主要分支，在国内外都属一级学科。

需要特别值得注意的是，口腔医学和口腔医学技术专业还是有区别的。首先，学科类别不同：口腔医学专业属于口腔医学类，授予医学学士学位。而口腔医学技术则属于医学技术类授予理学学士学位。其次，就业去向不同：想要成为口腔医生，必须通过口腔医师资格考试，但是口腔医学技术专业的学生则不可以考取医师资格证，只能考取技师证，成为口腔技师，在医院或口腔材料、器械、设备的制造和研发公司或者工厂等从事相关技术工作。

（二）口腔医学类专业的研究对象

可能很多人对牙医的直观印象还停留在电视、电影里那种街边大洋伞下摆摊的牙匠形象，是个"手艺人"。但其实，我们现在的口腔医生与那个时代的医生已经是完全不同的概念。以前的牙匠主要是采用传统的师傅带徒弟的模式，只注重学习操作。而现在，作为一名口腔科医生，需要学习与掌握系统的理论知识和扎实的临床技能。

口腔医学是高度专业化的医学门类，主干课程主要有三方面：基础医学、临床医学和口腔医学。口腔医学专业的学生前期基础课程与临床医学专业很相似，都要学习基础医学和临床医学的部分课程，在打好全面的基础之后，才开始学习口腔医学专业的基础及临床课程。开设口腔医学专业的院校，一般主要课程设置包含物理学、生物学、口腔解剖生理学、口腔组织病理学、口腔材料学、口腔内科学、口腔颌面外科学、口腔修复学、口腔正畸学等。具体到各院校，根据其开设专业、培养年限不同，课程设置有所差异。

（三）口腔医学类专业的前景解析

（1）专业前景优势

①朝九晚五不是梦。

医生群体是一个经常需要上夜班的群体，大多数情况下节假日都需要进行调休。但是口腔专业属于医学类专业中少数的不需要进行夜班工作的专业之一。因为口腔专业就业灵活度高这一优点，所以选择诊所就业，基本是朝九晚五的工作节奏。当然在综合类医院就职的话，像口腔内科、正畸、种植、修复这些科室上夜班的情况也是很少的，但颌面外科大夫还是相对辛苦些的。

②良好的收入水平。

口腔医生的收入水平因人因地因病不能一概而论，虽然不能和救命的大手术相比，但是一口牙也可以60万流水。随着人们生活水平的不断提高，对口腔的重视程度也在不断提高，现在很少有人小病熬到拔牙为止，也很少有人去不规范的口腔诊所，最后也很少有人使用铅汞合金这样的牙用材料。最近十多年来，随着社会的发展，民众对口腔健康的关心也逐渐提高，口腔医生的收入也随之水涨船高。

③有潜力的医学类专业。

某项调查显示，在一些口腔保健较发达的国家，平均每一两千人中就拥有一名口腔医生，相比之下，中国的口腔医生数量缺口较大，这也预示了我国口腔医学发展还有很大的空间。随着我国医疗事业的不断发展，人们经济生活、文化消费水平的提高以及对口腔健康的认识，我国口腔医疗服务需求总体处于快速增长的趋势。

④就业率高。

口腔医学专业是医学类中对口就业率最高的专业，如果同学们毕业进不了大城市大医院的口腔科，还可以选择去地级市医院或县医院，如果对工作单位、工作条件要求不是过高，口腔医学专业毕业生的就业一般不成问题。

当然，口腔医学专业毕业生的工作不局限于医院口腔医生这个职业。口腔医学专业毕业生的就业领域较宽，既可在医院从事口腔科工作，也可开设私人诊所，在美容院从事相关的面部整容和美容工作，在牙科医疗器械公司、牙膏公司、牙科材料公司等从事与口腔有关的销售工作，从事与医学教育、科研、临床实践相关的工作等。

（2）报考该专业需要考虑的因素

①风险性：血液传染、气溶胶传染，比如艾滋病、乙肝，但是只要严格执行卫生和规范要求，这些问题也是可以避免的。

②职业病：颈椎病。颈椎、腰椎问题属于牙医容易得的职业病，需要注意预防。

③录取分数比较高：在医学类专业中，口腔医学属于热门专业，在各大医学院的录取分数一般都要比临床医学专业高。

二、对口腔医学类专业认识方面的误区

（一）口腔医生=牙医？口腔医学只研究口腔？

口腔医学包括牙医，口腔是全身的一部分，也是大临床的一部分，而不是单独分出来的牙科。所以作为全身的一部分，并且和全身有千丝万缕的关系，才被称作口腔医学，所有的口腔医学生都要求学习大临床的知识。

口腔医学是成体系的，有自己的病理学（国外归属大临床的基础学科），有自己的预防医学（国外归属预防医学）；口腔颌面外科学也包括了牙槽外科、肿瘤外科、唇腭裂外科、创伤外科、关节外科、正颌外科，等等；还有和中国特色的中医有千丝万缕的口腔黏膜病学。

口腔专业的同学本科需要学习大临床的基础学科（生理、病理、药理等）和临床学科（内科、外科、眼科等），还要学习口腔的基础学科（口腔解剖生理学、口腔组织病理学等）和临床学科。研究生期间选择一个方向继续深造，有人专攻口腔正畸学，有人专攻肿瘤外科。口腔执业医师资格考试中包括了口腔颌面外科的内容以及大临床的内容，就像口腔科医生包括牙医，口腔医学研究的可不是只有小小的嘴巴。

口腔医学专业是一门研究牙齿及其周围口腔颌面部软硬组织的发生、发育以及其疾病的病因、发病机理、诊断与治疗等的实践性、综合性、交叉性很强的临床医学科学。它以研究口腔器官、面部软组织、颌面诸骨、颞下颌关节、唾液腺以及颈部某些疾病的防治为主要内容。所以我们可以从这里看出，口腔科不等于口腔，这绝对是一个值得我们努力探索的领域。

（二）"手残党"也可以学好口腔医学吗？

动手能力固然重要，但如果动手能力不是很好，也不用过于担心，临床本来就是一个熟能生巧的过程。你不但不能怀疑自己，还应该相信自己，即便是动手能力太差，具备理论知识，将来可以读研，从事口腔医学相关的科研工作。

但是笔者这里确实不建议是左撇子的考生报考口腔医学，因为课程、教材与老师都是针对右撇子进行教学的。

（三）同为医学类专业，口腔医学生好找工作吗？

口腔医学专业相对比较好找工作，主要看个人意愿。

随着经济水平的不断提高，大众对于口腔的保健和需求也逐渐增长，相关口腔医学专业学生的就业市场和前景也逐渐扩大，学好口腔，未来将大有可为。

口腔医学的就业特点就是你既可以在公立医院找到工作，也可以在民营诊所或者医院找工作。

假设你想在一、二线城市找公立医院的工作，最好五年本科毕业后考上口腔医学专业的研究生，研究生毕业后再找工作，相对容易；假如你不在一、二线城市，可以毕业后参加公立医院专门的三年规范化培训，再寻找三、四线的公立医院口腔科的工作。

假设你想找民营口腔医院的工作，那么就对学历要求没有这么多，但是技术以及个人沟通能力要过硬，当然现在很多大型民营口腔也有组织各类培训和学习帮助应届毕业生熟练掌握技巧。

（四）医院是口腔医生唯一的归宿？

口腔医学专业的毕业生不仅能当牙医，还能当口腔科医生。

按相关数据表示，一线大城市尚且有 3 万口腔科医生的缺口，而普通二线三线大城市缺口会更多。所以说学生想学医，可以把目光从临床医学上挪到口腔医学上。

出路一：医院口腔科医生

口腔医学的学生，毕业最对口的工作就是各大医院的口腔科医生。要知道口腔医学和临床医学是平行的，口腔医学的学生也能当医生，而且负责口腔科，并不只负责牙齿这一块，而且当医生收入稳定。一般硕士研究生或者名校本科生，即可进入市区级别的医院。

出路二：科研工作

如果学生本身的成绩非常好，非常优秀，建议尽量提升自己的学历。要知道在国内每 2 万到 3 万人当中仅有 1 名口腔医生，而我国人口基数庞大，也就意味着存在大规模的市场。不论是实践技术还是理论研究，都急需大量的人才投入。而高端的人才可以从事科研工作，致力于研发更高科技的产品。

出路三：开牙科诊所

在医院里工作确实很稳定，但对应的收入并不会太高。因此很多有从业资格证的医生会自己开诊所。而口腔医学的学生最直接的创业方式就是开牙科诊所，要知道现在的牙医，洁牙师收入是比较高的。况且如果学生是口腔医学毕业的，也算是专业对口，优势会更大一些。

出路四：美容机构面部整容工作

实际上，口腔医学专业的学生毕业出路比较广。如果既不想到医院当口腔科医生，也不想创业开牙科诊所，那就可以到美容机构做面部整容工作。随着生活水平提高，越来越多的人愿意在美容这一块花钱，尤其是牙齿的矫正、口腔的矫正等方面。因此口腔医学院的学生可以考虑在美容机构里工作。

出路五：销售

如果学生耐不住寂寞，坐不住冷板凳，也可以尝试销售工作。毕竟不同行业的销售特色不同，也需要有专业知识的人来总结一些话术。随着生活质量的升高，大家对口腔的健康愈发重视，身边的口腔科医院或者机构也在与日俱增，他们也需要专门的仪器，因此市场也在逐渐变大。所以，学生也可以从事销售相关工作。

三、口腔医学类专业学习内容

（一）核心课程

总体上来说，口腔医学的课程开设非常灵活，包括临床医学的相关理论知识，也包括基础医学理论方面的知识，还有最主要的就是口腔疾病的整治预防，还包括一些物理，化学方面的知识。

（1）基本医学理论知识：《人体解剖学》《组织学与胚胎》《生物化学》《细胞生物学》《生理学》《医学微生物学》《医学免疫学》《病理学》《病理生理学》《药理学》《人体形态学实验》《医学生物学实验》《医学机能学实验》《病原生物学与免疫学实验》《医学伦理学》等。

（2）临床医学理论知识：《诊断学》《外科学》《内科学》《耳鼻咽喉头颈外科学》《卫生法学》《医学心理学》《眼科学》《皮肤病学》《儿科学》等。

（3）口腔基础学理论知识：《口腔解剖生理学》《口腔组织病理学》。

（4）口腔临床医学理论知识：《口腔颌面医学影像诊断学》《牙体牙髓病学》《牙周病学》《口腔黏膜病学》《儿童口腔医学》《口腔颌面外科学》《口腔修复学》《口腔正畸学》《口腔材料学》《预防口腔医学》。

《儿童口腔医学》主要学习儿童的龋病、牙髓病、根尖周病、牙外伤、牙周组织疾病及常见黏膜病等临床常见疾病的诊断及治疗等。

《口腔修复学》主要研究用符合生理的方法修复口腔及颌面部各种缺损畸形。

《口腔解剖生理学》主要研究人体口腔、颌面、颈部等各部位的形态结构，尤其是牙的正常形态、咬合关系、发育规律以及口腔生理功能。

《口腔黏膜病学》主要研究口腔黏膜病概论、口腔黏膜的感染性疾病、口腔黏膜变态反应性疾病、口腔黏膜溃疡类疾病、口腔黏膜大疱类疾病、口腔黏膜斑纹类疾病、唇舌疾病等。

《口腔药物学》主要研究不同群体口腔用药的特点和原则、口腔科消毒防腐药、牙体牙髓病用药、抗菌药物、口腔科常用心血管系统药物、全身麻醉和局部麻醉药物、镇痛药和催眠药、骨骼松弛药物、维生素类药物、抗肿瘤药等。

《口腔微生物学》主要研究口腔颌面部解剖生理、口腔微生物概论、厌氧球菌、口腔真菌、口腔病毒、口腔原虫、口腔微生态系、牙菌斑、口腔常见感染性疾病、龋病、口腔感染的常用药物等。

《口腔组织病理学》包括口腔组织胚胎学和口腔病理学，前者学习口腔各部分组织的结构及形态学表现，后者学习口腔颌面部的发育过程，口腔颌面部常见疾病的病因、病变机制、病理变化及临床特点等。

《口腔正畸学》主要研究错畸形的病因机制，诊断分析及其预防和治疗等

（5）公共基础与通识课程:《马克思主义基本原理》《思想道德修养》《医患沟通与技巧》《大学英语》《高等数学》《医用物理学》《无机化学》《有机化学》《医学统计学》《流行病学》《预防医学》《文献检索》等。

（二）课程特点

第一大显著特点：学的东西比较多，口腔医学本科不代表你只学口腔，大临床的解剖、病理、生理、外科学、内科学一个都不能少。口腔医学生在本科五年内不仅要学习本专业的课程，临床医学与基础医学的课程也是占很大比重的。但是千万不要以为这些学科对你没有什么用处，因为接触过这些东西才能为你的未来提供更多的可能性。大四一年你会学到作为一名口腔医生所需要的95%以上的知识，如此高密度的口腔专业知识冲击会令你疲惫不堪同时也异常兴奋。因为这些内容不就是你等待三年甚至更长的知识吗？

第二大特点：侧重操作，相对于临床医学生，我们口腔专业的同学更容易获得实践和动手机会，雕牙，备洞，备牙，掏根管。口腔医学的专业知识是我接触过的所有学科中，最形象而且最有即战力的学科。甚少有学科会如此侧重于操作，书中的内容简单到你只需要按图索骥，就能完成大部分的口腔治疗，你需要的只是熟练和经验而已。

（三）口腔医学类专业学习的乐趣与难点

（1）在学习口腔医学过程中，有可能遇见的困难是？

在学习中，我们通常需要慎重思考怎么处理好书本知识与临床实践之间的关系。我们的大多数学生，今后都是要当医生的。我们的工作对象主要是患者，那么如何从书本知识的学习、实验模具上的训练过渡到患者身上的实际治疗，

这是最需要我们下功夫、使力气的地方，也是每位合格的医生都必须经历的过程。但无论你从事什么职业，总要经历万事开头难的阶段，但医学绝对是一个你努力了就绝对不会辜负你的学科。

（2）口腔医学为什么具有极大的吸引力？

以下是摘抄浙江大学王慧明教授的一段话，从开始接触口腔专业至今，转眼 30 多年过去了。我从一个"阴差阳错"学了医的学生一步步成长起来，感触很多。如果非要说最吸引我的地方，我想应该就是这个职业所带来的成就感，以及那种激励你永不懈怠的使命感。作为一个口腔颌面外科的医生，我做过很多例口腔肿瘤及颌面部畸形的手术，在绝大多数情况下，给患者带去的不仅是外观上的焕然一新，还有他们的人生。这种时候，是身为医生最幸福的时候。作为一个过来人，我也想给我们口腔专业的学生——未来的口腔医生们一点忠告：医学的道路没有捷径可走，如果你选择了学医，选择成为一名医生，那你就要做好不断思考、不断学习、不断进取的准备。

四、口腔医学类专业适合哪些学生

在我看来，稍有动手能力和空间想象力的人都可以适合学习口腔医学，因为口腔医学的适用性和包容性如此之强。

你不善言辞，你可以日后走学术派的专家路线，你只需要积淀而已；

你动手能力巨强，你单位时间创造的财富会比别人强出几个档次；

你善于总结思考，你会在工作中越来越少犯错；

你想深入学习，可以考口腔医学博士后；

你想早点养家，口腔医学专科也可以考取执业医师，无差别用劳动换取财富；

你想更上一步，国内五大名校考研难度也并非登天；

你不想当牙匠，口腔颌面外科是选择项；

你不想做手术，口腔正畸科是钳端工程师；

但是口腔医生也是有风险的，对于医疗风险的管理和控制并不能像大多数临床医生一样有很多人承担责任，口腔医生大多数时候是要独自面对一切。

五、口腔医学专业就业介绍

目前，我国牙病患者比例高，数量大，看牙病的人越来越多，而口腔医生严重不足，因此口腔医学在我国还有相当广阔的发展空间，就业前景广阔。

虽然不是每个毕业生都可以在大医院就业，但是口腔专业毕业生只要不对工作单位及条件要求过高，就业一般不成问题。尤其我国地、县级医院或口腔医疗机构、城市社区医院等都非常需要口腔科医生，此外口腔医生也可以独立作战，开设私人诊所。这样更容易在行业就业，在为患者提供医疗服务的同时，自己也能获得较高收入。

（一）口腔医学就业方向解析

（1）医院

进入医院工作的门槛相对较高，总体来说，口腔专科三甲医院，一般都是博士起步；重点综合三甲医院和比较厉害的口腔专科三乙医院，外科正畸等一般要求博士起步，其他科室看规模，一般最低要求要硕士及以上；普通三甲和一般专科医院，一般要求硕士及以上。

二级医院和一般的专科门诊，一般本科毕业拿到执业证的就可以；一般有附属医学院的教学医院，学历要求要更高一点。现在还有规培住院医师毕业的群体，国家定位是专门做临床的高层次人才，能力和待遇同硕士，但是实际就业时比本科有执业医师证的有优势。

医院的口腔科或者专门的口腔医院，分科会很细，口腔科包括口腔颌面外科、修复科、正畸科、牙体牙髓科、牙周科、种植科，等等，各个科室有自己的分工和职责。

①口腔颌面外科。

有的医院还会再细分成牙槽外科组、唇腭裂组、外伤组、肿瘤组，等等。实际上这是口腔科最像医生的一个科室。这个科室的工作基本上和其他外科医生无异，出门诊、管病房、做手术。此外还有值急诊班的医生，处理一些简单外伤、清创缝合之类的或者严重的直接收治入院。

相对于其它口腔科医生，颌面外科医生比较辛苦，加班加点也比较常见，而且不同组的工作强度、手术时间长短也不尽相同。

②修复科。

主要工作就是对患者的缺失牙或缺损牙体进行修复以恢复其功能和美观，直白又片面地说——镶牙的。修复科的医生根据病人的情况做出设计，技工室的技工将设计变成实物。一个好的修复体需要医生、技工乃至患者的良好配合。修复科基本上没有急诊，医生通常就是朝八晚六出门诊，周末轮流值班，生活相对规律。

③正畸科。

俗话说就是帮人戴牙套的科室。初来乍到一个病人，正畸医生需要先和患者沟通了解其想要解决的问题和期望达到的效果、采集病史、取模、拍片子、分析模型数据、给出诊断及几套矫治方案，和患者沟通后定下最满意的方案。在患者完善戴矫治器之前的准备后，才能开始戴矫治器，这通常需要两周到一个月的时间。之后就是月复一月的复诊。正畸科没有急诊，正畸医生也是出门诊，偶尔周末值班，相对轻松。

④牙周科。

牙龈出血及口臭是牙周病最常见的表现之一，中国大约 70% 的人口都患有不同程度的牙周疾病。总体来说牙周病属慢性病，牙周科医生通常也是出出门诊、周末偶尔值班。

总的来说，口腔医生想要在医院工作，学历要求还是非常高的，相对于临床医生，各医院对口腔的招收岗位也不是很多，所以如果真的想要选择医院，学历、能力的要求都很高。至于薪资，大家一定要明白，不同城市，不同医院，不同科室，不同的学历以及不同的工作年限，都有很明显的差距。虽很多人都说金眼科银口腔，但是有利肯定就有弊，所以大家还是要理性选择。

(2) 口腔诊所

口腔诊所也可分为连锁类高端诊所以及私人诊所。近几年来口腔诊所也是迅速发展，提供了很多工作机会，且诊所工作，时间相对医院也更加自由，选择诊所，也可以说就可以过上朝九晚五的生活了。口腔与临床相比，最显著的一个优势，可能就是口腔诊所。

首先，我们先一起了解下目前我国口腔诊所的相关情况：

①中国民营口腔医疗服务市场分类情况。

从民营口腔医疗服务市场分类来看，民营口腔医疗机构主要有民营口腔医院和口腔诊所，其中诊所又分为连锁式诊所和个体诊所。民营口腔医院主要分布于东部发达地区，一般规模小于公立医院；但与口腔诊所相比，规模相对较大，设备较为精良，数量相对较少。

连锁口腔诊所主要分布于北上广深等一线城市，就医环境较好。非连锁口腔诊所，是民营口腔医疗机构的主体，绝对数量较大，主要定位于中低端市场。

②中国民营口腔医院数量逐年上升。

口腔医疗机构发展有两种趋势，一种是大型的专科口腔医院，一种是专业的私人诊所。欧美发达国家的口腔科主要以私人诊所为主，人们对牙齿的保健意识很强，对牙科诊所的需求和资金投入都足够支撑起这个行业的发展，而我国的国民经济条件和人民的健康意识决定了在相当长的一段时间内，我国将以大型专科口腔医院为主，而连锁化是其最佳的经营模式。

近年来我国民营口腔医院发展态势比较迅猛，在 2019 年民营口腔医院占比已经达到了 81.69%，比 2016 年上升了 11.69%。民营资本大量流入加上国家政策的支持将会为未来民营口腔医院注入强大的发展动力，到 2021 年我国民营口腔医院将达到 866 家，在口腔医院的占比将超过 83%。

③民营口腔医疗机构的特点。

从数量上来看，民营口腔医疗机构数量多、规模较小、分布广。对于经济相对落后的地区，民营医疗机构能为当地居民提供口腔医疗保健。

从管理体制和运作模式来看，民营口腔医疗机构为发达城市缓解看病难的问题，同时还能为病人提供个性化服务，且后续病情追踪服务较好。

从具有特色的专业性来看，民营口腔诊所，如儿童牙科诊所、专门服务于境外人士的专科诊所等，为许多患者带来了便利，满足了不同患者的需求。

④口腔诊所的执业要求。

一些高端诊所对于学历、工作经验等还是有些要求的，职位要求如下：

a. 全日制统招本科以上学历，学士学位，口腔医疗专业，取得医师执业证书；

b. 有临床工作经验，本科学历者八年以上临床工作经验，硕士五年以上临床工作经验，博士三年以上零工作经验；

c.有三甲医院或高端诊所从业背景，境外口腔临床工作经验者优先；

d.熟练掌握一门外语优先；

e.规范娴熟的医疗技术和医患沟通能力；

f.具有良好的服务意识和长期发展的心态。

工作时间：8小时工作制，无夜班，每周轮休2天。

薪资结构：固定月薪＋月度奖金＋年终奖。

普通诊所的招聘要求及待遇一般如下：

a.具有口腔专业医师执业证及以上专业技术职称。

b.具备以上两个条件，且具有公立三甲医院及高端诊所从业经历者优先考虑；

从这里我们其实也很容易看出，诊所和诊所也肯定是存在区别，招聘条件不同，那势必意味着工资、待遇及福利的差别。

笔者认为如果本科毕业后不继续深造，最好先选择比较好的三甲医院规培，那里有资历更丰富的带教老师，且综合类医院，所见的疑难杂症类型更多一点，绝对是提升自己的好机会，而诊所主要还是以盈利为目的。

（3）学校或研究所

或许你选择了学医，但在学习过程中你又发现，你更喜欢的还是学术研究，更享受专心实验的状态，那留校或者研究所的工作更适合你吧。

大学任教条件：

高校招聘需要一般满足以下要求：

A.文凭要求

目前，一般的大学最低的学历要求是博士，最好是名校毕业或者海归博士。一般大学附设的独立学院、职业技术学院等，硕士学位基本满足要求，但待遇一般，也就图个安稳。

B.学术研究成果

这要求应聘者最起码要在省级以上的权威刊物中发表过学术论文。在某一行业领域要有自己的学术成果。

C.较高的自身素养

这是所有教师都应该具备的道德标准，应聘者不仅要有丰富的教学经验，还要热爱教育事业，有良好的师德。

(4) 自主创业

拥有一家属于自己的牙科医院（诊所），是每一位牙科医生心中的梦想。

那开一家口腔医院（诊所），除了要有过硬的技术之外，还需要具备相应的条件，以及顺利通过整个流程审核，相关细节这里不再赘述。

（二）我国口腔专业人员执业现状

（1）1949 年全国牙医总数为 565 人（大多数未经过正规教育）。

（2）1999 年正规医学院校毕业的口腔医师数量为 37500 人，每年约有 1500 名口腔医学生毕业。

（3）有报道指出，中国目前有 20000 万 ~ 30000 万名非大学毕业者正从事口腔临床工作。

（4）卫健委 2013 统计年鉴数据，2012 年底中国的牙医执业（含助理）人数为 11.6 万人，其中执业医师 9.4 万助理执业医师近 2.3 万。统计年鉴数据显示，牙医执业（含助理）人数 2010 年 11.1 万，2012 年 11.6 万，两年增加 5000 人，年均增长 2.25%，按此估算，2014 年底，中国的牙医执业（含助理）医师数量在 12 万 ~ 13 万人之间。

（5）卫健委的数据显示，中国百万人口腔医生人数，全国平均数为 85 人，即使最高的北京达到 294 人，也远低于欧美发达或中等发达国家的 500 ~ 1000 配比率。数据显示，2012 年 11.6 万牙医执业（含助理）医师中，11869 人在口腔专科医院工作，1139 人在口腔病防治所 (站、中心) 工作，两者约占 11.21%，其中民营牙科医院的执业医师（含助理）人数占比约为 20%，其余近 70% 分布在 15000 家左右综合性医院的口腔科（含公立和民营综合医院）。

（6）我国口腔卫生资源分布状况极为不均。设备、人员基本集中在大中城市，小城镇接受过正规教育的牙科医生数量很少，广大农村和边远地区几乎没有。

（三）口腔医学专业学硕与专硕解析

（1）需求与就业矛盾突出

中国口腔医生的潜在刚性需求旺盛，虽然口腔医学毕业生持续增加，但现实需求疲乏，就业率呈下降趋势。

口腔医学毕业生人数急剧增加，但与之相矛盾的是每年社会对口腔医学毕业生的需求数量却增速有限。虽然有数据表明口腔专业毕业后就业率95%以上，但大多数毕业生却很难进入三甲医院，出现工作好找，好工作难求的局面。医疗卫生事业改革使各大医院、医疗单位用人自主权增加，很多医院减员增效，靠提高质量增进效益来促进发展，对人才质量的要求明显提高。

近年来，各层次医学毕业生逐渐呈现这样的趋势：硕博士就业基本持平，本科生就业已经出现供过于求，专科生供远远大于求；其中，重点院校比普通院校就业率要高。口腔本科生很难进入二甲以上大医院。因此，整体上口腔医学毕业生就业的难度在今后几年将会越来越大。

（2）结构性就业困境

①大城市口腔医疗人才需求缩减，基层医院求贤若渴，但"门可罗雀"：经过多年的不断培养，大城市的口腔医疗人才已经到了基本饱和的状态，难以大量接收口腔毕业生，由于可供选择的毕业生较多，大医院都基本上都要求具有硕士或博士以上学历。中小医院、偏远地区医院对口腔本科生有强烈的需求，但由于条件相对较差，很多口腔毕业生不愿去。如今招聘会可以看到这样的场景：大城市大医院招聘台前门庭若市；中小医院、偏远地区医院态度热情但无人问津。

②公立口腔医疗机构人才需求下降，民营口腔医疗机构特别是大型口腔连锁机构需求旺盛。一方面，口腔医学生到民营机构就业的比例越来越高。2009年以前到民营机构的口腔专业毕业生只占10%左右，近年，这一比例已达到30%—40%。民营机构已逐渐成为口腔医学专业毕业生的主要去向之一。另一方面，口腔专业毕业生到民营机构就业的主动性不高。就业的第一选择还是考虑升学或到公立医疗机构，其次选择到省、市级医院参加规培，最后才会考虑到民营机构就业。

（3）口腔医学生择业观念陈旧

过去几年口腔医学毕业生就业形势较好，部分口腔医学毕业生由于专业优势缺乏竞争意识，没有紧迫感。在当前严峻的就业形势面前，部分口腔医学毕业生的择业观念陈旧，追求高薪、舒适、有名气的大医院，向往轻轻松松地做一名口腔医务工作者，而没有把目光投向民营口腔医疗机构或者口腔相关行业。

六、口腔医学专业升学介绍

（一）口腔医学升学现状

随着社会进步和医学科学的发展，医学知识日新月异，学科门类众多，高等医学教育具有课程多、知识量大、学制长等特点。欧美等发达国家的医学教育均为精英化教育，一名合格的临床医生的培养与成长必须经过研究生教育，取得医学博士学位。所有医学生都明白，要想成为一名优秀的医生，必须同时具备优秀的学术研究能力和良好的临床专业技能，而攻读研究生是培养这两个能力的必由之路，这就催生了"考研热"。

在高等医学教育全过程中，实践部分占 50% 以上的比重，这和其他专业教育区别较大。与其他专业的硕士研究生考试不同，医学综合涵盖了医学中主要的基础课程和临床课程，如临床医学专业要考的西医综合囊括了生理学、生物化学、病理学、诊断学、内科学、外科学等 6 门学科，知识体系庞大，内容繁多复杂，大多数需要记忆，复习备考需要耗费大量的时间和精力，医学生考研势必会挤占大量实习时间，分散学习精力，导致无法保质保量地完成临床实习任务。

面对严峻的就业形势，一些毕业生也做好了两手准备，一边找工作，一边准备考研，这或许就是在逃避就业现实。然而不得不说的是，在这种就业形势严峻的情况下，考研也就成为一个不错的选择，既能在校园里继续享受单纯的生活，学习掌握更多的知识，同时也能够暂时有效地规避现实的就业压力。根据了解，目前，考研已经成为临床医学专业学生最多的选择，考研人多，落选的自然也多，因此连续考几年的也大有人在。在许多医学院校里出现了一个新的名词——"不就业族"。"不就业族"中大部分人想考研，小部分是想申请出国留学或自主创业。

口腔医学硕士专业主要是为了培养更加高层次的口腔医学人才，提高我国口腔临床治疗的整体素质及水平。可能很多人觉得口腔医学就仅仅是看牙齿问题，其实不然，牙齿只是口腔医学研究的一部分，还有一些口腔肿瘤或正畸，等等，也属于口腔医学的专业范畴，口腔医学是一个交叉性很强的临床医学专业，也是现代医学中的重要分支。

（二）学术型硕士相比专业型硕士

优势：

①研究生三年时间有至少两年半是在科研岗位，也就是实验室度过，一般招学硕的导师在基础科研方面都有一定的造诣，在他们手底下你的科研水平能够得到很好的锻炼，只要自己积极一点，听导师的安排，多跟导师进行沟通交流，在硕士阶段基本上可以取得一定的科研成果。

②另外由于不需要花费心思在临床上，时间相对自由，在完成导师布置的任务的情况下，自己可支配的时间较多。

③能招学硕的导师基本上都是博士生导师，而且绝大部分导师拥有让学生直博的名额，导师更愿意让之前就一直从事相关课题研究的学生继续读博接着硕士的课题做，毕竟博士才过来的外校的学生要上手接自己的课题还需要花些时间，只要你能够努力能得到导师认可，学硕直博的机会会比专硕大。

弱势：

①比较明显就是硕士毕业后想在临床岗位工作还得要接受三年的住院医师规范化培训，并且硕士就业会难于专硕的同学，因为专硕是四证合一，更受医院招聘的青睐。

②学硕大多以实验、论文、上课为主，对以后评职称有好处，空闲时间可以跟导师申请上临床，不至于手太生疏。专硕以临床为主，接触病人，疾病类型多，三年后技术会比学硕好，而且毕业时能获得规培证，但是也要搞科研发毕业论文。

（三）历年口腔医学考研国家线汇总（2016—2022年）

2022年口腔医学考研国家线一区总分为309分（单科线分别为43分、129分），二区总分为299分（单科线分别为40分、120分），一区是经济、教育强省，总分通常比二区高10分左右，以下是历年口腔医学考研国家线汇总，供参考（数据来自研招网）：

表 11-1 历年口腔医学考研国家线汇总（一区）

年份	学硕/专硕	一区/二区	门类/专业	总分	满分 =100	满分 〉100
2022	专业学位	一区	口腔医学	309	43	129
2021	专业学位	一区	口腔医学	299	41	123
2020	专业学位	一区	口腔医学	300	42	126
2019	专业学位	一区	口腔医学	305	43	129
2018	专业学位	一区	口腔医学	300	40	120
2017	专业学位	一区	口腔医学	295	40	120
2016	专业学位	一区	口腔医学	295	41	123

表 11-2 历年口腔医学考研国家线汇总（二区）

年份	学硕/专硕	一区/二区	门类/专业	总分	满分 =100	满分 〉100
2022	专业学位	二区	口腔医学	299	40	120
2021	专业学位	二区	口腔医学	289	38	114
2020	专业学位	二区	口腔医学	290	39	117
2019	专业学位	二区	口腔医学	295	40	120
2018	专业学位	二区	口腔医学	290	37	111
2017	专业学位	二区	口腔医学	285	37	111
2016	专业学位	二区	口腔医学	285	38	114

口腔医学专业：根据相关规定，"招生单位自主确定并对外公布报考本单位临床医学类专业学位硕士研究生进入复试的初试成绩要求，以及接受报考其他单位临床医学类专业学位硕士研究生调剂的成绩要求。教育部划定临床医学类专业学位硕士研究生初试成绩基本要求供招生单位参考，同时作为报考临床医学类专业学位硕士研究生的考生调剂到其他专业的基本成绩要求。"

说明：

A.国家线是考研进入复试的最低分数线，不仅总分要过线，而且单科也要过线，各学校通常会在国家线基础上划定学校各专业复试分数线，通常会比国家线高，当然很多非热门学校基本过了国家线就可以进入复试。

B.一区：报考地在北京、天津、河北、山西、辽宁、吉林、黑龙江、上海、江苏、浙江、安徽、福建、江西、山东、河南、湖北、湖南、广东、重庆、四川、陕西等21省（市）。

C.二区：报考地在内蒙古、广西、海南、贵州、云南、西藏、甘肃、青海、宁夏、新疆等10省（区）。

D.满分等于100的为政治和英语，满分高于100的为专业课，单科总分加起来并不等于总分。

对比近几年口腔医学专业硕士考研国家线分析可得，学硕和专硕的总分每年都差不多，对比总分可得到：近几年口腔医学专业硕士考研国家线基本处于上涨趋势，2022年更是比2021年大幅提高。因此，对于考研备考口腔医学专业硕士的考生来说，建议大家严格要求自己，分数越高，上岸的机会才能更大。

报录比分析：

临床医学考研录取率在三分之一左右，进入复试后，有的院校按1:1.2进，有的按1:1.5进，一些院校的热门专业，以及八大名校，这个分母可能还会更高。

七、报考建议

（一）学科排名

口腔医学专业学科评级来自2017年底教育部公布的第四轮全国口腔医学学科评估结果。

扫二维码查看详细评估结果
（请看口腔-表3-口腔医学第四轮学科评估）

（二）报考建议

在选择报考医学类专业前，"自己是否需要学医""自己是否真正喜欢医生这个职业"，这是大多数考生应该首先要考虑的问题，而不是"我妈或者我爸让我学医"。

一般来说大家对临床医学比较了解，反而对口腔医学知之不多。一提起口腔就想到拔牙，这是偏见。合格的口腔医生不到万不得已是不建议拔牙的。

至于口腔的重要性，生理方面相关的就不需要笔者多说了，在外观方面，大家可以看看身边朋友整牙前后的脸部变化，口腔的重要性可见一斑。还有，对于危重头颈部外伤患者，急诊时也需要口腔医学专业的医生参与会诊，这方面，上海交通大学的口腔颌面外科走在前面。

笔者的建议是如果毕业以后真正想从事医生这个行业，那么还是优先报考临床医学专业。如果想毕业以后，工资收入高而且就业环境好，不想每天在医院待着，那么可以优先考虑口腔医学专业。

但是你要知道，口腔医学在各大医学院的录取分数都要比临床医学专业高。所以说想要读口腔医学专业还是要有一定的实力和较高的高考成绩。

如果你的高考分数达不到读口腔医学专业的分数，那么可以考虑临床医学。总之这两个专业都是医学类专业中的热门，也是非常受欢迎的医学专业。

真正想要从医的同学们都要考虑清楚，并且也可以适当参考家长的意见。但是自己是否真正喜欢临床医学或者医生这个职业，还要尊重自己的内心，也不要盲目攀比或者说看工资收入高就草率做出最后决定。

八、口腔医学专业学长学姐说

一个好的计划能给我们带来动力，当我们还在徘徊不知道我们将来要做什么的时候，那就像是一个没有指南针的船在浩瀚无边的海洋中航行一样，只会不停地在同一个地方犹豫不决。所以我们应该对自己的将来有个计划，就像在我们人生的道路上点亮一盏指路灯一样，让我们的人生更加精彩。尤其是在当今社会中，竞争如此之激烈，怎样在这样的社会中发挥自己的优势，能在社会中立于不败之地呢？罗素说过，选择职业，就是选择未来的自己。是的，就是规划，这就是我们领先于其他竞争者的最佳选择。

职业分析：口腔医学专业学生主要学习口腔医学的基本理论和基本知识，受到口腔及颌面部疾病的诊断、治疗、预防方面的训练，具有口腔常见病、多发病的诊疗、修复和预防保健的基本能力。口腔科医生的就业领域较宽，既可在大医院从事口腔科工作，也可开设私人诊所，并且能在美容院从事相关的面部整容、美容。毕业后还从事与医学教育、科研相关的工作：教师——在医学院校从事口腔医学教学工作；科研工作者——研究口腔疾病的发生、发展、预防及治疗。也有毕业生做销售人员——到牙科医疗器械公司、牙膏公司、牙科材料公司等从事营销工作。

职业定位：首先要对牙科医师临床技能有一个实事求是的衡量。过去那种磨牙—充填—收费的私人开业模式已不适合当今时代了。要想在私人行医这个行业立足，牙科医师必须提供完善的牙科服务。长时间待在公立医院的牙科医师们对一些新的治疗技术缺乏了解，如牙髓治疗、种植、冠桥修复和美容牙科等这些在公立医院由专家们所掌握的技术。

实施计划：在校期间，大家一定要学好专业知识，增加英语词汇量，熟记词汇，英语过四六级，为以后考研考博打下坚实的基础。丰富计算机知识，尽量考取计算机二级证书。

1.掌握基础医学和临床医学的基本理论知识和实验技能；

2.掌握口腔医学各学科的基本理论知识和医疗技能；

3.掌握口腔及颌面部常见病、多发病的诊治和急、难、重症的初步处理能力；

4.具有口腔修复工作的基本知识和一般操作技能；

5.掌握文献检索、资料查询的基本方法，具有口腔医学科学研究和实际工作的初步能力；

6.熟悉国家卫生工作方针、政策、法规。

九、相近专业介绍

（一）口腔医学与临床医学的比较

（1）都属于医学专业，但是有区别

临床医学专业属于医学类专业下面临床医学类专业，临床医学类专业还包括麻醉学、医学影像学、眼视光技术、精神医学、放射医学等专业，这些专业都和临床医学是同一个等级的专业。口腔医学属于医学类专业下口腔医学专业，口腔医学的专业下面就只有一个专业口腔医学，没有其他专业。

临床医学与口腔医学专业学科划分临床医学和口腔医学是一级学科名称，工作后细分还需要看看二级学科，2011年3月8日，国务院学位办颁布了新的学科目录设置。

临床医学属于医学（门类代码10）下属的一级学科，学科代码1002，以下又分为17个二级学科，分别是：

内科学、儿科学、老年医学、神经病学、精神病与精神卫生学、皮肤病与性病学、影像医学与核医学、临床检验诊断学、外科学、妇产科学、眼科学、耳鼻咽喉科学、肿瘤学、康复医学与理疗学、运动医学、麻醉学、急诊医学。

这里要注意的是，在一些医学院，很多二级学科是单独招生的，比如影像，比如麻醉，而护理学先期是临床医学的二级学科，后来也独立了，成为与临床医学并列的一级学科。

不是说学了临床就一定非常辛苦，临床也有轻松的，比如眼科学；也不是说喜欢检验就必须学医学检验专业，若临床医学的研究生阶段学了临床检验诊断学，那不但可以去检验科工作，还可以考执业医师证书。

口腔医学属于医学（门类代码10）下属的一级学科，学科代码1003，以下

又分为 2 个二级学科，分别是：口腔基础医学（100301）口腔临床医学（100302）。

虽然口腔医学二级学科目录还包括：口腔牙体牙髓病学、口腔牙周病学、口腔修复学、口腔正畸学、口腔颌面外科、口腔种植学等，这些在读研阶段就会细分。

（2）所授学位和修学年限

临床医学和口腔医学共同的特点都是本科修学年限 5 年，毕业颁发的学位是医学学士学位。因为我们知道由于医学专业的特殊性，大多数医学专业的本科教学年限一般都是 5 年，但是也有例外。

比如一些医学技术类的专业，它的修学年限就是 4 年，比如医学检验技术、医学影像技术、眼视光技术等这些医学技术类的专业修学年限一般是 4 年，但是这些专业毕业以后所颁发的是理学学士。

（3）学科内容

临床医学是一个大的医学范畴，学的东西太多。比如内科学、儿科学、病理学、手术学、医学影像学等。如果说你想真正成为一名医生，最好的选择就是读临床医学专业。

临床医学所学专业课程：临床医学专业课程主要包括三部分公共基础课、生物医学基础课、临床医学课。公共基础课：英语、数学、物理、化学、医学史等；生物医学基础课：人体解剖学、组织胚胎学、生理学、生物化学、免疫学、病原学、遗传学、病理学、病理生理学、病理解剖学、药理学、预防医学、生物医学实验等；临床医学课：诊断学、内科学、外科学、妇产科学、儿科学、眼科学、耳鼻喉科学、神经内科学、传染病学、康复医学基础等。

口腔医学，顾名思义从它的名字也可以得知主要学习口腔内科学、口腔修复学以及预防口腔医学等。

口腔医学所学专业课程：人体解剖学、组织学与胚胎学、生物化学、细胞生物学、生理学、医学微生物学、医学免疫学、病理学、病理生理学、药理学、人体形态学实验、医学生物学实验、医学机能学实验、病原生物学与免疫学实验、诊断学、外科学、内科学、耳鼻咽喉头颈外科学、口腔解剖生理学、口腔组织病理学、口腔颌面医学影像诊断学、牙体牙髓病学、牙周病学、口腔黏膜病学、儿童口腔医学、口腔颌面外科学、口腔修复学、口腔正畸学、预防口腔医学；

卫生法学、医学伦理学、医学心理学；马克思主义基本原理、思想道德修养、医患沟通与技巧；英语、高等数学、医用物理学、化学等。

（4）就业去向

临床医学，通俗地理解就是病人身边的医生。病人身边的医生就是每天在医院或者是门诊对不同的病人根据个人所学的基本医学基础进行诊断诊疗，帮助病人最大程度减除病痛，救死扶伤。

可以说临床医学专业毕业的学生十有八九以后都是医院的骨干。但是从最近的新型冠状病毒肺炎疫情，可能我们每个人对临床医学毕业的医生有了更多的了解。医生的职业是神圣的，而且是最值得令人尊敬的一项职业。

临床医学毕业的学生 90% 都进了大的公立医院或私有医院，可以说是从医最多的人。

口腔医学虽然说是属于医学类的专业，但是它的基础性作用和临床医学专业相比，还是要差一些。因为口腔医学毕业的学生主要针对的对象不仅仅是病人，还有正常人。其实大多数人都是正常人，只不过是他们的口腔部位存在小部分的病变或者缺陷。

口腔医学专业，大多数的毕业生，其实不仅仅是去了医院，有好大一部分的人，实质上去了商业性的口腔医院从事口腔护理和矫正等方面的基本工作。

这也从另一方面看出口腔医学的入门或者从业资格没有临床医学那么高。但是口腔医学的受欢迎程度远远要比临床医学高，这主要是因为口腔医学毕业以后工资高、从业环境好，这也是大多数人选择口腔医学的主要一个方面。

（二）口腔医学与口腔医学技术的比较

大家在填报志愿时，可能也会被各种专业的名字搞到眼花缭乱，下面来介绍一下口腔医学与口腔医学技术的区别。

（1）口腔医学技术专业介绍

口腔医学技术专业培养掌握口腔医学基本理论和口腔治疗技术与工艺技术的基本操作技能，从事牙齿整复和整形技术工作的高级技术应用型专门人才。口腔医学技术是教育部规定的相关高职高专院校招生专业名称，旨在培育学生专业核心能力——口腔修复工艺技术的基本操作技能。

专业核心课程和主要实践环节：口腔解剖生理学、口腔内科、口腔外科、口腔正畸学、口腔修复材料、口腔修复工艺、口腔医学、口腔美学、口腔修复工艺实训、口腔科见习、毕业实习等，以及各校主要特色课程和实践环节。

专业核心能力：口腔治疗技术与工艺技术的基本操作技能。

（2）口腔医学与口腔医学技术的区别

口腔医学和口腔医学技术是两个不同层次专业的类型，两者学科类别不同：口腔医学专业属于口腔医学类，授予医学学士学位。而口腔医学技术则属于医学技术类授予理学学士学位。

口腔医学专业和口腔医学技术专业都是口腔医学的一部分，但是两者在学习侧重方向和实际工作应用方面有所区别，具体为：

①学习方向不同：口腔医学专业主要学习口腔医学的基本理论和基本知识；口腔医学技术专业学生主要学习与之相关的基础医学、口腔医学和口腔医学技术知识。在知识深度方面不如口腔医学专业。

②实际应用方面：口腔医学专业主要是针对受到口腔及颌面部疾病的诊断、治疗、预防方面的训练，具有口腔常见病、多发病的诊疗、修复和预防保健的基本能力。而口腔技术专业是口腔治疗技术与工艺技术的基本操作技能。

③工作方面：口腔医学专业毕业的医生主要是口腔病症治疗方面；而口腔技术专业则是对口腔技术方面，即从事口腔修复工艺设计和矫形制作的高素质应用型技术人才。

④日常课程方面：口腔医学技术专业的主要课程为口腔解剖生理学、口腔内科、口腔外科、口腔正畸学、口腔修复材料、口腔技工工艺等；而口腔医学专业的主要课程为人体解剖学、组织学与胚胎学、生物化学、细胞生物学、生理学、医学微生物学、医学免疫学、病理学、病理生理学、药理学、人体形态。

在选择专业方面，这两个专业的门槛也是不一样的，口腔医学专业一般是专门医学类本科或者是专科学校开设的，对于高考成绩有硬性要求。而口腔医学技术专业，相对入学门槛较低。所以在对比专业的时候并不是只参考哪个专业好，而是要结合自身的情况来选。

第十二章 临床医学类
——越老越吃香的热门专业

引言————————————————————————————

健康所系，性命相托。

当我步入神圣医学学府的时刻，谨庄严宣誓：

我志愿献身医学，热爱祖国，忠于人民，恪守医德，尊师守纪，刻苦钻研，孜孜不倦，精益求精，全面发展。

我决心竭尽全力除人类之病痛，助健康之完美，维护医术的圣洁和荣誉，救死扶伤，不辞艰辛，执着追求，为祖国医药卫生事业的发展和人类身心健康奋斗终生。

——医学生誓言

医者，仁术也，博爱之心也。医者，一个逆天而行的角色，一群纯粹博爱的勇士，耗尽一生化身"宝剑"，刃病魔之咽喉。

如此高尚的一个行业，它的现状与发展前景如何？它适合哪些人群选择？选择后又该如何规划发展？让我们携手一探究竟。

一、临床医学类专业介绍与特点

（一）什么是临床医学类专业？

16 世纪文艺复兴时期，医学陈规被打破，产生了人体解剖学。17 世纪，生理学建立。18 世纪，病理解剖学建立。19 世纪，细胞学、细菌学获得长足发展。基础医学和临床医学逐渐成为两个独立学科，数学、生物学、物理学、化学等方面的巨大进步为现代临床医学的产生奠定了坚实基础。

医学是旨在保护和加强人类健康、预防和治疗疾病的科学体系和实践活动。而临床医学主要指医学中侧重实践活动的部分。临床医学是直接面对疾病、病人，对病人直接实施治疗的科学，是研究疾病的病因、诊断、治疗和预后，提高临床治疗水平，促进人体健康的科学。临床即"亲临病床"之意，它根据病人的临床表现，从整体出发结合研究疾病的病因、发病机理和病理过程，进而确定诊断，通过预防和治疗以最大程度上减弱疾病、减轻病人痛苦、恢复病人健康、保护劳动力。

临床医学类专业包括：临床医学、麻醉学、医学影像学、眼视光医学、精神医学、放射医学、儿科学。

（二）临床医学类专业的前景解析

（1）优势

①临床医学教学在及时更新理论知识、实践技能的同时，不断吸取和运用先进的教学技术。

②临床医生越老越吃香，工作待遇随从业时间与职称的提升逐步增加，少有"中年危机"。

③铁饭碗，基本不用担心会失业。

（2）报考该专业需关注几个问题

①学业压力大，学习的内容繁多，大学期间少有空闲时间。

②学历要求高，三甲级别的公立医院通常招聘门槛是博士，并且需要不断

考试、晋升。

③工作压力大，工作后仍需要在岗位上进行临床科研工作，并且不少科室会有夜班要求，有时候不方便照顾家庭。

④培养周期太长，一个优秀医生的培养周期通常均在 10 年以上。

（三）临床医学类专业的培养模式

（1）五年制

"临床医学五年制"就是临床医学正常的本科学习。本科毕业以后一年可以考临床医师执业资格证（以下简称"执医证"），并在医院进行三年住院医师规范培训获得住院医师规范化培训合格证书（以下简称"规培证"）以后，才能够上岗成为医生。

注：不论是下文中的专硕还是 5+3 一体化，执医证都要通过自己考取，规培证要经过 3 年（33 个月以上）的实训才能下发。

五年制出来的学生面临着巨大的就业压力，大部分本科五年制学生都选择进一步升学。如果考上专硕，那么三年以后毕业时四证合一（毕业证，学位证，规培证，执医证），直接上岗；如果考上学硕，那么三年以后毕业时还要再花三年进行规培。

专硕偏向于临床，学硕偏向于科研。如果想要尽快工作从事临床，考专硕是最好的选择。但个人在医院的发展很大程度上看科研能力，如果想走得远，专硕出来最好再考博士。博士又分为临床医学博士学术学位（Ph.D）和临床医学博士专业学位（M.D），到了博士时，由于科研思维的形成，科研和临床的偏差已经不是很大了。

特点：
①考研的选择更多，能力强的同学可以去更高的学府深造。
②未来的发展方向更多，可以考研深造、出国、进入药企，甚至转行。

（2）5+3 一体化培养

"临床医学 5+3 一体化"指 5 年本科加上 3 年研究生，中间不需要考研。后 3 年研究生属于专硕，与规培并行，在医院的各个科室里轮流见习。五年结束拿到本科毕业证、学士学位证；三年结束后拿到执医证、规培证、研究生毕业证、硕士学位证，可直接上岗成为医生。但是由于偏向临床，科研能力培养不足，对以后发展有所限制。

一般一本的医科学校都开设了"临床医学 5+3 一体化"，生源往往较五年制好，所以也可以转到五年制，从而考研到更理想的学校。

优点：

①更稳定，免去考研时间，更多精力可放在临床。

②毕业时四证合一（毕业证，学位证，规培证，执医证）。

缺点：

①流动性差，最好考到自己想工作的城市。

②偏向临床，在科研上没有明显优势。

（3）八年制本博连读

"临床医学八年制"修业时间八年，属于"本博"连读，而非"本硕博"连读，以"八年一贯，本博融通"为原则，毕业时学生可获得本、博毕业证、学位证、执医证，这里的博士学位是临床医学博士专业学位（M.D）。此外要根据不同地区不同单位的规定进行规培 1 ~ 3 年不等。

八年制并不是高考时努力一次就可以高枕无忧读到博士，分流和淘汰制死守各学习阶段关口，以确保培养质量。对于不能达到学校规定的相应要求或本人不愿进入下一阶段学习的学生，将根据学生的学习情况，予以转专业、本科毕业或结业；按学生实际达到的专业水平授予学士学位（或不授予学位）、授予硕士学位等。

教育部发函批准开设临床医学（八年制）专业的学校有 14 所（教建议 [2018]第 417 号）：北京协和医学院、北京大学医学部、南方医科大学、复旦大学医学院、华中科技大学同济医学院、中山大学中山医学院、四川大学华西医学中心、中南大学湘雅医学院、武汉大学医学部、浙江大学医学院、上海交通大学医学院、第二军医大学、第三军医大学、第四军医大学。

优点：

①开设八年制的一般都是国内较为顶尖的医学院校，并且会对八年制重点培养，学生能够拿到更好的教育资源；

②省去了考研、考博的时间，在最短的时间内获得最高的学历；

③能够考上八年制的学生成绩都非常优异，未来八年的学习氛围必定不会差。

报考时需要关注的问题：

①在较短的时间内科研临床两手抓，会出现两边都不足的现象，很多方面达不到博士的科研和临床的标准。

②八年一贯，学医艰苦，战线略长，对医学不够坚定的人很容易自我怀疑。

二、对临床医学类专业认识方面的误区

（一）临床医学专业填报无文理科限制？

虽然有些医学专业允许文科生填报如中医学、针灸推拿学，但临床医学专业基本只在理科生范围内招生。在新高考政策省份，选择"物理＋化学＋X"组合模式的考生可以报考大多数大学的临床医学类专业，而选择"物理＋化学＋生物"组合模式的考生则可以报考几乎全部的大学的临床医学类专业。

（二）临床医学是不是需要天天去医院上课？

临床医学的学习一般在大学内完成，待专业课学习完毕后，学校会安排学生到自家的附属医院进行见习、实习，从而逐步将理论知识转为实践经验。在医院学习期间，带教老师会以患者为中心，将涉及的疾病的临床表现、诊断、鉴别诊断等重新教授给学生，让学生对各种疾病形成更深刻的认识。

（三）医学类专业毕业都能当医生？

执业医师资格证是通过全国统一的执业医师资格考试和执业助理医师资格考试后，由国家卫生健康委员会统一发放的资格证书，是我国从业医师必须拥有的证书，属于医疗技术方面的认可，证明持证人具有独立从事医疗活动的技术和能力，证书永久有效。该证书也是判定医师是否具有从医资质的最重要标准，没有获得执业医师资格证的所谓"医师"属于"非法行医"行为。

需要注意的是，有些医学专业是不可以考取执业医师证的。能考取执业医师资格的专业只有：临床医学、麻醉学、精神医学、医学影像学、放射医学、眼视光医学、妇幼保健医学、社区医学、中医学、针灸推拿学、儿科学、口腔医学等专业。

有些名称相似的专业也需要注意，比如临床医学类下的眼视光医学还是医学技术类的眼视光学，差别一个字，前者可以考，后者不可以考。再比如医学技术类里的医学影像技术、口腔医学技术等带"技术"两个字的，侧重的是技术。比如医学影像技术，更偏重于医学影像设备的维护、维修及使用。眼视光学更侧重于配镜矫正视力，而不能像眼视光医学可以从事比如白内障手术、激光飞秒手术等。只有能考取执业医师证，才能真正地成为一名医生，进而从事医疗活动。执业医师可以分为四大类别：临床、中医、口腔、公共卫生。学生及家长在填报志愿时一定要将各个专业做好区分。

三、临床医学类专业学习内容

（一）核心课程

基础通识课：高等数学、医用物理、普通化学、有机化学、军事理论、大学英语、政治课等。

专业基础课程：人体解剖学、人体寄生虫学、医学遗传学、细胞生物学、组织胚胎学、病理学、生理学、诊断学、药理学、病理生理学、外科学总论及手术学等。

专业课：内科学、外科学、妇产科学、儿科学、麻醉学、传染病学、急救医学、医学影像学、医学免疫学、医学伦理学、中医学、精神病学、神经病学、耳鼻咽喉—头颈外科学、眼科学、口腔科学、皮肤性病学、突发性公共卫生事件预防与控制、临床流行病学等。

专业选修课：医学心理学、康复医学、医院感染学、儿童保健与心理、卫生事业管理、介入放射学、医学史、临床血脂学、营养与健康、性生理、免疫组织化学、医学英语、社区医学、临床药物治疗学、临床医学知识讲座、基础医学知识讲座等。

实践课程：临床医学专业实习、人体解剖学实验、人体寄生虫学实验、组织胚胎学实验、生理学实验、病理学实验、医学免疫学实验、药理学实验、外科学与手术学实验等。

（二）临床医学类专业学习的乐趣与难点

（1）乐趣

①临床医学的学习有很强的逻辑性，也许一开始的学习会让你抓耳挠腮、摸不着头脑，但随着你对相关医学知识的不断积累，你将会发现你越来越喜欢这门科学，那种抽丝剥茧后寻得真相的获得感、成就感着实令人着迷。

②予人玫瑰，手有余香的成就感、荣誉感。在临床上，病患答谢医生的场面时有发生，一束花、一面锦旗、一筐水果、一封感谢信都承载了医患之间的万千思绪。那种尽一己之力，解他人病痛的成就感，是其他快乐不可比拟的。

③被需要的满足感也是临床医学学习的一大乐趣，你的家人、朋友可能时不时会找你咨询一些医学问题，帮他们解答疑惑的同时也会让你收获满足感，会更加丰富你与家人、朋友们的联系。

（2）难点

学医没有重点，学习时间长，强度大。划重点，这个词大家都非常熟悉，考试划重点已经是考前复习不可或缺的一部分了。但学医不是，学医划不出重点，或者说，一本书全是重点。更关键的是这样的书不是一本，而是所有。解剖学，生物化学，医用化学，药理学，生理学，病理学，细胞生物学，医学细胞免疫学，寄生虫学，组织胚胎学，病原生物学，这些全是基础，不管你读哪个专业，这些书都必须啃下来，这些不是小说，没有情节连贯的趣味性，而是晦涩难懂又枯燥乏味的，且每本书从头到尾全是重点。接下来就是大量的专业课，比如学临床专业，要学诊断学（分为物理诊断，实验诊断，影像学诊断，超声诊断，心电图诊断）内科学，外科学，妇科学，儿科学，耳鼻喉科学，眼科学，皮肤性病学，危重病学，传染病学，肿瘤学，神经病学，精神病学。当然，计算机，英语之类的公共课也是不可或缺的。

四、临床医学类专业适合哪些学生

（一）吃苦耐劳，坐得住冷板凳

如果选择走上医学之路，真正成为一名医生，那么5年本科教育+3年住院医师规范化培训的时间必不可少，学习和就业的时间比其他专业长，经常出现同届毕业的高中同学已经在赚钱、结婚、买房，而学医的同学仍旧在每天查房、值班、管病人、考试和啃老的现象。另一方面，虽然医学院的课程难度相比理工科的课程浅显易懂得多，但无奈量实在很多，对记忆力的要求确实很大。若只是期末临时抱佛脚，学起来实在痛苦，需要把功夫放在平时。同时，医生也是一个需要终身学习的职业，临床指南、共识、新药等每年都在发展改变。如果医生不能持续学习，患者就有可能得不到最理想的治疗结果。

（二）交流沟通能力

医学并不是一个纯理科学科，而是时时刻刻需要与人打交道的学科。从医学院的医患交流课程，到考试时的标准化病人，再到进入临床时面对真正的患者，交流沟通是所有人都会重视强调的一项能力。尤其现代医学已经形成了生物——心理——社会医学模式，疾病诊治的过程都是以患者为中心，考虑到病人、病人生活在其中的环境以及由社会设计来对付疾病的破坏作用的补充系统。更不必说诊断治疗并不是一个单打独斗的过程，而是需要多部门协作联手共同完成，近几年逐渐流行的MDT（多学科诊疗）也强调这一点。因此，指望单纯学会一门技术就能如鱼得水是不可能的，沟通交流在未来的职业生涯中占据非常大的一部分。

（三）自主学习能力

在有限的教育时间内，学校和医院不可能将所有新知识都传授给学生，而随着医学研究的深入，医学知识的不断更新要求医学生要具备利用各种教育资源主动获取知识的能力，学生在学习中处于主体，培养学生自主学习能力，为终身学习提供保障。

（四）实践能力

实践能力包括实验操作技能和临床操作技能，是医学生必须具备的基本功。医学重要特征之一是实践性强，具有许多针对病人实施的操作，这就要求考生具有较强的动手能力。

五、临床医学专业就业介绍

（一）临床医学类专业就业现状

（1）毕业生人数在增加，就业难度逐渐加大

临床医学专业毕业生就业难度日趋加大。由于高等医学院校扩大了招生规模，临床医学专业毕业生的总量明显增加，加剧了就业竞争。绝大多数医院的发展重点不在扩大规模而是以急需的、具备一定资历的专业人才为主，大量接收毕业生的状况将不存在。因此，临床医学专业毕业生就业的难度有加大倾向。

（2）毕业生就业期望值过高

很多年来，临床医学专业毕业生相对于专业的毕业生就业的确定性比较强，就业形势一直较好，所以缺乏竞争意识，没有紧迫感，多少有一点优越感。多数毕业生看好大城市和沿海经济发达地区，把择业定位在城市、大医院、经济效益好的单位，就业的期望值过高。然而，大城市和发达地区的医疗卫生机构日趋饱和，医学人才市场上的竞争也日趋激烈。大中城市的综合性医疗机构、经济发达地区的县级医疗机构原则上都需要硕士，其次就是获得六级、计算机二级证书。因此，临床医学专业毕业生的择业期望值过高，造成了就业难现象。

（3）毕业生供需矛盾

主要表现为：1.临床医学专业毕业生多，但需求不足。2.学历层次供需不平衡，各级医疗单位都有精简机构和分流人员的趋势，传统的临床医学专业毕业生就业的主要接收能力有所下降，对医学高层次人才的需求日益迫切，出现对人才结构的需求层次上升。3.地区之间供需不平衡，经济发达地区和一些中

心城市医疗机构需求量不多，但要求高，想去的毕业生多，而符合条件的毕业生少；经济不发达地区和农村乡镇医院需求量多，但愿意去的毕业生少。

医学技术发展迅猛，知识更新加快，在校学生不仅应努力完善自己的基础文化知识以及专业知识，还要培养各方面的知识技能，调整自己的心态，注重人际交往、组织管理、语言表达、动手等综合能力的不断提高。在应聘时，不少医院都要求求职者具备复合型能力，不仅要对外科熟识，动过多例手术，而且还要有一定的内科或者专科工作经验。而近几年新兴起的整形外科也是求才若渴。传统意义上比较小却很实用的专业，例如眼科、口腔科、耳鼻喉科等人才需求也是持续增长。随着医疗制度改革的不断深化，民办医院将会得到更大的发展，这会使临床医学专业的学生更为抢手。

尽管当前临床医学专业毕业生总的就业形势严峻，但由于人们的工作压力、生活压力不断增大，人的患病率也在增加，现有的医疗系统还不能满足更多病人的需要，只要每一位毕业生不断努力、找准定位，还是能够找到一份适合自己的工作的。

（二）临床医学类专业就业方向

（1）公立医院

①就业现状。

在等级较低的公立医院招聘中，本科毕业生仍是有一席之地的，并没有到外界流传的硕博学历起步的程度。但临床医学作为一级学科，涵盖了17个二级学科。其中包括内科学、外科学、妇产科学、儿科学、麻醉学、老年医学、神经病学、精神病与精神卫生学、皮肤病与性病学、影像医学与核医学、临床检验诊断学、运动医学、急诊医学等。具体就业岗位还需视招聘医院各科室缺额情况来定。

②薪资水平。

根据薪资水平调查结果来看，公立医院医生的收入相较其他医生的收入水平更高。

表 12-1　医疗机构收入水平

平均薪资水平（单位：万元）	
类别	薪资水平
公立医院	8.31
民营医院	7.41
诊所	5.19
其他	5.35

（数据来自医库调研于2020年1月17日针对"2019年医务人员收入大调查"话题在平台上进行的民意调查，参与人数2156人）

其次，在薪资方面，公立医院的薪资架构较为成熟，福利待遇方面也较为优厚，薪资稳定。

③发展水平。

公立医院的平台、设备、良好的实验、学习环境对自己各方面的提升都是有非常大的帮助的。

④发展前景。

作为一个医学生不管是去公立医院还是民营医院，首要前提是提升自己的学历职称和知识储备。

（2）私立医院

随着公立医院的改革不断深化，非公立医疗机构的未来，不仅在高端专科，同时在广阔的基层社区，尤其在健康服务与管理、大数据和 AI、人工智能及互联网和移动医疗等领域，都将迎来巨大的发展空间。这一切都充分体现了非公立医疗机构的明显发展优势，与公立医院形成了鲜明的差异互补。比如日本，大多数医院是私立医院，一共有 9000 多家，而公立医院只有 1800 多家。诊所更多，一般诊所超过 9.8 万家，牙科诊所近 6.8 万家，几乎都是私人开办。

近些年来我国在医疗行业取得了巨大发展，但我国依然面临医疗资源供给结构性不足，在医疗技术水平较高领域我国仍面临较大供给缺口，我国私人诊所作为公共医疗领域的有力补充，2018 年我国私人诊所市场规模为 568.45 亿元，

2019 年其市场规模增长至 597.65 亿元，2020 年受新冠疫情影响，其市场规模降至 578.38 亿元。

未来随着我国私人诊所医疗设备以及医师配备等各项要素得到补充以及提高，我国私人诊所行业市场渗透率将进一步提高，市场规模将进一步扩大。

由此可见，非公立医疗体系将，成为公立医疗体系的一大补充，可以说私立医院就业也是一条值得选择的道路。

（3）公务员、卫健委等卫生系统政府部门

由各省的公务员报考信息可以看出，医学类专业有其特有的岗位，相较于别的专业可能竞争较小，但因为招收名额很少，所以势必也将加大竞争强度。只能说每种选择都需要众多努力和汗水的浇灌才能取得硕果。

医学生可以考的公务员岗位有卫生局、体育局、食品药品监督管理局、公检法的法医部门、狱医、进出口检验检疫局、质监局等单位以及参照公务员法管理的疾控中心等，也可以报考不限专业的职位。

医学生就业可以选择当医生或当公务员，两者都需要我们付出一定的努力，当然医生和公务员各有优劣，还是要根据自身情况进行选择。

六、临床医学专业升学介绍

（一）临床医学专硕/学硕区别

医学专硕在读期间直接下临床进行三年住院医师规范化培训，即规培与硕士研究生教育同时进行。

医学学硕，如果毕业后要从事临床工作，一般来说需要另外进行三年住院医师规范化培训，除非不在公立医院工作，而且，所在医院不要求规培才可以免去规培，主要在医馆、医堂等医院。

专硕顺利毕业后拿到的证书有：毕业证、规培证、硕士学位证、执业医师证四张，也就是通常所说的四证合一。

学硕顺利毕业后可以拿到除去规培证外的三张证书，也就是意味着学硕将来要从事临床，需要先进行三年规培，有三年的时间只能拿规培工资。

学硕可以继续报读学术型博士，或出国继续攻读博士，毕业后可以进入大学或研究所，日后从事教学和科研，当然博士毕业如果想当医生，进医院也可以，也是要规培1年。也可以攻读专业型博士，毕业后有博士毕业证书，学位证书和住院医师规范化培训证书，以后当医生。优势在于受过科研训练，有较好的科研论文和基金标书的撰写能力，与临床型相比，临床技能毕业的时候自然薄弱，但是日后进入医院后因为评职称主要还是得看论文和课题，自然可以在评职称方面有优势，进步较快；缺点就是要多耗两到三年清苦的规培生活，经济上起步较缓慢。

专硕因为有上面提到的四个证书，所以就业相对比学术型要有优势。

（二）临床医学考研可选方向

内科学、内科学（血液病）、内科学（呼吸系统疾病）、内科学（消化系病）、内分泌与代谢病）、内科学（肾病）、内科学（风湿病）、内科学（传染病）、儿科学、老年医学、神经病学、精神病与精神卫生学、皮肤病与性病学、影像医学与核医学、临床检验诊断学、外科学（普外）、外科学（骨外）、外科学（泌尿外）、外科学（心胸外）等。

（三）历年临床医学考研国家线汇总

①历年医学（学硕）考研国家线汇总。

图12-1　医学(不含中医类照顾专业)总分国家线趋势图

医学（不含中医类照顾专业）单科分数

年份	A类考生		B类考生	
	单科 (满分=100)	单科 (满分>100)	单科 (满分=100)	单科 (满分>100)
2022	43	129	40	120
2021	41	123	38	114
2020	42	126	39	117
2019	43	129	40	120
2018	40	120	37	111

图12-2　医学(不含中医类照顾专业)单科分数
（数据来自研招网）

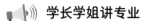
②历年医学（专硕）考研国家线汇总。

表2　历年医学（专硕）考研国家线汇总

年份	2018	2019	2020	2021	2022
A类	300	305	300	299	309
B类	290	295	290	289	299

（数据来自研招网）

七、报考建议

（一）学科排名

临床医学专业学科评级来自2017年底教育部公布的第四轮全国临床医学学科评估结果。

扫二维码查看详细评估结果

（临床-表3-临床医学第四轮学科评估）

（二）报考建议

在笔者看来，临床医学专业是近两年非常热门的专业了。

在众多的专业中，临床医学是最需要理性思考和慎重报考的，因为这个专业除了难度很大之外，对自身的承受能力也有很高的要求。而且，医学生的成长周期很长，可能别人已早早就业了，医学生还在完成学业的道路上。至于就业后的薪酬高低主要由具体的工作数量及质量决定。有句话说得好："德不近佛者不可以为医，才不近仙者不可以为医。"希望各位家长及学生能够正确地认识这个专业，深刻地了解这个专业，从而理性且坚定地选择这个专业。

医学这个专业是比较苦也比较累的专业，需要学习大量的专业知识，一般专科需要三年，本科需要五年，研究生需要三年，博士毕业至少需要三年，一般需要五年左右，但如果你是学霸级别，本硕博连读只需八年，可以节省很多时间，所以在决定要学医的时候，先问问自己能否坚持下来。

总体来讲，对于大部分考生来说医学类院校分数较高，尤其是临床医学类专业，且选择范围并不大，具体来讲可分成以下几类：

①分数很高，可以选择老八所。主要选择的是以后就业的地域以及强势二级学科。重点是选择低一档学校八年制和"5+3"，还是高一档学校五年制。八年制属于本博连读，优点是拿到博士学位时间最短，胜在稳定，但是这一学制大多数毕业后无规培证书（临床医生就业上岗的必备证），没有规培证书的话就需要 1 ~ 3 年的时间进行医院规范化培训。"5+3"制属于本硕连读，优点是较短时间拿到硕士学位的同时获得规培证，毕业后可直接就业上岗。而五年制可以选择毕业后冲刺更高一层级的学校就读，但是当下医学类研究生考试竞争十分激烈，高分选择五年制可能存在一定风险，需要学生及家长自行权衡。

②分数较高。首选毕业后想留下来就业的省份的强势医科大学。针对5+3和五年制的选择，笔者认为需要综合几个角度进行考量。当下硕士研究生愈来愈成为各大医院的招聘门槛，如果想要一步到位，减少后顾之忧，建议选择"5+3"学制，毕竟当下研究生考试也是竞争十分激烈的，一战上岸的医学生占比较小。当然要是选择更高一档的五年制，那本科期间名校的保研概率相对更大，也是很诱人的，需学生与家长反复权衡。

③分数够一本。建议选择本省强势院校，甚至是二本院校，因为本省院校一般会给本省考生更多名额，相对来讲性价比更高。至于推荐部分一本上线考生选择二本院校，是因为许多优秀的二本医学类院校，临床医学专业的录取线往往会高于一本线 10 ~ 20 分，甚至更多。因此填报志愿时若因分数不上不下而苦恼，建议家长以专业为第一目标，然后在确保专业的前提下尽可能选择高层次院校。

④分数够本科。可以选择地区实力强势院校与企业合作举办的学院，这类学校分数要求相对较低，但师资力量过硬，长远来看，对类似院校的选择是有利于学生学习临床医学专业的。

⑤分数不够本科。不建议选择临床医学类专业，国家目前正通过政策逐步取消专科类医学专业的招生以提高卫生技术人员队伍的质量，专科的临床医学专业毕业后就业难度大。

八、临床医学专业学长学姐说

在校期间，同学们要把基础学科的地基打扎实，专业课的上层建筑要筑牢，同时不断精进自己的英语能力和常用工作软件的操作能力。为以后的发展道路减少障碍。综合来看，计划的实施需要从以下几方面着手：

1.认真学习通识课程，树立正确的人生观、价值观和世界观。

2.熟练掌握医学的基础类学科，不仅限于记忆，要注重对原理的理解。

3.在基础学科的框架上，将临床医学的专业科目融会贯通，形成自己对疾病的理解。

4.将理论与实践相结合，尽量强迫自己不仅要懂，还要会做，掌握一些基本的临床操作。

5.珍惜上临床的机会，不断在临床印证自己所学，从而促进自己对疾病更深层次的理解。

6.适时地了解招聘信息、考研信息，对就业门槛有所把握。

7.及时更新对国家医改政策的解读，及时调整就业方向。

8.不断精进英语能力、工作软件运用能力、专业资料文献查找解读能力等，为自己的科研能力积蓄力量。

九、相近专业介绍

（一）麻醉学

（1）介绍

麻醉学主要研究基础医学、临床医学、麻醉学等方面的基本知识和技能，接受麻醉、急救与生命复苏的训练，在医疗卫生单位的麻醉科、急诊科、ICU 等进行临床麻醉、急救和复苏、术后监测等。例如：手术前的全身麻醉处理，紧急情况下患者的急救与心肺复苏，ICU 病房危重病人的术后监测，止疼药的药物依赖的戒断等。总的来说，麻醉医生的工作大多在手术室进行，他们是保障手术安全进行的关键人。

（2）建议

相比专科医生，麻醉医生不用从头到尾地管理患者，这样就降低了发生医患纠纷的概率。在手术室中，麻醉医生的工作虽然十分重要，但是工作强度相对较轻，即便如此，大多数麻醉医生也无法做到正常上下班，因为每台手术都存在变数，持续时间可长可短，再者手术室时不时还会增加急诊手术。如果学生不喜欢处理病房的各种琐事，不喜欢与患者长期接触，可考虑选择此专业。但是麻醉学一般招生名额较少，所以分数要求可能与其他热门专业持平。

（3）就业

民间有一句俗语叫"开刀去病，麻醉保命"，由此可见在大众的心目中麻醉占据着一定的地位，它的职责就在于保证病人在无痛、安全的前提下和手术医师共同完成手术。那么如今学习麻醉学的话就业前景怎么样呢？下面就让我们一起来简单分析一下。

早在东汉时期我国对于麻醉学就有所研究，相传华佗就是第一位采用麻醉技术的医师，公元 2 世纪华佗发明了"麻沸散"，并用它对患者全身麻醉进行腹腔手术。后来早孙思邈的《备急千金要方》以及李时珍所著的《本草纲目》中，也都介绍了曼陀罗花的麻醉作用。

而现代麻醉传入中国也已经有百余年的历史，在 1989 年卫健委文件就明确麻醉科是一级临床学科，之后麻醉学也是得到了大力开展和推广，值得一提的是，现代的麻醉学范畴已不局限于手术室内，还包括特殊临床麻醉、急慢性疼痛诊疗及门诊、ICU、心肺脑复苏和癌痛治疗及血管痉挛性疾病的治疗等，现代麻醉的技术和完善的监护系统可以确保正常病人麻醉手术期间的安全。国外许多新的麻醉药和精密的麻醉设备，相继引进中国，进一步提高了中国麻醉水平，在促进麻醉学科的现代化方面迈出了新的步伐。但由于病人的特殊病情和每个人对麻醉药耐受和反应不同，就要求麻醉科医师随时采取应急的措施，同时就增加了要承担的风险。

从以上这些资料来看，麻醉师确实占据着不可或缺的位置，但此前一项调查显示，我国现有麻醉科医师 75233 名，约等于每万人拥有麻醉医师 0.5 名，但这个数量远远不够标准比例。美国是每万人拥有 2.5 名麻醉专业人员，英国则是 2.8 名，这样看来中国至少还应该配备 30 万名麻醉医师。一般来说麻醉学毕业生只要通过国家住院医师规范化培训，就能成为麻醉科医师。但因为我国部分医院独立设置急救科、重症医学科和疼痛科，也有部分麻醉学专业毕业的本科生被急救科、重症医学科或疼痛科录用，成为急救科医师、重症医学科医师或疼痛科医师。

但也因此不难发现麻醉学毕业生的就业前景还是很不错的，不仅因为市场对于麻醉师的需求量之大，该专业毕业生就业方向也很多，所以一次就业率也较高。值得一提的是麻醉师的工资待遇相对较高，而且作为一名医生也有着一定的社会地位，对于正在纠结专业的考生们来说也是一个不错的选择。

（二）医学影像学

（1）介绍

医学影像学是应用医学成像技术对人体疾病进行诊断和在医学成像技术引导下应用介入器材对人体疾病进行微创性诊断及治疗的医学学科，是临床医学的重要组成部分。医学影像学包括影像诊断学和介入放射学，后者又分为介入诊断学和介入治疗学。说到医学影像学，很多人的第一反应就是什么拍片子的，但事实上，拍片子更多的是医学影像技术毕业的人去做的事情，他们是属于技师的，一般是四年制，授予理学学位。而医学影像学本科是五年制的，授予的是医学学位，是可以考取执业医师资格证，是名副其实的医生，他们主要不是拍片子的，而是看片子的，他们是通过片子影像，来对患者的疾病进行诊断，并且写出诊断报告。

（2）建议

医学影像学培养的主要是辅助科室的医生，他们平时主要负责阅片、出报告等医疗活动，与临床医生不同，他们与患者多为间接接触，因此医疗纠纷少。

并且，影像学医生的工作时间相对固定，压力相对较小。所以，喜欢医疗行业，且又希望有一定的自我时间的学生可以考虑这一专业。

（3）就业

本专业就业前景很好，毕业生主要从事临床医学影像诊断或放射治疗工作或医学教育及医学科研工作，也可到医疗卫生单位从事医学影像诊断、介入放射学、核医学成像技术等方面的工作。医学影像是一门辅助临床医学，跟临床有密切关系，考试内容与临床相关，就业比临床好，因为医学影像学专业是这些年才兴起的，再加上中国各二、三线城市发展起来后很多医院都在强化辅助科室。

进入新科技，这类专业医生比较稀缺，竞争少，但待遇比不上临床。当然，即便是就业前景良好，同学们也需要尽可能掌握相关能力：①掌握基础医学、临床医学、电子学的基本理论、基本知识；②掌握医学影像学范畴内各项技术（包括常规放射学、CT、核磁共振、DSA、超声学、核医学、影像学等）及计算机的基本理论和操作技能；③具有运用各种影像诊断技术进行疾病诊断的能力；④熟悉有关放射防护的方针，政策和方法，熟悉相关的医学伦理学；⑤了解医学影像学各专业分支的理论前沿和发展动态；⑥掌握文献检索、资料查询、计算机应用的基本方法，具有一定的科学研究和实际工作能力。

医学影像学专业就业方向有很多，就业前景也比较广阔，但大家还是要在专业上多努力、多学习，争取学习得更深入、掌握得更牢靠。

（三）眼视光医学

（1）介绍

眼视光医学是一门以眼睛为主要工作对象，将传统眼科学与现代视光学有机结合，以手术、药物、光学手段等综合方法，以改善视觉功能、提高视觉质量为目标的医学学科。在临床医生中，一直流传着"金眼科，银外科"的说法，这就验证了眼科的优势，然而在一般的综合性医院中，眼科在床位或收入比例而言，却只能占据3%～5%的比重，这是为什么呢？答案在于，传统的眼科，往往关注的是以感染、炎症、外伤、器质性病变等意义上的眼病，而忽略了更多地占据眼睛保健总需求 90% 以上的常规保健、视功能问题和屈光方面问题。

（2）建议

眼视光医学专业属于医学中的精端专业，开设院校少，各校的招生人数也有限。以前都是由医科大学开设，现在有的工科大学也开设此专业，如北京理工大学。很多人容易把眼视光学和眼视光医学专业混淆，其实两者之间有很大的区别：眼视光学分为五年制和四年制，眼视光医学专业，毕业后可获得医学学士学位，通过国家医师资格考试后便具有执业医师资格，有处方权和手术权，可以进入眼科工作；而眼视光学专业不允许考取执业医师资格，就算是进入眼科也不能做眼科医生，只能从事验光、配镜以及一些医科检查工作。另外，眼视光医学专业对考生的视力有一定的要求，考生报考时需要注意报考院校的要求。这一专业的学习及工作都较临床医学轻松，就业后收入可观，但属于热门小专业，受录取人数限制，分数要求可能较高，学生和家长可参考目标院校以往录取分数线填报志愿。

（3）就业

社会的发展和信息化时代的到来，使得人们对视觉质量的要求越来越高，对眼保健越来越重视。近年来，我国眼科的疾病谱已发生了明显的变化，更多的病人同时患有眼科和视光学疾病，且患病比例很高。

我国政府高度重视防盲治盲工作，开展了多种防盲治盲项目。社会的发展需要大批优秀的眼视光医师，以保护人们的视觉健康为主要任务，不仅掌握眼科临床知识和技能，也同时掌握复杂而专业的视光知识及视光疾病的诊治，在完成眼科基本疾病的检查诊疗工作同时，能通过配镜处方、视功能训练、光学及药物等方法来诊断、治疗和预防相关视光学疾病，全面提高人们的视觉质量。国内的眼视光医师的极度缺乏，培养大批优秀的眼视光医师具有巨大的社会需求，眼视光医学专业具有广阔的发展前景。

那么眼视光医学专业可从事什么职业？毕业生主要面向各级医院的眼科、各大眼视光中心，从事眼视光医学的临床、科研和教学等工作。例如，在医疗机构从事眼科医生、视力检查、视力矫正等方面的工作，也可在眼镜类企业从事验光、配镜、眼镜质检等。

（四）精神医学

（1）介绍

精神医学主要研究精神疾病的病因、发病机理、临床表现和发展规律以及其预防、诊断、治疗和康复等方面的基本知识和技能，进行常见的心理障碍、精神疾病等病症的诊断与处理。例如：躁郁症、精神分裂症、创伤后压力心理障碍症、神经衰弱、癔症等的诊断与治疗。

（2）建议

精神医学别看报考人数不多，实际上这个专业的就业率同样也很不错。发展前景要比大临床好，大临床想要进三甲医院最低都得硕士学位以上，很多大医院的大科室可能还需要博士生。而精神医学专业的就业要求相对没那么高，而且发展前景很被看好，只是大众对精神医学的认可度不算高。这一专业容易受外行人误解，总体来看，它也是一个比较好的备选项，但是相较于大临床，它更专、更精，因此倘若涉及该专业方向的情况，该专业的医学生可能需要比别的专业的医学生付出更多努力。笔者在此提醒学生及家长，临床医学的课程包含部分精神医学，有部分对精神医学感兴趣的学生，选择由临床医学专业逐渐细化到精神医学的学习（考取精神医学相关方向研究生）。对精神疾病或心理障碍等感兴趣的学生，可考虑这一专业，这一专业的分数要求相对较低。

（3）就业

随着我国精神卫生事业的发展，精神医学专业学生的就业前景值得被看好，但也存在诸多问题。客观地讲，精神卫生专业与临床其他专业比要相对容易就业，而且就业一般都是大中城市。我国的精神卫生发展水平要远落后于发达国家，而且南北方的地区差异明显存在。但随着人们生活节奏的加快，精神心理问题日趋突出，所以这个专业有很大的发展空间。但在我国从事精神卫生专业的人员整体收入要低（相对临床）而且要有受他人歧视的心理准备。总之，前途光明，道路曲折。

精神医学专业学生毕业后可到各级医药院校、综合医院、脑科医院、医学中心及精神卫生保健机构从事医疗、教学和科研工作等。

（五）放射医学

（1）介绍

放射医学主要研究电离辐射对人体的作用、损伤与修复等方面的基本知识和技能，进行放射诊断、放射治疗、放射损伤的修复等。例如：使用 X 光机、CT 等进行放射诊断，利用放射线进行肿瘤治疗，辐射损害的诊断与治疗等。

（2）建议

随着生命科学、环境科学、材料科学和信息技术的飞速发展，核技术在工农业领域的广泛应用，放射医学的学科内涵和外延已经发生了深刻变化，放射医学与医学、环境科学、生命科学的最新发展紧密结合，日益显示出更强大的生命力。放射医学在医学领域发挥着越来越重要的作用，放射医学的广泛运用使得本专业的毕业生就业前景比较不错。在医院内，这一专业的医生相较于其他科医生而言，与电离辐射接触的机会更多，这就导致他们可能更易受到电离辐射带来的潜在损伤。这一点在填报志愿时需慎重考虑。

（3）就业

放射医学专业学生毕业后可以到高等院校和医学科研机构从事教学医学实验研究等工作。

主要毕业去向：一，可从事放射医学及防护、放射病诊断治疗、核医学和医学影像诊断等工作；二，到高等院校和医学科研机构从事教学医学实验研究等工作。

相比临床医学、麻醉学等学科，它的就业选择范围相对较窄，但同时工作强度较轻松，毕竟世间少有十全十美的事物，主要还是要以自身情况为出发点，明确定位，正确选择，那样以后的发展才能长久。

（六）儿科学

（1）介绍

儿科学主要研究胎儿至青春期儿童的生长发育、疾病预防、疾病诊疗、保健等方面的基本知识和技能，进行儿童健康的保障与小儿疾病的预防、诊治等。

例如：新生儿先天性疾病的筛查，幼儿疫苗的接种，儿童感冒、发烧等疾病的诊断、治疗等。

（2）建议

儿科学是目前人才缺口比较大的专业，现阶段国家层面也在大力支持儿科学的人才培养。儿科医生贮备不足的现状，主要归咎于这一学科/科室的特殊性。儿科的患者人群是儿童，儿童的身体解剖异于成人，且大多数情况下儿童不能准确地表达主诉，这些情况无疑加大了儿科疾病的医治难度。

（3）就业

儿科学专业为儿科医疗事业培养具有良好素质的、能从事儿科和儿童保健工作或医学研究的儿科医学专门人才。毕业生成为儿科初级医生时，能在上级医生指导下安全有效地从事医疗实践，并具有在儿科医学学科领域进一步学习和深造的潜能。

由于我国儿科人才缺口较大，儿科学专业就业就显得比较容易了，儿科学的同学们毕业后的主要就业去向有：

①各级各类综合性医院，包括：综合医院、专科医院、社区医院等。

②医学科研机构。

③医学院校。

④预防保健机构（疾病控制中心、卫生监督所、卫生防疫站等）。

⑤在具备执业医师资格及相应条件后独立开业。

十、本专业的其他知识卡片

需要注意的是，有些医学专业是不可以考取执业医师证的（基础医学、生物医学、生物医学科学、食品卫生与营养学、运动与公共健康、药学、药物制剂、临床药学、药事管理、药物分析、药物化学、海洋药学、中药学、化妆品科学与技术等）。可以明确的是基础医学类的专业都是无法考取执业医师资格的。能考取执业医师资格的专业只有：临床医学、麻醉学、精神医学、医学影像学、放射医学、眼视光医学、妇幼保健医学、社区医学、中医学、针灸推拿学等专业。有些名称相似的专业也需要注意，比如临床医学类下的眼视光医学还是医学技术类的眼视光学，差别一个字，前者可以考，后者不可以考。再比如医学技术类里的医学影像技术、口腔医学技术等带"技术"两个字的，侧重的是技术。比如医学影像技术，更偏重于医学影像设备的维护、维修及使用。眼视光学更侧重于配镜矫正视力，而不能像眼视光医学可以从事比如白内障手术、激光飞秒手术等。口腔医学技术也无法考执业医师证，想做口腔医生或开私人诊所，还是要学口腔医学专业。只有能考取执业医师证，才能真正地成为一名医生，进而从事医疗活动。执业医师可以分为四大类别：临床、中医、口腔、公共卫生。

第十三章 计算机
——走在时代风口的"宇宙机"

引言————————————————————————————

　　近些年来，计算机专业在各大媒体网站的热度一直居高不下，并且在各类高校的录取分数也在各个专业中名列前茅，受到考生及家长们的广泛关注。在高考志愿填报中，计算机类专业主要包括：计算机科学与技术、软件工程、信息安全、网络空间安全、网络工程、物联网工程、数字媒体技术、大数据科学与工程以及人工智能等专业，这些专业之间又有什么区别呢？分别适合什么样的背景的考生报考呢？未来出路是什么？希望本文能够给广大考生和家长带来一个全面的解答。

一、计算机类专业介绍与特点

（一）什么是计算机类专业？

（1）通用概念

计算机专业，通用全称是计算机科学，是一门研究计算机及其周围各种现象和规律的科学，亦即研究计算机系统结构、程序系统（即软件）以及计算本身的性质和问题的学科。计算机科学是一门包含各种各样与计算和信息处理相关主题的系统学科，从抽象的算法分析、形式化语法，等等，到更具体的主题如编程语言、程序设计、软件和硬件等。

事实上，计算机科学分为理学和工学两个方向。前者有其他名称，如计算理论、计算机理论、计算机科学基础、信息与计算科学等。后者则常常使用"计算机科学"的名称，成为我们所熟知且默认的"计算机"工科专业。

（2）前沿——因为刚需，所以热门

计算机三个字，代表着现代社会最先进的生产力。随着人类文明的现代化进程，几乎所有的生产工具都绕不开计算机。过去 10 年，IT 行业火热发展；过去 5 年，移动互联网飞速发展，融入各行各业；过去 3 年，人工智能、大数据等再一次让计算机行业飞升。计算机专业正在成为不少新兴甚至传统行业的刚需。

为了迎合时代的需求，各大高校纷纷开设计算机相关专业。到目前为止，开设计算机的国内高校数量超过了 950 所，每年从计算机相关专业毕业的学生数量也达到了 10 万多人，两项数据都是全国第一。

由此带来的效应便是一句话：宇宙的尽头是计算机，计算机也获得了"宇宙机"的称号。

（3）公平

对就是对，不对就是不对，计算机就是这种说一不二的专业。程序写得好不好，去机房试一试就知道。这个专业不在乎你的出身、你的背景，只要你有能力，技术过硬，极大概率能找到适合你的工作，并收获满意的薪资。

（4）需要持续学习

因为非常前沿，所以计算机的技术一直在更新迭代，许多技术甚至在同学们就读大学的时候就已经过时了。因此，计算机专业的人需要不断学习，跟上时代的脚步，才能在这个行业发展得更好。

（二）计算机类专业的研究对象

计算机科学就像人一样，有两条腿：一条叫作数学，一条叫作物理。

数学主要指的是数理逻辑。其中比较重要的是形式逻辑系统、Turing 论题和 Churcher 论题。简单来说，计算机是机器，它的运行逻辑就是简单的二进制——0 或 1，非黑即白，而不像人类一样，理解事物存在辩证思维，因此非常强调边界感。比如说做饭，如果你对厨师说：少放辣，厨师会明白你的意思，但如果做饭的是个机器人，"少"的概念就会让它很头疼；另一方面，计算机处理问题时只能看到点，不像人眼一样可以看到全局。比如说 [2 3 4 1 5]，对这组数据按照从小到大的顺序排列，如果是让人来做判断，一眼就能得出 [1 2 3 4 5] 的结果——因为这对人类来说是尝试，但如果是计算机，它每次只能看到 2 或者 3 这样的单个数字元素，然后一一比对判断。

计算机技术的物理基础就是数字逻辑电路。首先数字电路中给出了逻辑的电路实现，比如如何实现这样的电路——仅当两输入均为高电平时，输出为高电平——与门。然后数字电路给出了组合逻辑的设计方法。这直接使算术逻辑单元（ALU）的设计成为可能。最后，数字电路给出了时序逻辑的设计方法，典型的结果就是寄存器、计数器的出现，使得时序控制成为可能。

当然，仅仅是数学和物理远不足以构成计算机科学与技术这样庞大复杂的知识体系。从历史的角度来看，对计算能力的渴求直接造就了计算机的出现。换句话说，计算机科学这项学科，一直围绕着"如何算得又快又准"来构建。

（三）计算机类专业的前景解析

（1）足够前沿，足够刚需。当前人类所处的时代是信息的时代，而信息的基础之一便是计算机。小到日常接打电话，大到很多新奇的高科技设备，可以说我们所使用的每一项物件，都离不开计算机原理的 0&1 二进制代码。目前，我国计划在 2035 年实现现代化，因此可以说，现代化一天不完成，社会对于计算机人才的需求就一天不会消退。

（2）待遇丰厚。在农耕时代，能够最快地完成农业产品生产的人，就能获得最多的社会报酬，在信息时代也是如此，能够掌握计算机技术的人以及对计算机掌握最熟练的人，就是掌握了这个时代的财富密码，自然更容易获得更多的劳动报酬。

（3）进可攻退可守。学习计算机不仅可以进入很多一线大厂，从事程序员工作，还可以进入很多其他需要技术的行业以及亟待先进技术带领自身完成革新的行业，比如金融行业、医疗行业。除此之外，计算机毕业的学生还可以进入国家体制内，比如考公务员、考事业编，求得一份稳定的工作。

（4）有无限种可能。还记得比尔·盖茨吗？他凭借微软成功登顶全球富豪排行榜。还有 B 站上名为"老师好我叫何同学"的视频作者，他凭借许多立意新奇、让人眼前一亮的科技类视频，吸引了 800w+ 粉丝，单个视频播放量几乎全部破百万，甚至千万。思考他们的成功，计算机这个平台功不可没。学计算机专业，说到底也是学一门技术。掌握了这门技术，或自己创业，或进入企业任职，或借互联网的东风拍摄各种主题的视频，或选择进入在国属的部门。

（5）为数不多不太吃学历的专业。在竞争如此激烈的现在，没有一纸亮眼的文凭，求职者很难在 HR 的简历堆中脱颖而出。但对于计算机这种更看重能力的专业来说，学历的概念，相对来说是被淡化的。只要个人的编译能力足够优秀、对计算机的理解足够透彻，即使是三本的学历，也能进入一流的企业、任职一流的岗位。

二、对计算机类专业认识方面的误区

（一）在高中没有接触过计算机，不能学计算机专业？

主要向同学们强调两个概念：

计算机，零基础也能学，实际门槛没有那么高，并且零基础但是对计算机触类旁通的人也不在少数。

有无基础，不影响学会学不会，但影响大学专业内的学习排名。

如果对计算机类专业有兴趣，但不太确定是否适合学计算机类专业，可以尝试阅读《数据结构与算法》这本书，简单看看自己能不能看得进去，如果可以，说明自己还比较适合这个方向。

（二）数学不好不能学计算机专业？

前面讲到，计算机的两条腿是数学和物理，并且这个数学是逻辑数学，相对比较抽象，和同学们高中时候学的函数、交点等不太一样。如果感觉自己的数学不好，需要先想一想这些问题：

自己高中的时候，是否做到了对数学这门学科全力以赴？是否在课堂上频繁走神？

平时的作业题目，是否做到了认真对待？应付了事，甚至压根没写过的情况是否很严重？

平时考试、包括高考，大部分情况下题目都是有区分度的。一些简单的送分题做错，是自己真的学不会？还是自己没记住公式？

自己数学不好，但自己是不是真的是发自内心地讨厌数学？如果能掌握一个好的学习方法，自己是不是对数学的反感也没有那么重？

如果想把计算机学得非常好，甚至有毕业从事算法岗、数据处理岗等高级高薪工作的计划，那么自己必须要把数学学得非常好——不只是计算机，学习任何工科、从事任何工科相关职业，想要享受最好的待遇、吃行业最好的红利，学好数学都是必要条件。毕竟，学好数理化，走遍天下都不怕。数学是一项区分度很高的学科，你算得比他快、比他准、比他有条理，那你的可替代性就会变低，需要你的企业就会变多，留职的可能性就会变大。

当然，计算机不是只有高级算法岗，也不是人人都非要"卷"着去冲最挣钱的岗位。像最常见的 Web 前端设计岗、CG 制作岗，工资不菲，对数学的要求也没有特别高，因为大部分情况下，自己记得公式、把公式写成代码输入程序里面，就可以了，计算机会帮你执行计算的过程，而且算得又快又准。

（三）计算机人才已经饱和？

计算机行业，严格来说，现在属于结构性饱和。所谓结构性饱和，体现在尖端人才供不应求、普通程序员一抓一把。用行业内的说法就是，企业缺程序员，不缺码农。而要理解这句话，我们首先要明白程序员和码农的具体区别。

我们会发现计算机学科的学科内容、知识架构，大量课程倾斜在一些理论上，上到深度学习、算法研究，下到诸如软件项目管理这种统筹团队开发的非编程课程，而很少会在编程语言上设置太多的教学时间。这是因为编程语言是计算机学科中最不重要的东西。使用什么语言、如何实现开发目标，这些是过程。最重要的是，应该制定一个什么样的开发目标？就好比新中国成立初期造原子弹，造一个什么形状的原子弹、使用多少爆炸物质、弹体采用什么材料、如何引爆……只有让顶级的科学家搞定这些理论难题，才能给工厂下订单要生产，而生产的工作不需要科学家来做，是工厂中的工人在做。

这里同学们如果理解不了程序员和码农的区别，也理解不了"编程语言是计算机学科中最不重要的东西"，就先暂时简单理解为：程序员是科学家，码农是技工。科学家就那么多，但技工一抓一大把。一个东西，这个技工做不出来，总有能做出来的技工；但设计这个东西，这个科学家设计不出来，别人就很难设计出来了。核心思想就是：对于那些可替代性强的工作，人才的确早已饱和了；但那些替代性不高的岗位，人才永远饱和不了。

（四）计算机专业不适合女生？

笔者经常能听到家长们说：我家考生是个女孩，感觉女孩不太适合学计算机，不如学个……在这里要向大家明确说明：学习计算机，不分男女，只看能力。

举一个和生活息息相关的例子。无论你是在追剧、刷微博，还是打游戏、查资料，我们在生活当中看到的界面，都是前端程序员敲出来的；而对于那些稍微有点规模的公司，都需要官网、App、内部管理系统，等等，这些也需要一个美观的页面来装饰。除此之外，未来是一个"万物互联"的社会，各种智能设备会变得越来越聪明。那些智能机器人脸上的屏幕，同样需要光鲜亮丽的操作界面和互动显示，这也会刺激前端的需求。对于设计一个页面，女性普遍比男性更有优势，因为女性普遍比男性更加细腻、更加注重视觉效果，比如色彩的搭配、元素的布置等。

总之，计算机从事的是脑力劳动。在这方面竞争，谁说女子不如男？计算机专业不像土木工程，对体力工作的需求很大，而女性在力量上的确普遍差于男性，所以通常土木工程不建议女孩填报，而计算机专业则是工科专业中对女生比较友好的专业。

三、计算机类专业学习内容

（一）核心课程

本书收集了包括清华大学、浙江大学、南京大学、北京航空航天大学、哈尔滨工业大学、华中科技大学、北京邮电大学、电子科技大学、西安电子科技大学、北京交通大学、北京工业大学、杭州电子科技大学等大学的本科培养方案，基本涵盖了各大层次的计算机高校，整体上包括了通识课程、公共基础课程、专业基础课程、专业选修课程。

计算机科学是一个边界非常模糊的专业，其下属分支太多，不同大学的同一学科授课模式也各有不同，而同属计算机学科的不同专业在授课模式上也并非大相径庭。本书在这里以本科最常见的计算机科学与技术为例说明。

通识课程：中国近代史、马克思原理等。

公共基础课程：高等数学/数学分析、线性代数、概率论与数理统计、离散数学、大学物理等。

专业基础课程：C语言程序设计、数据结构与算法、计算机网络、操作系统、计算机组成原理、数据库与信息系统等。

专业选修课程：Web技术概论、人机交互、自然语言处理导论、计算机图形学等。

（二）计算机类专业学习的乐趣与难点

Facebook创始人，扎克伯格曾说过，"一开始，我学习编程并不是为了精通计算机知识这门学科。我想这么做，是对它感兴趣，仅此而已。我想做点能给我和我的姐妹们都带来乐趣的事情"。就因为这句话，让我从科技的被动享乐者成为主动创造者！

在计算机的世界中，你可以拥有自由创造的快乐，用计算机语言搭建一个个人博客，或是用一段代码实现一个简单的小游戏，这种创造在计算机 0 与 1 的世界中并不太难完成，而在现实生活中其他专业很难带给你这种自由创造的成就感。

在计算机的世界中，许多前沿的技术都可以在生活中得到应用，例如可以调用公开的算法实现人脸识别、语音识别，通过学习就可以感受到科技对生活、生产的改变。

当然计算机专业的学习并不是那么轻松的，正因为计算机世界与现实世界的不同，其框架与语言往往是更加抽象的，需要同学们不断地学习前沿的知识与不断地练习所学，才能更好地掌握好这门专业。调试好的代码经常会出现我们难以想到的错误，在修正错误也就是俗称的改 bug 的过程中，往往是痛苦且煎熬的，正如黎明前的黑暗，当程序跑通后，过程越艰辛，成就感反而会越大。

四、计算机类专业适合哪些学生

计算机这个专业更适合对计算机专业以及计算机本身感兴趣的人，而且要对这个专业有相当浓厚的兴趣，因为在学习计算机的过程中，面对枯燥的代码，只有保持足够的兴趣，才能解决它，否则当你遇到问题时，只会烦躁。

另外，有耐心能坐得住的人，比较适合学习计算机。相信这也是任何学科都需要有的良好品质，如果三天打鱼两天晒网的话，可能学什么都学不好。况且，计算机虽然看上去很有趣，但是学起来还是很枯燥的，所以，有耐心能坚持非常重要。

学习计算机还需要学生有较强的自学能力，计算机行业更新换代非常快，想要学好计算机就需要不断地学习新知识。仅靠老师上课讲的、书上写的，是很难满足更高需求的，所以，需要学生自己不断地去学习。

学计算机一定会学习编程，编程绝不是单纯地敲敲键盘，打打代码就可以了。学习编程的人更需要有良好的逻辑思维能力和计算能力。

还有，学习计算机的人，英语水平也不能太差，毕竟计算机相关的技术文献很多都是英文的。所以，英语成绩也不能太差。

五、计算机专业就业介绍

（一）计算机就业方向

（1）互联网私企

去向介绍：互联网企业，是承担最多开发项目、具备最好开发条件、对开发人员需求最旺盛的地方。

作为毕业生最常见的理想就业方向，互联网企业每年都会接收海量的毕业生，并且给出几乎全行业最高的薪资待遇，这也是计算机专业的热度经久不衰的重要原因。互联网企业往往有很多的分公司，分公司的地理位置不同，招聘要求也不同，薪资待遇自然不同。

常见岗位与职能介绍：后端开发岗：后端开发岗是最常见的互联网企业岗位之一，是招聘人数最多、简历投递最多、竞争最激烈、淘汰率最高的岗位之一。后端开发岗对求职人员的要求，主要体现在：要求掌握多种编程语言，比如 Java、C++、Python、PHP 等；要求熟练使用数据库，比如 MySQL 等；要求对一些开发环境比较熟悉，比如 Unix /Linux 操作系统原理及常用工具。除此之外，一些特殊的开发岗还要求求职人员具有一定的网络编程能力，熟悉 TCP/IP 协议、进程间通讯编程等，还要求求职人员具有全面的软件知识结构认知。

前端开发岗：和后端开发岗的工作环境比较相像。前端开发岗往往要求求职人员具备一定的前端编程能力，比如能够熟练使用 HTML、CSS、JavaScript 等。为了便于考生们理解，用一个例子帮助大家简单理解：如果说程序是一个人，后端开发岗的工作人员就负责构建这个人的五脏六腑，前端开发岗的工作人员就负责构造这个人的相貌和身材。

测试开发工程师：顾名思义，测试开发工程师负责开发项目的测试。在招聘要求上，测试开发工程师和后端开发岗相似度比较高。在工作内容上，二者是有明显区别的。测试开发工程师的工作要求一般是测试亟待完成交付的开发项目，有时也需要自行开发自己的测试工具，但测试工程师的生涯里，除非接触自动化测试等特殊测试项目，一般接触不到编程。

不过要注意的是，测试开发工程师只是在日常工作中不太可能接触到编程，但这不代表自己不需要编程能力。相反，在招聘过程中，测试开发工程师的求职人员，反而要表现出更强的编程能力。

产品经理：用《打造 Facebook》一书的作者王淮的话来说，产品经理就是以解决问题为核心，整合和管理各种人力、物力等资源，高效将解决方案变成实际产品输出的领导者。对开发小组，产品经理需要具备一定的整合、统筹开发的能力；对客户，产品经理需要具备一定的沟通能力，保证用户画像和需求分析；对公司领导，产品经理需要具备一定的工作总结和反馈的能力，保证信息共享和进度更新；对市场，产品经理需要具备一定的分析能力和营销能力，尽可能地保证自己公司的产品得到妥善的销售处理，争取利益最大化。

因此，想要成为一个合格的产品经理，光会写代码，或者光会磨嘴皮子，都是不够的。产品经理是一个综合性的人才，这也是为什么诸如字节跳动这样的大厂能够给一些产品经理岗位开出非常高的月薪。

行业特点：待遇丰厚。互联网公司，尤其是大厂 / 中厂，往往能给员工开出很高的薪资，配套的福利待遇也是最好最全面的。以最常见的后端开发工程师为例，北京互联网企业能给出 1.5 ～ 2.5 w 的税前起薪，拥有十年以上工作经验的架构师往往能获得 50w 左右的税前年薪，并且薪资上不封顶。

工作压力大。私企拥有着用人的绝对话事权，在人事任免上往往实行着非常残酷的制度，导致淘汰率非常高；这种压力还体现在工作时间上，加班形成了一种社会现象，即 996。

对编程能力有较高要求。互联网企业，尤其是国内的互联网企业，招聘的岗位多是实战岗位，对员工的应用能力要求较高。

(2) 金融 IT

去向介绍：金融 IT 行业，是中国信息化建设中最重要的一个行业，它包括了银行、证券和保险等全部企业 IT 应用，属于商科和计算机的交叉行业。这个行业里，私企和国企都有，但总体待遇大同小异。

常见岗位与职能介绍：①软件开发工程师；②软件测试工程师；③系统集成工程师：编写技术方案，编写过程文档；交付项目及配套项目文档；完成数据中心运维工作，响应相关需求，完成相关配置；具备一定的项目管理经验；完成领导交办的其他工作。

想要成功应聘系统集成工程师，求职者需要掌握计算机网络技术（包括二层交换、三层路由），熟悉 TCP/IP 协议，熟悉动态路由协议，并能完成网络构建及调优，能通过各项日志信息进行初步分析，完成问题定位、解决；熟悉数据中心基本架构，了解数据中心配套硬件及基础原理（如虚拟化、NAS、SAN 等）。

系统集成工程师的工作内容多为较为底层的编程，内容比较枯燥，比较考验工作人员对计算机整体知识结构的熟悉程度。

金融分析工程师：金融分析工程师主要负责收集宏观、微观面的数据，建立数理模型、使用统计工具来处理所收集数据，并分析得出结论。金融分析工程师主要是协助金融类公司进行产品和相关系统的设计、开发和管理，主要方向有投资组合归因分析、绩效评价、风险模型的设计、管理、资产配置模型的设计等。通过分析得出相应的结论，以确保相关公司能及时准确地控制组合风险。除此之外，金融分析工程师还会向客户提供资金系统业务方案设计工作和咨询服务等。

由于这项工作对数学的要求比较高，金融分析工程师很适合本专业为数学、统计学等的毕业生。除此之外，诸如市场大样本的数据分析，非常考验系统的算法设计——而这就是程序员的工作。

除了这些工作岗位之外，金融行业还有诸如销售、监管等工作，但和 IT 行业关系并不紧密，因此不单独列出介绍。

（3）医疗 IT

去向介绍：医疗 IT，顾名思义就是泛指医疗信息技术，或者叫医疗软件。目前这个领域竞争得非常激烈，创新点也比较多，资本相对也比较活跃。医疗信息化在国内应该差不多有 30 年的发展历史了，目前越来越细分，渗透越来深厚，随着互联网的发展，一些医疗大数据公司也开始发力，还有医疗云，医疗数据平台，移动医疗等技术，另外还有一些 AI 方面的公司。

常见岗位与职能介绍：①软件开发工程师；②软件测试工程师；③高级数据分析师。

图像处理工程师一般负责挖掘用户需求和提炼产品需求，制定产品规范，对产品进行全面设计，包括：功能、特性、使用流程、UI/UE、性能要求等。然后根据既定需求，产出详细的产品需求文档及原型设计，跟踪产品研发进度。除此之外，高级数据分析师还需要对产品进行持续的设计优化，提升用户体验，深度挖掘用户需求；并能够制定产品和项目的目标计划，负责把控产品和项目的进度，协调突发问题与质量管理工作。

不难发现，高级数据分析师和互联网企业中的产品经理的定位存在相似之处。

行业特点：比较新颖，是医疗IT行业最大的特点。随着未来更多的资本注入，这个行业会获得更好的发展，会有越来越多的毕业生倾向于加入这个行业。

(4) 国有企业

去向介绍：国有企业的范围比较繁杂，包括航空集团、通信公司、铁路集团等，涵盖了国内各行各业，因此很难一概而论。

常见岗位介绍：

计算机维护员

通信导航员

工程技术员

运行控制员

……

国有企业的计算机岗位种类繁多，并且岗位职责不一，本书在这里列举了几个常见的、并且能够通过名字判断出工作内容的岗位，考生们在现在阶段有一些简单了解即可。

行业特点：工作稳定。当前国有企业的热度越来越高，竞争也越来越激烈。

收入一般。稳定是有代价的，同样的技术岗，国企工作人员的工资可能只有互联网企业员工的一半。对于高分的同学，考虑国企就要谨慎了，因为自己未来可能会面临非常大的心理不平衡。

升迁不确定。稳定的另一个代价就是，升迁处于一个相对不可控的状态。

管理层的岗位就那么多，自己一旦没有掌握到某个机会，等待下次窗口期开放就会是一个很漫长的过程。想要成功被提拔，能力是一方面，人情世故也很重要。

（二）计算机就业建议

计算机的就业，最重要的因素有二：行业和地域。

通常来说，普通的开发岗、测试岗等一线工作岗位，互联网企业能给出 1.5w 的起薪。这些岗位上的工作人员如果能留职工作超过 10 年，工资就有很大概率升到 60w/年甚至更高，再算上奖金、福利、各种补助（有商业头脑的人可能还有各种投资），年收入百万并非做梦；对于一些高级工程师，比如算法工程师、大数据测试员，年收入可以达到上百万。

但对于国企工作人员来说，收入是有一个隐形的"上限"的。同样的开发岗，国企的开发人员起薪和私企差不多，但往往达到大约 30w/年就是极限了。并且，国企内限制可能也比较多，比如不允许员工从事什么样的商业活动，额外收入也比不上私企的工作人员。

不过，这些上限、制约，等等，对于那些高级编程工程师来说，可以说忽略不计。一个顶级架构师都是被各大企业抢着要的。

其次是地域。同样的公司，同样的岗位，在北京和成都的薪资不一样，甚至在北京和上海的薪资也是不一样的，并且同样的公司，在不同地方的岗位种类和数量也是不同的。总体来说，北上广深的计算机行业薪资基本领跑全国。

因此，一般来说，在选择就业的时候，尽可能选择经济发达地区。一方面，经济发达地区的互联网企业，薪资高、待遇好。另一方面，经济发达地区中的互联网企业提供更多种的岗位，选择性非常高。

不过，大城市的生活成本比较高，这对一些家庭条件一般的考生是一种考验。除此之外，想要留在大城市，除了物价和房的问题，还要考虑落户，这对出身院校比较一般的同学不太友好。退而求其次，能考取一些地方的国企乃至地方的公务员，也是不错的选择，毕竟计算机非常万金油，在公务员领域，计算机也是招考专业的大热。

六、计算机专业升学介绍

（一）学硕or专硕？

（1）学制不同

专业硕士学制一般为 2 ～ 3 年，学术硕士学制一般为 3 年。具体情况以各招生单位当年政策为准。很多不愿意多花一年的时间并且以就业为目的的同学会偏向专硕。

（2）调剂政策不同

报考学硕的同学，当分数不够时，可以服从调剂转到专硕。

（3）学科代码不同

专硕的学科代码是【0854】就是电子信息。

学硕的计算机分类比较多，常见的有代码为【081200】的计算机科学与技术和代码为【083500】的软件工程。可见，双一流专业基本上都是学硕。

（4）入学难度不同

对于大部分学校的计算机考研专业来说，专业硕士较学术硕士难度略低。专业硕士公共课英语科目多考英语二、数学二，难度相对较小。学硕士公共课英语科目考英语一、数学一，难度比较大。还有报考学硕的同学，当分数不够时，可以服从调剂转到专硕。

（5）学习内容不同

学术型硕士（简称学硕）：学术学位（Academic Degree）是按授予学位的学术要求的性质和特点划分出的一种学位类型。授予学术学位的学术要求一般侧重于理论和学术研究方面，如：具有进行创造性学术活动和较高水平科学研究工作的能力，在本门学科上掌握扎实广博的理论知识等。

专业学位硕士（简称专硕）：专业学位（professional degree）是随着现代科技与社会的快速发展，针对社会特定职业领域的需要，培养具有较强的专业能力和职业素养、能够创造性地从事实际工作的高层次应用型专门人才而设置的一种学位类型。专业学位具有相对独立的教育模式，具有特定的职业指向性，是职业性与学术性的高度统一。

总结来讲，学硕是以科研为导向，将来发展可能性会更多一些；专硕是以职业为导向，以职业发展技能为主要学习方向。

（二）什么是408？

计算机的全国硕士研究生统一招生考试（也就是大家熟知的计算机考研）中，全国统考的专业课二，科目名称为"计算机学科专业基础综合"，内容包括数据结构与算法（Data Structure）、操作系统（Operating System）、计算机网络（Computer Network）和计算机组成原理（Computer Organization）。因为计算机学科专业基础综合的专业代码为408，所以大家常用408来统称这四门课。

目前，全国各大高校都在开展专业课改考408的风潮，并且国家整体调整方向就是希望尽可能统一命题。从难度上说，408目前是全国第二难的计算机专业课（第一难是清华大学的912）。

（三）绝大多数信息行业的人都不读博

许多同学都会出现纠结学硕还是专硕的情况，并且担心自己选择了专硕后，未来想读博深造还要再花费精力去考试。其实，绝大多数信息向专业的人是不读博的，主要原因是信息行业比较吃青春饭。国内外的博士，主流学制多为4年制，但是博士的毕业要求非常严格，导致延毕现象比较严重，如此算来可能毕业以后就到了35岁，便只能走科研路线了。

因此，对以就业为导向的同学，学硕和专硕的区别不大，考虑到专硕的短学制可以考专硕；对于目标是投身计算机科学、发自内心地热爱着计算机科学的同学，则完全可以选择考取博士，这种情况下当然学硕更好一些。

七、报考建议

（一）学科排名

计算机专业学科评级来自 2017 年底教育部公布的第四轮全国计算机学科评估结果。

扫二维码查看详细评估结果

（请看计算机-表1-计算机科学与技术第四轮学科评估）

软件工程专业学科评级来自 2017 年底教育部公布的第四轮全国软件工程学科评估结果。

扫二维码查看详细评估结果

（请看计算机-表2-软件工程第四轮学科评估）

（二）报考建议

对于普通本科的考生，尤其是二本考生，择校上一般不存在太大的挑剔，因为在大多数用人单位的眼里，只有双一流大学的毕业生和非双一流大学的毕业生。这个时候，普本考生尽可能遵循这样的思路：

优先保障专业，将来就业方向主要考虑省内及周边就业，留足分数空间来选择专业，当学校已经不占优势的情况下，专业一定要留足空间选择到自己青睐的专业。

尽可能选择周边地区的大学，尤其是非经济发达省内的大学一般都会给本省大学提供政策倾斜，在省内就业时，企业对这些学校毕业生的认可度也比较高。

对于双一流大学分数段的考生，首先要明白四件事情：

双一流高校普遍喜欢大类招生。所谓大类招生，就是将一些具体的专业打包成一个大类，新生在大一学习公共课，按照大一一学年的成绩分流。不同高校的大类设置不同，有些大类设置比较合理，有些大类设置非常不合理，甚至将土木、生物和自动化、计算机一起打包成一个大类。所以各位考生，尤其是高考难度相对较低的考生，报考大类招生的院校时，一定仔细对比自己的实力与专业大类下的每一个专业，以便对之后的专业分流有一个清晰明确的认识。

其次建议按照两点原则选择院校：

（1）选择因为计算机强而强的学校例如北京邮电大学等，在大学中重点打磨技术能力，可能的话争取入围比较好的培养计划或课程项目，提升专业能力。

（2）选择自己强、从而带强了计算机的学校，例如武汉大学、吉林大学等。这一类学校通常综合实力比较强，尤其是数学相关的理学学科比较强势，设立的计科院也具备比较可观的保研名额。另一个优势是，综合类大学一般人文氛围都比较好，有利于学生的综合发展。

八、计算机专业学长学姐说

（一）学会自学与利用互联网资源

大学就读期间学生往往有充分的自由时间，自由时间代表着你和别人拉开差距的时间。大学的学习，只靠上课听讲远远不够。互联网上有非常多的名校计算机课程以及很多经典的计算机理论与语言的书籍，吃透一本书、一门课再加上实战练习，往往比应付考试对你的帮助更大。

（二）扎实数学与计算机理论基础

计算机专业的五大基础理论课程主要包括：数据结构与算法、计算机组成原理、操作系统、计算机网络、数据库。这五门课程能够帮助你建立起计算机世界的基本框架大楼，同时也是考研、找工作必考的知识点。虽然这几门课程都重要，如果有个排序，笔者还是要把数据结构与算法排在第一位。程序＝数据结构＋算法。数据结构经常与算法放在一起，在有些高校，会同时设立"数据结构"和"算法设计与分析"两门课。这就造成很多同学不知所以然，数据结构与算法有什么区别？甚至有些同学认为这就是一种。其实，数据结构主要讲解数据的组织形式。就是我们要怎样把这些数据存储起来，所以有数组、链表、栈、队列、树、图，这是数据结构的重点。算法，则注重的是思想。比如数组里的元素怎么排序、怎么找到最大的数和最小的数，等等。说白了就是解决现实中问题的思想。

（三）多练习实战，精通至少一门编程语言

推荐几种实战方式：刷题、开源项目、工程项目。

刷题是大学必做的事情。一方面是巩固数据结构与算法的内容，另一方面则巩固提升自己的代码能力。如果没有特殊情况，笔者建议大家刷 LeetCode。

开源项目可以在 GitHub 上寻找，上面有很多有趣的项目可以通过阅读文档与代码编译进行实现。

工程项目主要是靠自己接，或者学校实验室的项目，这个需要自己去争取寻找。

大一：学好计算机导论，学好入门编程语言（一般是 C 语言）

大二：基本要学习面向对象编程语言，一般是 C++/Java，学好计算机基础课程：数据结构与算法、计算机组成原理。

大三：学好操作系统、计算机组成原理、数据库这些基础课，这个阶段课程学习基本结束，学生可以选择外出实习，或者跟实验室老师做项目，或者下学期开始准备考研、保研。

大四：课程基本结束，学生可以选择实习或者考研。

（四）提前把握个人未来去向，早做规划准备

计算机类专业的出路有很多种，本科就业、保研、考研、留学、考公、创业等，在大三时候乃至更早就需要提前判断自己走哪一条路比较合适，然后朝着这个方向进行规划努力。

九、相近专业介绍

（一）计算机科学与技术&软件工程

这两个专业是大部分人所熟知的计算机专业。理论上说，计算机科学与技术是真正研究计算机的学科，日常的学习知识包括计算机的硬件知识和软件知识，不仅研究应用，还研究理论，是最接近"计算机科学"这一概念的、真正的计算机学科；软件工程更加侧重于培养软件工程师，学习方向偏向于应用，主要学习如何使用代码搭建软件框架、完善软件功能、协调开发团队、解决开发冲突。

但实际上，这两个专业并没有本质区别。以课程设置为例，计算机科学与技术会比软件工程多一门叫作《计算机组成原理》的课程，而软件工程在课程设置上会多一门叫作《软件工程导论》的课程。但除了这些，诸如《计算机网络》《操作系统》和《数据结构与算法》这样的课程，两个专业都会设置，并且教学上没有明显区别或侧重，甚至在一些大学中，计科系和软工系的同学会坐一个教室学习这些课程。

另外要解释清楚一个误区：软工就是码农培训班，真搞科研还得看计科。其实这种想法不是完全正确的。从就业的角度出发，没有用人单位会严卡"计算机科学与技术"或者"软件工程"的字样。简而言之，大学校园中，专业固然重要，但主要还是能力为主。想要做科研，不必非要局限于计科，如果一心为了就业，软工甚至可能更占优势，因为计科的课程设计普遍比软工更杂一点。软工的学费普遍比较昂贵，许多大学实行"大三大四，每年一万五千及以上"的收费标准。

总而言之，有计科就选计科，但也不是非计科不可。对于纯粹以就业为导向、但是分数不太够计科的人群来说，软工是一个非常完美的替代选择。

（二）信息安全&网络空间安全

信息安全和网络空间安全，顾名思义，就是使用计算机来保证一些"安全"——比如保证文件安全传输不被盗用、网络连接稳定不被恶意程序破坏，等等。通常来说，网络空间安全更像是信息安全下的一个分支。

学习内容上，两个安全和计科、软工的最根本区别在于核心课程。严格来说，计科和软工并没有真正意义上的核心课程，一方面是因为不同学校的教学目标不同，比如北大软微学院的计算机在核心课程上更侧重于设置信号、电路相关的课程，而清华大学和浙江大学的计算机更加侧重于一些前沿技术的教学——比如机器学习和信息检索，等等。但"两个安全"不一样，它们都有一个严格意义上的核心课程——密码学。现代密码学涉及的学科包括信息论、概率论、数论等，对数学的要求会比较高。

除此之外，"两个安全"不同于计科、软工的地方在于编译的方向不同。计科和软工的代码编译常常集中在应用层上，也就是制作我们常见的各种电脑网页、手机 App 等，两个安全常常表现出较为底层的编译，相对比较枯燥。

2016 年国家提出了《国家网络空间安全战略》，并且在全国范围内掀起了一股"安全热"，各大高校纷纷开设信息安全、网络空间安全课程，网络空间安全也走入了研究生考试，成了考研可选的一个科目。并且，两个"安全"在就业上，岗位多、待遇优越，并且对口的很多岗位都是国家部门，非常稳定，代价就是可能需要牺牲一些个人自由。总之，就专业本身而言，无论是出于学习内容、还是出于就业导向，双安都算得上是一个不错的专业——只要能接受其枯燥的一面。

（三）网络工程

网络工程作为一个常见的本科计算机系学科，常常被人们误解为"网管"，但严格来说，网络工程对口的方向是"网络工程师"。网络工程专业，简单地说，就是一门关于如何设计、建设、管理、维护网络的技术学科。要学好网络工程这个专业，无法绕开计算机和通信方面的知识，而且专业名称中的"工程"两字还要求学生能以工程化的思想、方式、方法来设计、研发和解决网络系统问题。

在学习内容上，不同于计科和软工，网络工程要求学生要对网络层面花大功夫。以软件工程为例和网络工程做对比，部分大学的软件工程专业在学生的大三会设置名为"面向对象设计"的课程，旨在培养学生统筹规划、协调开发团队明确目标、避免在开发过程中走过多弯路的能力。而网络工程会设置"网络编程""路由与交换技术"等科目，让学生在网络层上进行实践、操作。

另一方面，不同于网络空间安全，虽然都在网络层面上学习，但网安的核心仍然是密码学等，侧重于安全，而网工的侧重在于"工程"。可以简单理解为：网络工程要求学生盖一栋楼，在盖楼的过程中学生也会学一些盖楼的相关安全知识，但网安主学如何保证这栋楼不倒塌，其间会学一些网络编程的内容。

网络工程，理论上说，它的培养方向是网络工程师，而网络工程师的就业待遇，和一般计科、软工出身的人从事的开发工作相比，要逊色不少，所以很多人对网工比较排斥。但其实，网工的课程设置上和计科很像，核心课程上虽然有偏差，接触的内容也大多比较抽象和枯燥，但总体难度不是很大，即使考研转专业也不会很难，甚至由于计算机网络方面的知识比较扎实，考研的时候比其他同学还有优势。

因此，对于那些分数在计科、软工投档线附近不上不下的考生，选一个网络工程做保底，其实是一个不错的选择。

（四）物联网工程

物联网专业属于计算机学科，此专业培养能够系统地掌握物联网的相关理论，并具备通信与传感技术等信息领域知识的高级工程技术人才。

其实理解起来也没那么复杂。以现在市面上非常常见的智能音箱为例：你对它说一句话："北京朝阳今天天气怎么样？"，它会反应："北京朝阳天气晴，气温18度到29度……"作为一个音箱，它的"本职工作"是外放声音，但现在它可以播报天气、播报气温，甚至有可能提醒你"记得带伞哦"。能够"物超所用"，正是因为它连上了互联网。

智能音箱是个物件，它联上了网，这就是物联网。研究这些联网物件的学科，就是物联网工程。当然，物联网工程不只是研究这些神奇的小物件，它的征程是星辰大海——比如我们常说的"万物互联"。所以，操作系统方面的学习，尤其是分布式系统方面的传输，是物联网工程学科必不可少的，由于涉及传输，数字电路、模拟电路等电子学科的学习也是必不可少的。因此，物联网工程，其实就是计算机科学与电子信息工程的交叉学科。

（五）数字媒体技术

著名导演詹姆斯·卡梅隆和他的作品《阿凡达》成了传世经典，每一帧都成了无数影迷心中的丰碑。人们在沉浸在精彩的剧情中时，也会被卡梅隆后期团队无与伦比的特效制作所折服。实际上，这些特效离不开数字媒体技术学子的精彩发挥。

要讲明白这个专业，我们要从两个角度出发：一个是数字媒体技术和计科的区别，另一个是数字媒体技术和数字媒体艺术的区别。

先说第一个。简单来说，数字媒体技术也是计算机科学的分支，例如 C 语言程序设计、数据结构与算法等之类的计算机基础大课都会学到，考生们未来面对考研，也可以相对轻松地考到计算机科学与技术或者软件工程上。这两个课程之间的区别在于后续的专业课不同。一般来说，计科的课程设置上，或倾向于硬件的电路、电子，或倾向于程序的机器学习、计算机视觉；而数字媒体技术倾向于 CG（计算机图形学），专业导向人机交互、三维动画基础，等等。

再来谈谈数字媒体技术和数字媒体艺术的区别。首先，"技术"所属类别的科目是工科，"艺术"所属类别是艺术——这决定了两个类别的考生一般不会报错，因为只有艺术生才可以报名艺术类专业，普通理科/物理类考生才可以报名工科类专业。学习内容上，简单粗暴地说，"艺术"人构造出美丽的画卷，再使用"技术"人做出来的工具完成制作，或者请"技术"人来完成制作。

（六）人工智能和大数据

在一些学校中，人工智能的名字是智能科学与技术，最早是 2006 年由北大设置的计算机二级学科。由于现在的 AI 热，各大高校纷纷开设人工智能专业。互联网企业、科技公司对人工智能相关的岗位，尤其是卓越的算法工程师表现出巨大的需求。因此，近三年，人工智能全部登顶高考最热门专业——它的身后是机器人工程、大数据。

顶级的计算机高校，人工智能生源几乎全是各地计算机竞赛生、特长生。

大数据也是一样。秉持着"比你自己还要理解你"的理念，许多科技公司、互联网企业都在大数据上下足了苦功夫，国家的政策也鼓励高校开设大数据。但面对单位动辄亿万的数据量，普通的算法根本做不到又快又准，这对学生能力的要求是非常高的。就像人工智能，顶级计算机强校不会考虑普通高考生——因为它们有更好的选择；普通高校一没资源，二没生源，即使招生办学，也无外乎又是一锅"大杂烩"；或者披着统计学的外衣，再多教一些编程语言。最后结果很容易演变成：感觉什么都学了，又什么都没学。

人工智能和大数据，如果有同学对这个专业确实很感兴趣，不妨先在本科主修一门计科或者软工，甚至是信息与计算科学或统计学这种和计算机关系非常密切的专业，打好基础，到了硕士阶段再展开相关的研究和攻读。

第十四章　土木
——道路桥梁房屋的建造师

引言

人类文明发展的道路上无时无刻不在伴随着对生存环境的改造需求，对住所我们要求安全、舒适、宽敞，对出行我们要求通畅、便捷、高效，对工厂、医院等工作生活场所我们又提出各种针对性的要求。

从树居、穴居到今天的人类文明世界，我们将这种通过建造工程设施来对生存环境加以改造的科学技术统称为"土木工程"。人类对改造生存环境的需求是伴随整个人类文明发展过程的，因此对土木工程的需求亦然。

考虑到学科诞生和发展的初衷，土木工程学科具有比较强烈的实用主义色彩。

那么，土木工程专业未来前景如何？土木工程专业要学什么？土木工程专业的就业去向如何？适合哪类考生报考呢？希望文本对上述等问题的解答能够让各位家长和学生对土木工程类专业有所了解。

一、土木工程类专业介绍与特点

(一) 什么是土木工程类专业?

建筑业是我国重要的支柱产业,我国每年以土木水利工程为主的基础设施建设规模已经超过世界上其他所有国家的总和。中央和地方政府每年都巨额投资于基本建设,包括高速铁路、高速公路、城市轨道交通、超高层建筑等重大工程相继开工建设。

土木工程不仅仅是跟房子相关,上至闻名世界的港珠澳大桥、杭州湾跨海大桥、三峡大坝、高铁桥梁,下至普通的公路、管井线路布置规划等都属于土木工程的范畴,都需要大量基建方面的人才。所谓的土木,是指一切和水、土、文化有关的基础建设的计划、建造和维修。

一般的土木工作项目包括:道路、水务、渠务、防洪工程及交通等。过去曾经将一切非军事用途的民用工程项目,归类入该类,但随着工程科学日益广阔,不少原来属于土木工程范围的内容都已经独立成科。从狭义定义上来说,土木工程就等于 civil engineering,即建筑工程(或称结构工程)这个小范围。广义上的土木工程则涉及生活的方方面面。

土木工程专业在就业方面主要有工民建、地下工程和路桥三个大方向。第一个是城市楼房建设;第二个是地铁建设;第三个是高速公路建设。前两个的工地基本上都是在城市内。高速公路建设在野外,环境虽然辛苦,但待遇方面较高,素有"金桥银路"之说。总体来说,不管在哪个单位,土木工程专业从事的工作主要有工程技术、设计、规划及预算、质量监督及工程监理、工程检修、公务员、教学及科研等几个方向。工作环节涵盖了项目立项、可研、勘察、设计、招标与施工及运营。

(二) 土木工程类专业的研究对象

本专业以各类工程结构的建造为研究对象,即借助土地、建筑材料、建筑设备和施工机具,如何在地上或地下、陆上或水中建造起能安全可靠的为人类生活、生产、各种社会活动服务的各类工程设施,例如房屋、道路、隧道、桥梁、堤坝、港口、电站、飞机场、海洋平台等，建成的设施既能满足人们使用和审美要求，又能安全承受各种荷载的作用。以上整个过程包括项目策划、勘测、设计、施工、运维等技术活动。建造过程中所应用的材料、设备也是土木工程的研究对象。

概括地讲，土木工程的学习对象就是"建楼、修路、架桥、开隧道、修地铁"怎样实现的问题。

（三）土木工程类专业的前景解析

（1）优点

就业广：毕业后除攻读研究生或出国继续深造外，可就业于建筑工程、地下建筑工程、道路与桥梁工程、城市轨道工程等领域的工程规划、勘察、设计、施工等企业的技术和管理部门，各级政府部门或事业单位的相关管理部门，以及金融投资、工程建设开发、建设监理、工程保险、工程咨询等各类机构。从事工程投资理、规划、设计、勘察、科学研究以及施工技术开发、施工管理、工程检测、工程质量评估、建设监理、工程专业教育、工程保险、公用事业管理等方面的工作。与其他行业相比，土木类在社会需求面广，需求量大，单位层次差别较大，对人才的需求分层也很明显。一流高校学生出来就业的性价比会更高，但普通高校学生也依然有较多的机会。

薪资待遇高：土木类就业大多是在中建、中铁、电建类施工单位，也有少部分人进入设计院和建设单位。以中建某局为例，毕业生薪资在每月 5000 元左右，相应的有项目奖，季度奖，年终奖，第一年在 6 万 ~ 7 万元左右，稳定后可以达到八万。如果本人愿意去新疆、内蒙古等边远地区常驻现场，每月薪资一般可以达到 1 万元左右。

如果达到研究生学历，可以选择设计院或建设单位，工作环境好，通常有双休，性价比相对来说较高。在一般设计院做结构，毕业生每月薪资 5000 元左右，年终奖在 3 万 ~ 5 万元左右。

（2）报考时需考虑的因素

工作时长不稳定：土木类专业就业最大的特点就是工作时间不固定，虽然有假期，也有上班时间，但是真正的工作时间和项目状态挂钩。一个工程一旦开始，会受到建设方的时时监督，并且因为是混凝土施工工艺，也会容易导致一个工序必须完全做完才能休息。所以遇到连续施工工艺时，即便是加班加点也要努力完成，这很大程度上会影响到正常的休息，甚至可能会没有休息时间。在施工现场没有绝对的固定工作时间，但是肯定不会少于八小时。同时在项目开展的期间，假期会相应减少。

工作地点较偏远：城市建设通常比较发达，除了房建以外，其他建设如桥梁、水利水电等通常远离城市，施工者或者管理者要驻扎或往返于城外与家中。因此这个专业需要能吃苦的精神。工程一般在偏远地区且经常需要风吹日晒，工作条件比较恶劣，即便是入职设计院或是其他相关部门，偶尔也要到现场指点一二，避免不了长途跋涉。

此外，有的人去广联达公司做产品体验馆，针对工程造价做相应的软件；有人在单位的信息技术部门做编程，对施工过程进行信息化检查碰撞。所以在传统行业遭到"袭击"的时候，土木类的人才也要与时代变更相互适应，不能仅局限于目前的发展。

二、对土木工程类专业认识方面的误区

（一）学习了土木类专业是不是要去工地搬砖？

在大家的印象中是不是觉得该专业毕业的学生真的就是到工地搬砖呢，当然不是，本专业毕业后可以从事土木 / 土建 / 结构工程师、施工员建筑工程师、道路 / 桥梁 / 隧道工程技术、建筑施工现场管理、工程造价 / 预结算、公务员、事业单位人员等相关的工作。如果进入施工单位，土木类本科及以上毕业生在施工现场一般起到的是监督、检查、领导负责的作用，极少需要亲力亲为，这是工程师与工人的本质区别。

（二）土建行业是我国的夕阳行业？

社会上往往认为，土木工程是夕阳产业。土木工程作为支撑包含基础设施建设在内的建筑业专业技术人才人力资源需求的主要来源，与新技术领域相比较，其专业的寿命期长，可以说本专业与人类共存。即使像欧美发达国家建筑业的发展趋势在相对减弱的状态下，土木工程仍然是一种不可或缺的专业，土木工程专业人才需求具有长期性。同时，我们也要认识到，我国经济转型期产业结构调整会对土木工程专业人才结构产生影响，土木工程教育的内涵也将不断更新与拓展，不断被赋予新的内容，如：住宅产业化、绿色建筑背景下需要我们土木工程专业的学生及时掌握与之匹配的知识。因此，土木工程专业既不是一个时髦专业，也不是夕阳专业。

目前来说，土木工程仍然是对口就业率最高的"热门"专业之一，同计算机一样，土木工程毕业生遍布建设领域的各条战线。没有土木就没有我们目前便利的各种生活条件，就业情况依旧向好。土木行业就业门路广泛，人才需求量大，找工作相对容易。我们可以选择的单位很多，设计院、建筑公司、监理单位、房地产开发公司，以上这些单位是我们土木专业就业的主流，我们还可以从事造价咨询、工程管理、道路、桥梁，等等，有机会有门路我们还能进城建政府职能部门如质监站、规划局、安监站等。无论你学历高低，一般只要用心都能找到一份合适的工作。

就像我们看到身边的高楼大厦正在不断地拔地而起、一条条宽阔平坦的大道向四面八方不断延伸一样，土木建筑行业对工程技术人才的需求也随之不断增长。进入各个人才市场招聘工程技术人员的企业共涉及100多个行业，其中在很多城市的人才市场上，房屋和土木工程建筑业的人才需求旺盛。随着经济发展和路网改造、城市基础设施建设工作的不断深入，土建工程技术人员在当前和今后一段时间内需求量还将不断上升。再加上路桥和城市基础设施的更新换代，只要人才市场上没有出现过度饱和的状况，可以说土木工程技术人员一直有着不错的就业前景。

（三）未来就业面很少，只能去施工单位？

土木工程专业的毕业生，除去考研升学外，就业去向主要是房屋建筑、交通土建（道路、桥梁、隧道、机场、运输管道等）、水利水电工程、市政工程（地铁、地下管廊、城市地下综合体等）等行业的开发、设计、施工、管理单位或部门。具体来讲主要有：

工程技术方向：大中型建筑施工企业、房地产开发企业、路桥施工企业、地下工程施工企业等的施工员、结构工程师、技术经理、项目经理等。就业工作单位为中国建筑股份有限公司、中国铁建股份有限公司、中国中铁股份有限公司、中国交建股份有限公司等国有大型骨干企业。

设计、规划及预算方向：工程勘察设计单位、房地产开发企业、交通或市政工程类机关职能部门、工程造价咨询机构等的项目设计师、结构审核、城市规划师、预算员、预算工程师等。

工程监理、质量监督及公务员方向：建筑、路桥、地下工程监理公司、工程质量检测监督部门的质检员、监理工程师等，建设、交通及水利等部门公务员。

土木工程外包服务方向：我国土木工程国际化的趋势越来越明显，迫切需要一批具有中国和海外双重教育背景、了解国际土木工程建设运作规则的大土木专业人才。

三、土木工程类专业学习内容

（一）核心课程

专业基础课：大学物理、画法几何、建筑制图与 CAD 应用、理论力学、土力学、流体力学、结构力学、基础工程、工程地质、工程测量、土木工程概论、房屋建筑学、建筑材料、建筑施工与管理等部分课程。

专业选修课：土木工程测试技术、土木工程结构设计、城市总体规划导论、环境工程概论、大跨空间结构、地基处理、结构动力学、新型建筑材料、结构稳定理论、建设监理、地基基础工程分析与处理、施工项目质量与安全管理等课程。

专业实践课：测量实习、砖混及楼盖课程设计、房屋建筑学课程设计、钢结构课程设计、施工组织课程设计、毕业实习、毕业设计等。

（二）土木工程类专业学习的乐趣与难点

土木工程学习的难点一般来自力学计算与绘图，初学建筑制图课程，可能会遇到点困难，需要有一定的空间想象力。但跟其他任何工程专业一样，图纸是工程师的"语言"，是必须克服困难掌握的课程。理论力学、材料力学、结构力学、流体力学、土力学、弹性力学，是基本的力学课程，也是学好土木工程专业的基础。钢筋混凝土设计原理、钢结构设计原理、工程地质是专业基础课程，也是力学课程在土木工程中的应用和体现。其他如房屋建筑学、桥梁工程、道路勘测设计、路基路面工程、土木工程施工与组织等课程则属于专业课程，为将来从事的工作直接提供专业知识。

从理论计算到工程制图，看着课堂上学到的公式与图例经过工程师的创造与施工人员的劳动，最终变成了我们生活中的道路、桥梁、建筑等，服务我们的日常生活，会有一种强烈的成就感，也不失为一种学习—应用的乐趣。

四、土木工程类专业适合哪些学生

学习土木工程专业，首先要具备良好的思想与心理素质，能够真诚地热爱土木专业，敢于挑战新目标新高度，敢于接受挫折与挑战；其次要具备一定的土木专业知识，能够利用所学知识解决实践中的工程问题；第三要具备广阔的眼界，能够通过学习其他专业知识提高自身的竞争力；最后要具备高度的责任心、实事求是的工作态度、团结协作的团队意识、吃苦耐劳的高尚品德。

（1）对房屋建筑、道路、桥梁、隧道及地下建筑等工程结构感兴趣。

（2）空间想象力。建筑本身功能决定它立体的东西，通过平面的点线能想象到它在实际空间的实际形态是一个最基本的要求。

（3）有较扎实的数学、物理基础和较强的逻辑思维能力。没有良好的力学基础是不可能学好土木工程这个专业的。

（4）有认真、细致的作风、高度的责任使命感、实事求是的科学精神。任何一门学科都是严谨的，土木工程也一样。无论将来做设计、施工还是监理，你的"作品"——建筑物，都关系到人民的生命和财产安全，所以必须认真、细致。

（5）有较强的动手能力。这里的动手能力是指发现问题、解决问题的能力。土木工程就是实践，它重在落实与操作，在生产过程中会遇到各种各样的问题、困难，这就要求有扎实的理论知识和丰富的实践经验来处理、解决问题。

（6）有团结协作的团队精神、吃苦耐劳的工作精神。建筑行业本身就是辛苦的代名词，所以从事这个行业就一定要有吃苦耐劳的精神。

（7）有良好的思想品德、社会公德和职业道德。

五、土木工程专业就业介绍

（一）土木工程就业方向

（1）工程技术方向

代表职位：施工员、建筑工程师、结构工程师、技术经理、项目经理等。

代表行业：建筑施工企业、房地产开发企业、路桥施工企业等。

年薪参考：施工员 / 技术员：1.5 万 ~ 2.5 万元；工长：2.5 万 ~ 4 万元；技术质量管理经理：4.5 万 ~ 7 万元；项目经理：5 万 ~ 10 万元。

（2）设计、规划及预算方向

代表职位：项目设计师、结构审核、城市规划师、预算员、预算工程师等。

代表行业：工程勘察设计单位、房地产开发企业、交通或市政工程类机关职能部门、工程造价、咨询机构等。

年薪参考：预算员：1.5 万 ~ 3 万元；预算工程师：2.5 万 ~ 6 万元；城市规划师：4 万 ~ 7 万元；建筑设计师：4 万 ~ 10 万元；总建筑设计师：25 万元以上。

（3）质量监督及工程监理方向

代表职位：监理工程师代表行业：建筑、路桥监理公司、工程质量检测监督部门。

年薪参考：现场监理员：1.8 万 ~ 2.5 万元；项目直接负责人：2.5 万 ~ 4 万元；专业监理工程师：3 万 ~ 5 万元；总监理工程师：4 万 ~ 8 万元。

总结来说，土木毕业生主要就业方向是公务员、甲方、设计院和施工单位。

"甲方"指土建房地产企业。在甲方工作的优点是工资高，是对口行业中最高的，奖金也比较丰厚。但是入职门槛高、有一定的工作强度。首先入职需要经过 N 轮面试，对个人的综合素质，尤其是沟通能力，提出了很高的要求，而且工作以后有绩效压力，加班较多。进甲方最好的途径是校招。考虑到近年地产行业不太景气，建议有相关意向的同学们选择头部地产公司。

施工单位工资待遇还不错，但是工作强度大，996 甚至 007 是常事。另外，需要常年出差，跟着项目跑。

进事业单位目前是笔者认为土木工程学生较好的归宿。每年土木毕业生都有一部分去考公，但是和前几个方向相比，不算是主流。专业对口部门包括建设局、安监站、质监站、测绘站、规划办、建管站、建设局、安监站、质监站、测绘站、规划办和建管站等。在事业单位主要是从事项目管理的工作，处理公文资料，基本不会去施工现场，对专业技术的要求较低。优点是轻松稳定，薪资待遇不错，缺点是晋升空间有限，工资上限也不高，始终是中等偏上的水平。

（二）行业前景分析及就业去向推荐

在整个建筑工程项目流程，各方承担不同角色：首先是项目建设投资方（甲方）购买土地并出资提出需求，项目立项，然后向城乡规划部门提出申请，批准后，地质工程勘察院派工程师去勘察，主要勘察土质和水利情况，然后是设计院，负责把想要的建筑物设计出来，外观和内部结构还要根据勘察的土质和水利的结果进一步设计。同时也要考虑这个土地能承载多大的重量，决定用什么样的地基结构，什么样的混凝土强度多厚的垫层等。设计院把方案给到建筑公司，建筑公司负责把设计方案造出来成品，在此过程中还有监理单位和造价事务所，监理单位由甲方聘请来在这个过程中负责监管建筑公司，造价事务所则负责对建筑公司的成本造价进行审计。

首先简单介绍一下关于行业的基础知识：从典型地产项目的结构上说，上游单位包括政府机关、房地产企业等投资单位。中游单位包括规划、设计、咨询、监理等。下游单位包括施工、销售、运维等。因此，就业推荐通常为上游、中游、下游这样的顺序。

总体而言，我国的土木行业体量是很大的，能提供的工作岗位种类和数量都相当多，也因此保证了整个行业的就业率。

二十多年来，中国超高速的城镇化进程也保证了这个行业的收入实际上是高于平均水平的，也提供了不少相对高收入的就业岗位。

（1）房地产开发商

这是 985 高校土木毕业生最广泛的职业去向，大约有 60% 的同学都去了地产。

（2）设计院

进入设计院工作的大部分是学习成绩比较出色的学霸。但是由于近些年来，设计院工作的特殊属性，如经常加班，导致设计院已经不再是土木专业优秀毕业生的首选工作单位。

（3）公务员和事业单位

专业对口部门包括建设局、安监站、质监站、测绘站、规划办、建管站、建设局、安监站、质监站、测绘站、规划办和建管站等。

（4）造价咨询公司

造价咨询单位其实就是甲方聘请的顾问单位帮忙做合约规划，目标成本，招投标文件编制，清单编制和审核等和招标采购相关的一系列工作。主要是港资企业，招聘人数相对较少，从工作内容来说笔者认为比较适合女生。

（5）管理咨询公司

这个在国内是属于比较新的行业，分全过程咨询、代建业务、分项咨询公司等 3 种国内做得比较强的公司。欧美地区在这一领域发展得相对更成熟。分项咨询公司在国内的高端项目，超高层商办项目应用得比较广泛，往往一个项目就有十多个顾问：绿建顾问、电梯顾问、交通顾问、机电顾问、声学顾问、幕墙顾问、bim 顾问、景观顾问、海绵城市顾问、项目管理顾问、泛光照明顾问，等等。甲方其实只需要做好资源整合和交圈的工作即可，专业的事由专业的人负责，笔者认为这是一个比较有可持续发展能力的方向。

（三）本科就业与读研就业的区别

从毕业即就业的角度讲，土木工程专业的本科毕业生就业去向以施工单位为主，而进入设计单位、甲方（政府部门或房地产企业）则相对更困难，这主要是由于后者对学历和其他方面要求更高。

综合而言，施工单位能为本科毕业生提供一份相比其他传统工科行业薪资更高的工作，但与此同时其能提供的工作环境、工作时长、假期等条件也往往更差一些。

实际上，对于家庭情况一般或学历含金量不足的学生而言，本科生毕业选择去施工单位是比较好的选择，但对于希望拥有稳定的工作环境和时间的同学来说则需要慎重考虑。

需要额外指出的是，考虑到施工单位对于高技术和高学历人才的需求并没有那么强，或者说其所能提供的岗位并不对技术和学历提出太高要求，这些岗位的员工的替代性是相对较强的。

顶尖土木工程院校的毕业生大多数都会选择继续深造，直接就业的比例一般在 20% 或更低，通常对应的也是提前规划好转行路径后就业的情况。

在本科毕业继续深造的人群中，只有少部分会选择出国深造，其中美国是主要的目的地。考虑到国内外土木工程专业研究方向的差异，这部分人群的研究方向往往以交通工程、建设管理等为主。

国内读研的人群受到各院校保研、考研政策影响较大。在顶尖院校中，保研资格的获取难度总体而言并不高；而在非顶尖院校中，保研和考研的压力则大得多，需要提前充分考虑和准备。

若在硕士、博士时依然选择土木工程方向，那么在毕业后需要进行是否继续坚持科研的选择。因国内外各类科研岗位都高度饱和，选择继续学术理想一般意味着长时间的激烈竞争与在非升即走制度下能否留到最后的问题，因此大多数毕业生都不会走学术路线。较为常见的路径包括：

进入设计单位、监理单位、工程咨询单位：最常见的去向之一，工作相对稳定，有项目在手时需要长时间加班，性价比相比本世纪前十年有较大下滑但仍然较高。

进入甲方（主要指房地产企业和基础设施建设投资企业）：市场行情受国家

政策影响较大，近年来随着我国房地产市场管控而热度稍减，工作压力较大但收入更高，因此仍是相当一部分毕业生的就业首选。

转行进入计算机、金融一类行业：基于学科对数理基础的高要求，在一段时间的补课与实习后，这类转行通常并不困难。

选调进入政府部门：具体待遇视各学校政策而定，可能在我国政府对基础设施方向的重视加成下略有优势。

六、土木工程专业升学介绍

（一）土木类考研方向

方向一：岩土工程

岩土工程是运用工程地质学、土力学、岩石力学解决各类工程中关于岩石、土的工程技术问题的科学。这个专业理论性很强，侧重于土木工程理论方面的研究。随着城市建设的发展，城市空间日益紧缺，如何拓展地下空间、缓解空间紧缺成为人类亟须解决的问题，而这些都需要岩土工程相关知识的支持。岩土工程毕业生主要从事勘察、设计和野外工作，但与地质工程相比，岩土工程在勘察领域并不占特别优势。然而随着现代隧道、地铁工程建设的展开，地下空间的开发和利用的前景非常广阔。如过江隧道、跨海地下工程、沿海地区的软弱地质处理等，所以还有很多难点技术需要攻关。可见，岩土的发展空间还是很大的。

方向二：土木工程

土木工程是建造各类工程设施的科学技术的统称，在国家建设中属于基础建设行业。应该说，我们国家的基础设施还处在发展阶段，我们和西方发达国家相比有二三十年的差距。目前，我国基础建设的主战场是高速铁路、高速公路以及电站建设，水利建设等，这些行业每年吸收大量的土木专业毕业生。当然，更多的本科毕业生还是就业于各地的民营建筑公司和施工队。

方向三：结构工程

结构工程是研究建造各类工程设施的科学技术中具有共性的结构选型、力学分析、设计理论和施工建造技术及组织管理方法的学科。这个学科在整个都市与城镇建设领域中占有非常重要的地位。与土木工程专业的其他二级学科相比，结构工程在任何一所开设土木专业的院校都算得上热门。2007 年同济大学结构工程报考人数和录取人数比例大约为 5 : 1。就业好是导致"结构热"的主要原因。但目前结构工程报考人数多，人才需求趋于饱和，从长远考虑，岩土工程具有一定优势。

方向四：桥梁与隧道工程

桥梁与隧道工程学科是集设计、施工与工程管理为一体的具有很强实践性的工程学科，涉及工业与民用建筑、交通、水利、矿山、铁道及空港工程等基础设施建设领域。除了有许多与结构工程学科相同的基础理论外，在水文、地质、荷载作用、结构体系和基础工程等方面有一定的特殊性。毕业生可在桥梁与隧道工程、结构工程等土木工程领域从事教学、科研、设计、工程管理等工作。

（二）土木工程二级学科考研方向、难度

土木工程专业下设岩土工程、结构工程、市政工程、供热供燃气通风及空调工程、防灾减灾工程及防护工程、桥梁与隧道工程六个二级学科。

（1）岩土工程

专业介绍：岩土工程是以求解岩体与土体工程问题，包括地基与基础、边坡和地下工程等问题，作为自己的研究对象。它包含地质学、土力学、基础工程、地下工程四个综合学科。需要注意的是岩土工程是偏向于研究型的，除非读到博士阶段，否则很难取得一些科研成果。所以这个专业的工作形势不是太好。相较而言，结构工程比岩土工程要好一些。

（2）结构工程

专业介绍：结构工程，是隶属于土木工程一级学科的二级学科，主要运用力学方法对结构物进行分析与设计，并进行有关服役状态的评估。广义的结构工程研究对象是指地球表面或浅表地壳内的一切人工构筑物。狭义的结构工程则主要包括工业与民用建筑。简单来说，就是偏向于结构设计的，而不是去工地。所以结构工程是土木考研二级学科里面最热门的，同时也是考研人数最多的。

考研难度分析：结构工程的考研难度是土木二级学科中最高的，招生最多。一般推荐学生尽量报考老八校，土木工程这个专业非常看重学校学科排名实力，而且结构工程专业通常跨考考生比较多，但是这个专业对于力学的要求又相对较高，所以专业课学得不扎实的同学一般不建议考结构工程。

(3) 市政工程

专业简介：市政工程是指市政设施建设工程。在我国，市政设施是指在城市区、镇（乡）规划建设范围内设置、基于政府责任和义务为居民提供有偿或无偿公共产品和服务的各种建筑物、构筑物、设备等。城市生活配套的各种公共基础设施建设都属于市政工程范畴，比如常见的城市道路，桥梁，地铁，再比如与生活紧密相关的各种管线：雨水，污水，上水，中水，电力（红线以外部分），电信，热力，燃气等，还有广场，城市绿化等的建设，都属于市政工程范畴。

考研建议：研究生阶段主要涉及水处理研究，对结构方面的知识要求不高，所以相对来说适合力学专业课学的一般的考生报考，尤其适合本科学市政或者给排水专业的同学。该专业是土木工程 6 个二级专业中，就业前景是比较好的。

(4) 供热、供燃气、通风及空调工程

专业概况：这是土木工程类里考研相对比较容易的二级学科，暖通专业学生需要比较系统地掌握本专业领域必需的技术基础理论知识。它的就业环境在土木专业里相对较好，且考研报录比不高。

(5) 防灾减灾工程及防护工程

专业介绍：专业的核心内容为工程结构抗震、结构抗风工程、结构抗火工程和抗爆工程等。一般报考防灾、减灾的比较少，算土木中报考人数较少的二级学科，全国大概 60 多个学校设有硕士点，招生学校比较少。专业课考结构力学或材料力学。

(6) 桥梁与隧道工程

专业介绍：该专业是集设计、施工与工程管理为一体的具有很强实践性的工程学科，旨在培养与工程建设领域相关的各种高级技术与管理人才。它在土木工程考研中，属于比较有发展前景的专业，但是招生学校偏少，大约只有 40

所院校设有硕士点。专业课考察涉及土力学／结构设计原理。国家对桥梁与隧道的建设、管养、维修加固依然有很大需求，所以就业前景比纯土木专业要广阔。

七、报考建议

（一）学科排名

土木工程专业学科评级来自2017年底教育部公布的第四轮全国土木工程学科评估结果。

扫二维码查看详细评估结果
（请看土木–表1–土木工程第四轮学科评估）

（二）报考建议

（1）建议报考土木类专业的同学一定要有目的性，例如对土木工程所学内容特别感兴趣或者已经在此方面有一定的专长，抑或是打算本科毕业即就业，且能习惯施工单位的工作环境与工作节奏。如果没有目标，建议不要盲目报考土木类专业。

（2）女生报考需慎重。虽说土木建筑行业体量巨大，一直以来也有女生的用武之地。但是这个行业的性质也决定了大部分女生比较难以适应该行业的一些工作。

（3）普通本科男生家庭条件一般且打算本科找工作的，土木工程是一个不错的选择。虽然本科毕业进入施工单位有很多缺点，但是进入央企、手拿同等学历同学羡慕不已的薪资待遇，已经性价比很高了。

（4）土木类专业一共6个，如果要进行推荐排名的话，笔者建议选择就业面广的专业。如土木工程、建筑环境与能源应用工程（暖）、给排水科学与工程（水）、建筑电气与智能化（电）。

原因一：土木工程就业面广。如果只是想读一个本科学历出来工作，并且学校很一般，那选择土木工程专业是一个不错的选择。土木工程是一个十分"接地气"的专业，涵盖房屋建筑、地下建筑、市政工程、道路、公路、铁路、运输管道、隧道、桥梁、运河、堤坝、港口、电站、机场、海洋平台、防护工程等。可以说，眼前所见的一切，都离不开土木打下的基础。只要和土木有关的学校，必然会设置土木工程专业，同时考研的时候，土木工程具有很大的优势，可以考到岩土、结构等多个方向，上升的学校选择也非常多。

原因二：前景向好，工作相对轻松。建筑环境是目前建筑研究的重点方向，之前的几十年大型土建，重点在于速度快和施工技术的坚挺。目前随着人们对日益增长的环境居住要求的增长，对于居住环境的改善也相应提出了更高要求。建筑环境与能源应用工程俗称暖通专业，给排水科学与工程属于建筑给排水管道的设计、建筑电气与智能化属于建筑内强弱电线路的设计，这三个可以归为建筑安装方面的学科。在未来工作中，应用和土木（建造类）一样广泛，只是属于配套专业，做不了主流。如果读了硕士可以选择设计院，不用跑工地也不用做主要负责人，工作相对轻松，生活相对规律。

原因三：相对轻松。大部分家长都不愿意让小孩做又苦又累的工作，道路桥梁专业除非转行做教师等，一般工作环境除了辛苦还有偏远。地下城市空间又有点危险，所以相比下来，做建筑类相关的土木，进入施工单位还是相对轻松的。但是土木类工作的辛苦程度和金钱是挂钩的，轻松的工作一般到手的资金也会少一些。

八、土木工程专业学长学姐说

对于土木专业的新生，首先需要在一年内搞清楚自己是否喜欢这个专业，如不适合的，尽快转专业，不要等到大三大四甚至毕业以后才觉得不想从事这个行业。笔者的建议是，如发现不适合的，转行尽早，可以少走很多弯路。

如决定未来深耕这个行业的，请一定重视学业课程，课程成绩是大多数人应聘考核的重点内容。

本科比较不错的，尽早确定读研的目标，有条件的甚至可以读博，当然这都是建立在对知识和学术强烈渴求的情况下。

注意关注土木与其他交叉学科和技术的应用，比如深度学习、智能算法等。实际上，这些领域在硕博阶段也是土木的一个分支方向。土木延伸的细分领域有很多，不要觉得土木除了力学就没有其他研究领域。

不要相信网上说的土木工程没有出路。走自己的路，相信这个行业，它会给你带来理想的回报。

九、相近专业介绍

一般情况下，土木类专业包含：土木工程、建筑环境与能源应用工程、给排水科学与工程、建筑电气与智能化、城市地下空间工程专业、道路桥梁与渡河工程。

（一）土木工程

土木工程这个专业是培养掌握各类土木工程学科的基本理论和基本知识，能在房屋建筑，地下建筑，道路，隧道，桥梁建筑，水电站，港口及近海结构施工的专业人才。很多家长和考生，容易非常狭隘地把土木工程理解成房地产，盖房子。但实际上土木工程设施种类非常多。比如说你经常会看到水电站，它也是一个土木工程设施，所以水利水电部的直属高校，有水利水电类专业的学校一般都会有土木；如果是交通大学，那它的土木其实主要强在桥梁与隧道；如果是矿业大学，它的土木其实主要是在地下建筑上使劲；那如果说是建筑大学，那么它的土木很有可能是在房屋建筑上。所以土木工程施工分成很多种，在报这个专业的时候，要看一下不同的学校，它的方向有可能是不一样的，那么土木工程是一个总的专业，下边会有一些细分。

就业方向：施工员、造价员建筑设计师、预算员、资料员、土建工程师、造价工程师、项目经理、电气工程师、机电工程师、安装造价工程师、暖通工程师、施工图设计师、给排水工程师等。

（二）建筑环境与能源应用工程

建筑环境与能源应用工程主要培养从事建筑环境控制，建筑节能和建筑设施智能技术工程领域，具有空调、供热，通风、建筑给排水，燃气供应等相关领域的专业人才。这个专业毕业后，大多数人都是在做中央空调。就这个专业来说，本科学习期间最重要的专业课其实是传热学，也会学土木工程的一些其他的专业课，比如像工程力学，结构力学材料力学，但是它也会多学一些传热学，它跟土木前面的基础专业课一样，就是大学物理，工程力学材料力学，所以基础专业课一样。但是在细微专业课上可能就不一样了。

就业方向：主要在建筑、新能源、房地产等行业，政府管理部门、科学研究机构、设计院、咨询公司、建筑工程公司、物业及能源管理、建筑节能设备及产品制造生产企业等单位从事建筑节能的研究、设计、施工、运行、监测与管理工作。

（三）给排水工程

给排水工程跟环境工程一般在同一个学院。市政工程给排水分成给水，排水和建筑给排水，这个专业大多数的人毕业会去土建公司，去做建筑给排水，还有一部分同学去了给水和排水。给水说白了就是自来水厂，排水说白了就是污水处理厂，或者是环境设备相关的一些工业厂家的污水处理设施，这个叫排水。因为需要让排放出去的水达到一定的排放标准，那么给水和排水都涉及水净化水处理。那么环境工程，它是用工程学的方法来解决环境问题，比如说水污染，大气污染固体废弃物污染。在解决水污染问题的时候，它跟给水和排水是相通的，所以这些专业它们是相同的，是同一类。给排水和环工的水污染处理问题是相同的，而环科则负责做环境评价，其实就是市政工程的人毕业以后能干环工，能干环科。环工毕业以后的人，能干环科干不了给排水，而环科毕业的人你只能干环科，你干不了环工，也干不了市政，市政环工和环科的话，应该是先报市政，就是先报给排水，再报环工再报环科的。

就业方向：给排水工程师、污水处理工程师、给排水设计、管线技术员、环保工程师、水处理工程师、研发工程师、施工员、安装工程师、给排水专业负责人等。

（四）建筑电气智能化

建筑电气智能化这个招生专业，招生院校比较少。建筑电气智能化是属于土木大类，不是属于电气大类。主要培养掌握建筑电气与智能化领域的基本理论和基本知识，具有工程实践应用能力和创新意识，能够从事与该领域相关的工程设计、工程建设与管理、应用技术研究与开发等工作的高级专门人才。主要学习电路与电子技术、控制理论、计算机应用技术、信息处理技术，通信技术，建筑设备、建筑智能环境学等较宽领域的基本理论和基本知识，掌握建筑供配电与照明、建筑设备管理、公共安全、信息设施与信息化应用、建筑节能等专业知识和技术，接受建筑电气与智能化系统设计与调试方法的基本训练，具备执业注册工程师基础知识和基本能力，能在设计院、工程公司和政府相关部门从事建筑电气及智能化技术相关的工程设计、工程建设与管理、系统集成、应用研究和开发等工作。

从事岗位：电气设计师、电气工程师、机电工程师、弱电\智能化工程师、建筑电气设计师、施工员、安装设计师、现场工程师、造价工程师等。

（五）城市地下空间工程

城市地下空间工程，招这个专业的学校，通常是土木或矿业比较好的学校。在研究生阶段这个专业叫岩土工程，结构工程是往上盖，岩土工程是往下走。但是这个专业也很有意思，如果对土建行业有一定了解的话就会知道地下空间成本更高一些，建设地下一层的成本大概是地上的三层成本，继续向下建设，成本还会再翻倍。很多大的商场，它的地下停车场，它的地下结构一般情况下不会超过三层。我们现在是往上要空间，往上要空间成本更低，往下要空间成本很高，因为地下什么都有。尤其是城市地下空间工程，地下空间设施极为复杂，包含各种市政管道、通信光缆、电力设施、地铁，等等，所以挖到什么程度，需要考虑对地面建筑的影响。

总体来说，就业方向广泛，可在城市地下铁道、地下隧道与管线、基础工程、地下商业与工业空间、地下储库等工程的设计、研究、施工、教育、管理、投资、开发等部门从事技术或管理工作。也继续深造可报考岩土工程、结构工程、市政工程、桥梁与隧道工程等专业方向的研究生。

（六）道路桥梁与渡河工程

道路桥梁与渡河工程，主要是国家交通运输网。中国的高铁里程和普速铁路的里程，还有我们的高速公路，从总里程讲应该都是全世界第一的，但人均不占优势。就一个地方而言它经过的高铁越多，通达的地方越多，这个地方经济就越发达，人流动越大，经济才能越发达，物资流动大时经济才能以更快的速度流转。

从事岗位：项目经理、施工员、技术员、市政工程师、测量员、市政施工员、监理员、资料员、安全员、施工技术员、道路桥梁设计师、监理工程师项目总工、测量工程师等。

第十五章　金融
——玩转"钱"的吸金专业

引言

一说起金融类专业，我们都会联想到电视剧里那些令人羡慕的白领以及各种摩天大楼，或者是"一秒钟百万上下"的金融市场操盘手。

在高考志愿填报中，金融类专业在文科、理科生中的报考热度一直居高不下，每年都有对金融专业非常向往、对金融行业的工作非常好奇的同学。那么金融类专业究竟是怎样的一门专业？大众对于金融类专业的误区有哪些？学习金融类专业的未来出路是什么？希望本文能够给广大考生和家长带来一个全面的解答。

一、金融学类专业介绍与特点

（一）什么是金融学类专业？

提起金融，大家可能既熟悉又陌生。一方面，在现实生活中，大家对诸如货币、利率、信用、存款、贷款、债券、股票、银行、保险、基金、外汇、互联网金融等许多金融范畴耳熟能详。另一方面又对诸如投资理财、利率调整、股市波动、物价上涨、金融泡沫、金融风险、金融危机、金融调控等金融现象和问题感到几分神秘和好奇，从而激发你探究其中奥秘的兴趣。金融发展到现代，已经成为现代经济的核心和国家重要的核心竞争力，渗透到社会经济的各个领域、方方面面。无论是个人、家庭，还是企业单位，还是政府和国家，都离不开金融服务，都要借助金融进行生产、生活、经营、公共事务和经济建设等活动。

金融，就其含义而言，是指以银行为中心的各种形式的信用活动及以信用为基础的资金融通。广义的金融包括与货币有关的一切经济活动。金融学就是研究金融现象和金融运行规律的学科，极具理论价值和实践意义。金融专业是研究人们在不确定性条件下如何跨时配置货币的一门学问，它利用金融工具将资金从资金盈余方流向资金稀缺方的经济活动。宏观来讲，金融学是经世治国之论。微观来讲，是一门玩转资金交易的技巧。

严格来讲，金融学是一门社会科学。经济学是金融学的理论基础，经济学也是一门社会科学，但并不像理工科学一样，经济学也好，金融学也罢，其理论内容往往无法被检验，更多的是归纳总结人类社会的一种规律。在人类的社会学中包含多学科，比如政治学、心理学、金融学，如果说政治学教会人们如何管控权力，那么金融学就教会人们如何管控金钱。

我国本科阶段的金融学类专业，隶属于经济学学科门类，是以市场经济中的各种金融活动为研究对象的专业。研究对象包括：货币流通和信用活动、金融市场运行和投融资决策、金融产品定价和风险管理、金融机构经营管理、金融宏观调控等。金融学，下设七个本科专业：金融学、金融工程、保险学、投资学、金融数学、信用管理、经济与金融。基本学制4年，符合学历者颁发经济学学士学位证书。

（二）金融学类专业的研究对象

金融学是研究不确定性条件下资金如何最优配置的学科，也就是如何最高效率地把资金供给者的资金配置给资金需求者，通过降低交易成本和提升配置效率提升整体社会福利，是一门非常具有实践意义的学科。其研究对象大致可分为宏观金融和微观金融两个方面。

前者包括货币需求与供给、通货膨胀与通货紧缩、金融政策、资金配置机制、金融监管、国际金融等。后者包括金融机构经营管理、企业筹资与资本运作、基础金融工具与衍生金融工具、金融市场的定价机制及投资者行为等。具体研究家庭、机构和政府如何获取、支出与管理资金及其他金融资产，属于应用经济学科。主要研究现代金融机构、金融市场和整个经济金融的运行规律，研究内容包括：关于银行、证券、保险等金融机构的理论与实务，关于货币市场、资本市场、国际金融市场的理论与实务，关于金融宏观调控及整个金融经济的理论与实务，以及关于金融管理特别是金融风险管理的理论与实务。更具体地讲：

（1）从金融产品（工具）上讲：主要是研究基础金融产品（如贷款、股票、债券等），以及建立在基础金融产品上的金融衍生工具的定价问题；

（2）从金融主体上讲：主要是研究实体公司企业的投融资问题，证券、基金、保险、银行、信托等金融机构的投融资问题以及各类监管部门的职能；

（3）从金融市场上讲：主要是研究借贷市场、各类基础产品和衍生品市场的功能、交易机制、运行效率和风险管理等。

（三）金融学类专业的前景解析

（1）优点

在我国，金融业处于快速发展中。中资金融机构和外资金融机构都需要大量的人才。即使不从事金融行业，掌握扎实的金融知识，对自己的职业生涯和自家的理财都有极大的帮助。

①在各行业的薪酬横向比较中，金融业的平均薪酬与福利最高。

②在全民市场经济的氛围中，金融业的从业者可以感受到正在从事着一份"体面"的职业。

③每日都工作在完全动态化的市场环境中。

④有能力的员工可以得到快速地晋升。

⑤优厚的待遇和休假福利。

⑥低损耗率，行业平均志愿周转率为 16%。

（2）报考时需考虑的因素

①工作时间长，工作压力相对较大。

②容易受商业及股票市场周期的影响。

③大公司高度结构化的环境容易让人有被隔离和被忽略的感觉。

④有些大公司不愿意改变程序和尝试新想法。

⑤时常会面临"道德"与"利益"的两难选择。

⑥金融业的体制完善，规章制度严格，不需要过多创新，只需要遵守。

二、对金融学类专业知识方面的误区

（一）家境一般的学生不适合学金融?

良好的家庭金融环境有利于提高大学生金融知识与金融认知行为水平。如果家人中有人从事金融相关的工作，父母的言传身教也能够为大学生学习金融知识提供良好的学习氛围，对于正处于学习阶段的大学生来说是一个良好的接收金融信息的重要途径。

虽然说家境对学习金融的加成比较大，能够让金融学类专业的学生的发展道路更加广阔。但是，家境并不是决定金融类专业学生的全部因素，还有很多影响因素，比如个人的努力程度、天赋能力，等等。

同时，金融行业也不全是依赖家庭背景的岗位，很多金融后台的工作，例如量化金融、行研等主要从事技术类工作，对家庭背景的依赖性很小。

（二）学金融就是到银行工作？

学金融的学生可以去银行类的机构去工作，包括国有银行、政策性银行、股份制银行、外资银行、城市商业银行等。

其实根据金融学的教学安排实行"宽口径"，毕业生的就业范围比较广，对不同的岗位的适应能力也很强的这些特点，学生能够在很多领域发光发热，比如各种监管类机构、金融公司、政策性银行、政府机构，等等。

（三）学金融专业就能找到好工作且收入高？

说到金融行业的就业，很多家长和学生会有一些误解，认为只要进入了这个行业就能有很好的发展，但他们忽略了竞争激烈这一点。据笔者所知，哪怕是一个普通柜员，也需要经历三到四轮面试。因为银行是服务行业，面试官除了看重面试者的学历，还需要考察语言表达、待人接物、长相身高等个人综合素质，但凡有一个方面不达标就会被直接淘汰。而且，在各类岗位的竞争中，还有很大一部分应聘者来自国内名校或是留学归国人员，还有一些应聘者是同行跳槽而来的，具备多年的工作经验。一个普通的应届毕业生想要成功进入银行系统实属不易。相比之下，应届毕业生进入证券公司、保险公司的门槛会低一些，但大多数毕业生进去之后都是从销售开始，前期的工作比较辛苦，只有成功积累下自己的资源之后，才有可能获得进一步发展。

（四）金融学专业是文科专业，只适合文科生报考？

金融学的课程设置主要分为几大类：一是数学类，比如高数、线性代数、概率论与统计、计量经济学等；二是会计类，例如会计学、银行会计、财务分析等；三是经济和金融类，比如西方经济学史、保险学、风险管理、财政学、国际金融学等。

从金融学的专业介绍以及主要课程中我们不难看出，金融学既涉及理科知识又涉及文科知识。但是总体来看，金融学对数学的要求还是比较高的，而且要学会运用数学解决金融问题，可以说，数学是金融学的核心之一。而文科相关的知识，则主要体现在经济学史、管理学以及一些基础和理论方面的课程，对于实践和应用来说不算核心部分。因此总体来看，金融专业更适合理科生，不过数学成绩比较好的文科生也是非常适合学习该专业的。

三、金融学类专业学习内容

（一）核心课程

（1）金融学

主要课程：西方经济学、国际金融学、货币银行学、金融市场学、世界经济概论、金融工程学、国际保险、信托与租赁、公司金融、证券投资学、商业银行经营与管理、金融统计分析、国际结算、国际经济法、国际贸易理论与实务、金融专业英语等。

（2）金融工程

主要课程：金融工程概论、金融经济学、公司理财、投资学、固定收益证券、微观经济学、宏观经济学、财政学、会计学、数学分析、高等代数、数理统计、c语言、网站开发技术、计算机应用基础等。

（3）金融数学

主要课程：数学分析、高等代数、解析几何、微分方程、概率论、数理统计、应用统计、多元统计分析、运筹学、数值分析、复变函数、实变函数、数学建模与数学实验、西方经济学、货币银行学、计量经济学、会计学、金融工程学、保险学、金融数学、计算机应用基础等。

（4）经济与金融

主要课程：投资学、国际金融学、微观经济学、宏观经济学、货币银行学、财务会计、计量经济学、应用统计、数学分析、线性代数、概率论与数理统计等。

（5）信用管理

信用管理专业主要的课程有信用管理学、管理信息系统、经济法、市场调查与分析、会计学、财务管理、国家信用管理体系、信用和市场风险管理等。

（6）保险学

主要课程：保险学原理、风险管理、财产保险学、人身保险学、精算学原理、非寿险精算、寿险精算、保险基金管理与运行、货币银行学、财务管理。

（7）投资学

学科基础课：财政学、会计学、统计学、政治经济学，微观经济学、经济法、宏观经济学、计量经济学、国际经济学、货币银行学、国际金融等。

专业必修课：国际投资学、投资经济学、投资项目管理、证券与期货投资、房地产投资学、公司理财与财务分析、金融工程学、保险学原理、投资银行学等。

（二）金融学类专业学习的乐趣与难点

乐趣一，换一个角度看问题。

站在经济金融学的角度上，可以换一个角度分析问题。比如：教育，很多人会认为，教育应该是政府全包的，所以经常看到有人鼓吹政府应该把各种学杂费全免。其实，用经济学的角度分析，私人管理教育也是一个有效的手段，因为学生的家长对于学校的监管会要求得更加严格。这就要求学校需要不断提供更好的教育来服务学生。

乐趣二，将经济学与其他学科结合起来学习。

其实经济学是可以向外延伸出很多分支的。比如行为经济学和行为金融学与心理学的关系，再比如公共选择理论和政治学之间的关系，以及其他的各路分支：管制经济学、信息经济学、制度经济学，等等。

乐趣三，掌握金融学的分析工具，可以自己分析问题。

对于生活中的大多数经济问题，比如定价问题、垄断问题、生产问题、劳动力问题等，在我们掌握了问题分析方法及分析工具之后都是可以自己进行分析的。可能别人看新闻只是看一个热闹，而你直接通过新闻看懂了背后的内在逻辑，其乐无穷。

四、金融学类专业适合哪些学生

金融是一个非常多学生选择的专业。在读学生也各自有所发展，所以很难具体说什么样的人适合这个专业。但大多数优秀的学生都有这么几个特质：

（一）自信，善于表达与沟通

学业上能够勇敢地提出问题，就一件事表达自己的看法，主动接触老师。实习和就业上需要大量与人交流、学习、协商、谈判。

从民间高利贷，到负责资产管理的券商、投行，经纪业务对口才要求较高，简单地说就是一名金融销售，能够把金融产品卖给个人客户、高净值客户，甚至是机构客户。当然，销售能力不算是金融行业特有的能力，但一定是赚钱的能力。

做销售的人一般都很外向，态度乐观，不能因为被客户拒绝了一次就一蹶不振。同时，金融领域很多"撮合"业务，也需要这种外向的人。

（二）进取心强

金融领域的专业知识海量，仅靠课内的学业是远远不够的。必须能够自己学习，不断学习新的知识，同时更新已学的知识，跟上充满可能性与变数的市场。

金融没定数，就像资本市场一样，你永远无法知道明天的股市是涨还是跌，只是要考量各种因素、管理风险，把损失降到最低，把收益提到最高。

所以积极进取、爱学习的人适合学金融。活到老学到老成为行业共识，不想被行业淘汰的话，就不能停止学习。圈外人都觉得做金融的人都是学霸，其实，哪个行业里没有学霸呢？金融人比其他行业的人更重视自我提升，尤其是在人工智能开始改变金融业发展的时候，大家争相报名学习 CFA，让自己变得更有价值。

（三）敢于挑战

金融领域人才海量，竞争激烈，工作强度大，学习内容广。许多优秀的同学也会常常在学习上吃苦头，如果要真正成为优秀的金融领域人才，需要不怕吃苦，敢于挑战困难。金融工作很辛苦，加班情况严重。但是，当你收到高额的工资时，你会觉得一切都很值得，所以人们才会不断涌入金融行业。

如果你喜欢朝九晚五的生活，金融工作确实不太适合你。不是加班就是出差的工作很锻炼人，也很累，但是对于成长和职业发展都很有帮助。你可以清楚地知道，干完这个项目自己挣到很多钱，辛苦这两年，你可以升职到一个更高的位置上。

最重要的是，想要实现自己的野心，不管是改变世界，还是给家人更好的生活，金融行业再合适不过。

（四）心态良好

金融专业学习的过程中会面临很多失败，例如学业上的困难、竞赛上的失意、科研学术上的批评、实习申请落选等。这些大部分是由于专业难度和竞争激烈，学生需要保持良好心态，不断提升自我，坦然面对失败。

（五）数理基础扎实

很多人提到金融的时候，都会想起数学，没错，数学很重要。虽然很多人在大学数学挂科，但仍无法质疑数学对于金融的重要性。

一些非常规的金融产品定价方面，比如金融衍生品的设计、销售和购买等，都需要一些比较复杂的数量化投资分析。如果你的数学好，从事这两个方面的工作就会很有前途。不过，学金融不等于学数学，只要能够熟练使用一些数学知识，帮助建模、分析就够了。

五、金融学专业就业介绍

（一）发展前景

金融学专业一直是经久不衰的热门专业。中国加入 WTO 后，所有金融机构包括商业银行、保险公司和证券公司对高层次金融人才的需求大幅增加。同时国内经济的发展和转型升级，也给金融业的发展带来了机遇。所以，金融学专业的就业前景还是比较乐观的。但也应看到，随着金融学专业的扩招，以及国内国际经济走势的不确定性，金融学专业的就业可能会出现两极分化的局面：一方面高层次复合型金融人才仍供不应求，薪酬看涨；另一方面，低层次的金融人才可能会出现过剩，导致就业率、就业质量下降。

金融学的教学安排实行"宽口径"，毕业生的就业范围比较广，对不同的岗位的适应能力也很强。传统金融业结合迅速崛起的互联网金融，给金融学类毕业生带来了许多新机遇，电子商务、新能源等行业对金融学毕业生的需求提高，同时，高端人才也更受行业欢迎。薪资方面，融资和资本运作、咨询服务类工作工资较高。

根据麦克思 2021 年度本科各专业就业指标显示，金融学专业本科毕业半年后的就业率为 90.4%，毕业半年后平均月收入 6173 元，工作与专业的相关度为79%。

（二）金融学类专业的就业金字塔结构

高收入是大多数人对金融业的固有印象，实际上金融业真正高收入的是金字塔顶端的岗位，最优质的那部分"金领"。如金融学子竞相争取的头部投行，从业 5～10 年可以实现年薪百万；高上限与高收入密不可分，平均收入已经远高于一般行业，成为高管后，年薪更高。

金融业高收入的印象，吸引大量学子毅然决然把未来押在这个行业，而金融业的增速是远远跟不上金融学子的增速的，这导致金融业尤其是顶端岗位的门槛被推至一般人根本难以企及的高度。圈内传言"清北复交，以下无金融"固然有些夸张，但如头部券商基金总部的优质岗位，确实是起步就要 985 及部分优质财经院校的硕士，同时还要求一定的相关行业实习经历，以及证书加成等，如下表所示。

表 15-1　国内知名证券公司平均薪资

单位：万元							
证券简称	2019年平均工资	2020年平均工资	2021年平均工资	证券简称	2019年平均工资	2020年平均工资	2020年平均工资
中金公司	90.46	123.98	116.42	中国银河	49.05	49.89	58.40
中信证券	77.29	85.09	94.70	中泰证券	46.59	52.97	56.07
华泰证券	72.24	94.64	88.57	国元证券	34.50	43.24	49.00
广发证券	53.67	75.25	84.08	中原证券	31.36	33.16	48.73
海通证券	68.96	69.12	78.45	方正证券	38.33	42.47	47.16

（三）金融学类专业就业方向介绍

（1）金融学类专业就业方向

①中央（人民）银行、银行业监督管理委员会、证券业监督管理委员会、保险业监督管理委员会等金融业监督管理机构。

②证券公司（含基金管理公司）、信托投资公司、金融控股集团等风险性金融公司。

③四大会计师事务所、四大资产管理公司、金融租赁、担保公司等。如果有在银行、证券的从业经历，进入金融租赁、担保行业中更有作为。

④保险公司、保险经纪公司。

⑤社保基金管理中心或社保局。

⑥上市（拟上市）股份公司证券部、财务部、证券事务代表等。

⑦政府行政机构如财政、审计、海关部门等；高等院校金融财政专业教师；研究机构研究人员等。

⑧银行及金融系统。除了商业银行、股份制商行、外资银行驻国内分支机构等。

（2）金融学类专业部分就业方向前景解析

①进入行业监督管理部门做金融官员，对于金融研究生而言是首选。首先，中国金融学是立足于宏观经济学，于金融市场宏观调控，专业应用较易入手，政策把握比较到位；其次，在行业管理部门做上三五年再入行到实践机构会有很大的优势。其局限在于：要进入这几个行业主管部门难度较大，本科生想进较难，除非确实非常优秀。

②进入国有四大商业银行是很好的选择。具备一定的银行业从业经验、专业背景，到股份制商行或外资银行驻华机构的可能性会增大。笔者的几个大学同学起初就是投身于国有四大行中，在城市股份制商业银行迅速发展起来之后，纷纷跳槽，并成为城市商业银行、股份制商行的中坚力量，很多成为中层管理人员，少数成为高层领导。城市商行、股份制商行的灵活务实、不论资排辈的干部任用方式，使得四大行成为其专业人才的好去处。

③政策性银行如开发行、农发行亦是较佳选择，其工作性质类似公务员，但金融业务并不突出，对于个人职业生涯的益处相对于行业监管部门、商业银行来说较弱。

④证券、信托、基金这三家均是靠风险管理经营的，存在行业系统风险因素，赚钱相对较易，短期回报较高，风险亦较大，且按真正的企业管理机制运行。这个行业对学历的要求在逐步提高，最低要求硕士学历，相对于银行等金融机构其个人投资管理、金融运营能力要求更高。

（3）金融学类专业具体就业单位

①政府机关和事业单位类：中国人民银行、中央（人民）银行、银行业监督管理委员会、证券业监督管理委员会、保险业监督管理委员会、国家发改委、财政部、商务部、上海证券交易所、深圳证券交易所，大连商品交易所、银行间交易商协会、各高校等。

②银行类：国有银行、政策性银行、股份制银行、外资银行、城市商业银行等。

③公司类：各个证券公司、基金公司、保险公司、资产管理公司、信托投资公司、社保基金等。

（4）金融学类专业具体可从事岗位

财务经理、客户经理、财务总监、会计、销售经理、财务主管、产品经理、投资经理、团队经理、销售代表、金融产品经理、理财经理等工作职位。在具体就业行业分布上，金融、投资、证券是许多金融学毕业生的首选，其次为互联网、电子商务，再次为新能源。

（5）金融学类专业部分岗位要求解析

①基金经理。随着更多的基金项目和基金管理公司的产生，社会将需要众多的基金管理人才，基金经理就是这一行当中的高层次人才，其职责大致可分为：负责某项基金的筹措、负责基金的运作和管理、负责基金的上市和上市后的监控。目前这方面的人才十分紧缺，职业前景值得被看好。基金行业的职业经理人又以基金经理需求最大，但要成为一名合格的基金经理并不容易。

职业要求：一般要具有硕士以上学历，有风险控制专业知识背景，还要具有较强的多学科、多行业分析判断能力，有敏锐的市场嗅觉，有丰富的实践经验，此外拥有 CFA 证书会有非常好的竞争力。

②金融信息化人员（包括运行监控员、网络管理人员）。现代金融业的发展离不开金融创新，而金融信息化是金融创新的源动力之一。从 2000 年开始，我国各大商业银行陆续开始了业务的集中处理，利用互联网技术与环境，逐步开通了我们所熟知的网上金融服务，如网上银行、网上支付等。

专业要求：对于有经济类、管理类背景的研究生而言，他们所具备的理工科与金融专业双料背景显得不可多得。系统地学习电子商务专业、计算机科学与技术、电子科学与技术、信息工程、金融、财务管理等课程后，这些人才更具优势。另外，对于有志于从事金融信息分析的人士来说，具有良好的中、英文读写能力也是必需的。因为各大金融公司引进的国外的技术、人才，都需要熟练地使用英语进行沟通与交流。

③证券分析员、金融研究员。主要工作是就证券市场、证券价值及变动趋势进行分析，向投资者或机构发布研究报告。

职位要求：系统学习过证券分析、金融学等知识的硕士生，最好还了解会计财务、审计知识，且有良好的客户沟通表达和专业文字能力。需要的证书：具有 CFA、CPA 之类的专业证书，以及通过中国证券业协会举办的证券分析师等专项业务资格考试会加分不少。

④金融工程分析师。金融工程是以现代金融活动为研究对象，以金融创新为核心，综合运用以数理分析为中心的现代金融理论、工具、技术与方法，创造性地解决金融问题的一门新兴金融学科，具有较强的应用性与技术性。

专业要求：要求具有硕士及以上学历，计算机专业和金融专业背景，可以熟练使用计算机，熟练掌握 MATLAB、EXCEL 等软件的复合型人才；能熟练掌握金融时间序列分析和随机分析理论；能熟练使用统计分析软件，如 SPSS 或 EViews 等；熟悉 Var、极值理论以及其他风险分析模型。

六、金融学专业升学介绍

（一）金融学类专业考研主要方向

金融学考研方向主要方向为：货币银行学、金融经济（含国际金融、金融理论）、投资学、保险学、公司理财（公司金融）。

（1）货币银行学，主要研究的是银行及国家货币政策相关的问题，这里的银行包括中央银行和商业银行等。

（2）国际金融学，主要研究的是国际收支、国际投资、国际货币流动和国际储备等问题。

（3）投资学，主要研究的是金融市场学的运作，以及在金融市场的投资等问题。主要包括证券投资、国际投资、企业投资等研究领域。

（4）公司理财，即利用各种分析工具来规划管理公司企业的财务状况等。

（5）保险学，主要研究的是用财务安排来分散不可预知的风险的学问。

（二）金融学类专业考研方向解析

（1）货币银行学，难度较大

该方向主要研究跟银行及国家货币政策相关的问题，这里的银行包括中央银行和商业银行，等等。

就业方向：通过专业名字就能猜到该专业的主要就业方向，那肯定是各大银行系统，当然除了银行，也可以去其他一些金融机构从事管理、培训研究等工作，也可以进入企业，从事金融管理工作。

复试科目：货币银行学 + 投资学

考察目标：

①货币银行学注重考查考生在货币、信用、利息、金融市场、金融机构、货币供求与均衡、金融宏观调控、金融监管等方面的知识。考生应能正确理解和掌握本学科中的有关范畴、专业术语和理论，并能把所学的理论与实践相结合，认识和分析我国的实际问题。

②投资学注重考查考生对证券市场的结构、功能、参与主体、证券市场中证券交易规则与制度、证券交易所与证券市场指数、资产的收益、风险及其度量方法等方面的基本知识。考生应能正确理解和掌握本学科中的有关范畴、专业术语和理论。并能把所学的理论与实际相结合，认识和分析我国的实际问题。

(2) 金融经济，难度最大

具体研究马克思、凯恩斯和斯密及当代著名经济学家所阐述的金融学原理；研究虚拟经济与实际经济的关联与影响；研究金融发展与经济增长之间的关系，分析金融政策的期限结构和动态反馈机制，以及各国银行制度与法规比较等。

就业方向：该方向就业范围比较广泛。毕业生主要去向是外向型投资银行、证券公司、保险公司、基金管理公司和商业银行等外资金融机构，以及中资金融机构的涉外部门、跨国公司投融资部门和政府经济管理部门等相关工作。

(3) 投资学，难度中等

投资学顾名思义，当然主要研究投资，具体还可以分为以下几个方向：证券投资、国际投资、企业投资等研究领域。

就业方向：投资学方向的毕业生主要有以下几个毕业去向：

证券、信托投资公司和投资银行从事证券投资，企业的投资部门从事企业投资工作，政府相关部门从事有关投资的政策制定和政策管理，高校、科研部门从事教学、科研工作。

（4）保险学，难度最小

银保监会将保险专业的教学模式分为"西财模式""武大模式"和"南开模式"，其对应的大学分别是西南财经大学、武汉大学和南开大学。

就业方向：保险学，虽然有保险两个字，但是可不只是卖保险的。其实，保险学真正比较好的就业方向有培训讲师、核赔核保人员和资金运作人员、精算人员。其中，保险精算师是最好的就业方向之一。

（5）公司理财，难度中等

又称公司财务管理，公司理财等。一般来说，公司金融学会利用各种分析工具来管理公司的财务，例如使用贴现法（DCF）来为投资计划总值作出评估，使用决策树分析来了解投资及营运的弹性。

就业方向：该专业毕业生就业面比较广，可以选择各类公司从事融资、投资工作。因为只要是公司，就会涉及公司理财。所以该专业也是一个就业比较好的专业，当然，除了公司，还可以去各大银行、证券公司、基金管理公司等金融机构从事实务工作。

（三）金融学类升学建议

跨过学历门槛：金融行业是一个很看重学历水平以及学历背景的行业。如果你不是名校毕业、没有研究生学历，就很难得到一份称心如意的工作，如投行、基金分析等。所以说，学历是个门槛，能不能跨过去关系到你能不能得到心仪的工作。

掌握核心技术：本科阶段和研究生阶段学习的内容有很大的差别。研究生阶段学的东西更有针对性，更适用于未来的工作。除此之外，研究生阶段也可以有时间考更多的证书如 CPA、CFA 等，也有利于未来找工作。

提升综合实力：除了学业水平方面，读研期间与老师、同学的交往也是锻炼人的过程。通过参加学术会议以及各项活动，你可以认识到不同的人，学到更多的人际交往技巧，为以后的职场生活做好铺垫。

当然，以上区别仅就未来还想从事金融方面相关工作而言，如果未来你想做别的工作，如销售等，研究生还不如本科有优势。

其实金融这个行业还是比较看重学历的，整体来看，金融研究生的就业整体好于本科生。

首先，很多金融行业的岗位在招聘的时候明确会指出要硕士及以上学历的人。在这种情况下，硕士毕业生就比本科毕业直接工作的学生有了更多的选择。尤其是那些比较优质、比较核心同时待遇也比较好的岗位，基本上设置的学历门槛都是硕士起步。即便是没有要求硕士的岗位，由于竞争太过激烈，本科生在招聘面试的时候也很难拼得过研究生。在筛选简历的时候，HR 也会秉持着硕士优先的原则。

其次，不同学历的人是同岗位但是不同薪酬的，其实不光金融这个行业是这样，所有的公司都是一样的，做同样的工作的话，硕士的起薪普遍要比本科生多一点。

再有就是日后晋升的时候，研究生在薪资谈判时候的筹码会比较大，在升职的时候也是，本科毕业生的职业天花板会比较低，研究生升职的可能性更高。

其实笔者觉得如果本科读的是金融，还是很有必要再进一步深造读硕士的，现在这个行业的现状就是这样，我们不能改变，只能去适应去调整自己。当然不排除也有一些本科毕业生也找到了很好的工作，但是毕竟是少数，从大方面来讲，硕士是整体好于本科生的。

（四）金融学类专业学术型、专业型硕士区别

（1）硕士类型不同

学硕是学术型硕士，属于普通研究生，学习方式以全日制为主，一般需要学习 2 ~ 2.5 年左右。金融专硕是专业硕士，属于在职研究生，报考方式是专业硕士，上课方式有周末班、集中班、全日制三种，一般需要学习 2.5 ~ 3 年左右。

（2）初试科目不同

无论是选择学硕还是专硕，都必须参加全国统一的硕士研究生入学考试，但学硕和专硕的考试科目不同。学硕的考试科目是政治、英语一、数学三、经济学；专硕的考试科目是政治、英语二、数学三或 396 经济类联考综合、金融学综合。其中英语一的难度大于英语二，数学三的难度大于 396 联考。

（3）课程设置不同

学硕属于学历教育，重视基础教育、素质教育和专业教育，偏重理论知识的掌握和学习，主要培养学术能力、科研能力、对研究成果要求较高。金融专硕属于职业教育，偏重于实务，学习目的是解决实际工作中的问题，提升工作技能。例如，学硕第一年会着重学习高级微观、高级宏观、中级金融理论、金融思想史；金融专硕更侧重于金融工具、计量经济学、统计学、证券投资的学习。

七、报考建议

（一）学科排名

应用经济学专业学科评级来自 2017 年底教育部公布的第四轮全国应用经济学学科评估结果。

扫二维码查看详细评估结果

（请看金融–表2–应用经济学第四轮学科评估）

（二）报考建议

高分段考生：清华大学、北京大学属于金融类专业中的"超级大国"，毕业生大部分直接进入外资银行或投资银行，少部分考研和出国。中国人民大学、中央财经大学、复旦大学、上海财经大学等属于第二梯队，毕业生就业也不是问题。中山大学、东北财经大学、对外经济贸易大学等属于高分段考生的第三选择梯队。从近年的分数看，高分段考生即使选择第三梯队，也会面临一定的竞争压力。这些名校的研究生也是非常难考，竞争激烈程度丝毫不亚于高考，其中北京大学的光华管理学院以及对外经济贸易大学的国际金融学专业，都名列中国最难考的五大文科专业之中。

中分段考生：金融类专业的报考热估计仍会持续，中分段考生要想爆冷冲击一流大学，难度会非常大。因此，一些财经类院校和综合类院校便是不错的选择。上海对外贸易学院和天津财经大学凭借其地理优势，师资力量雄厚，最近几年在各类高校专业排行榜的位置都比较靠前；西南财经大学和湖南大学的金融专业是"传统优势项目"，西南财经大学的金融学专业在1998年被评为中国人民银行行属重点学科，而并入湖南大学之前的湖南财经学院本身就是中国人民银行的行属高校，教学实力雄厚且行业内可利用资源丰富。此外，中南财经政法大学和厦门大学的该类专业也有不错的实力。

中分段考生如果一定要上金融类专业，报考本地招生数量多的院校则是比较保险的选择。

压线考生：压线考生报考金融类专业有一定的风险。如果在填报志愿时选择愿意接受调剂，往往得不到金融类专业的录取结果。

各地财经类院校，例如江西财经大学、南京审计学院、安徽财经大学等，这类院校的共同特点是开设金融类专业的时间长，专业教授多，毕业时的专场招聘会也比其他高校多，且当地的招聘单位一般都认这些"牌子"。这些院校可作为报考时的考虑对象。

八、金融专业学长学姐说

一，学金融不等于懂金融；二，金融行业80%的业绩是由10%的人创造的；三，执行力强，能让你眼前过得很好，但如果想走得远，那就要依靠持续的学习能力，跨界的持续学习能力，别无他法。

高考结束了，内心是不是充满着期待、兴奋、惶恐、迷茫，还有淡淡的焦虑？大学专业是人生一次比较重要的选择，又该如何选择？

第一点：在哪个城市读书很重要。

如果你只是想做企业的财务会计，在哪个城市读书都无所谓，如果你决心要成为一位金融精英，首先建议你选择城市。金融就是优质资源的配置，最优质的资源当然集中在一线城市，你遇到的机会、资源都会比其他城市要更多。

笔者见过很多从二、三线城市毕业的毕业生，都很优秀，但是没有根基，来到北京、上海从事金融行业，仍要经历艰难的煎熬阶段。

第二点：学校比专业更重要。

如果你决心要成为金融精英，对学校的选择远远重要于专业。学金融不等于懂金融，书本所学的知识很大程度上和时代都是脱节的。学校之所以重要，是因为你所接触的老师和学生，都是相对而言最优秀的一个群体，能够帮助你在潜移默化中更好地提升自己并且还能相互成就，这是一流学校能够带给你非常重要的无形资产。

第三点：学历是敲门砖，能力是护城河。

有非常详细的数据证明，金融行业里薪酬最高那部分群体，都有一个共同点就是高学历。学历绝对不代表能力，但是有很强能力的人肯定可以拥有高学历。如果你想在金融行业有所作为，建议提早规划继续深造考取硕士研究生。又有学历，又有能力，也会遇到更多机会。

第四点：基础专业更实用。

如果打算本科毕业就立即工作，建议最好不要读金融学，更不要读细分型专业。因为本科课程学得较为粗浅，进入社会后很难找到合适的定位，不如选择一些基础专业，比如财务、法律等，相对而言更实用。

第五点：执行力比专业本身更重要。

专业的人很多，名校出来的更多，年轻人也非常多，最终比拼的是看谁执行力更强。如果你的执行力更强，那也说明你具有非常好的自我管理能力，在这种条件下无论你学什么专业，未来在金融行业里都能把业务干得很出色。

第六点：金融学"大而空"。

金融学是应用科学下的一个二级学科，这门学科的外延是很广的，包括财务、法律、经济学、企业管理、数学、政治经济学等。所以单纯从所学的内容来说，金融学是比较"大而空"。这和会计学不太一样，会计学更加贴合商业的具体实务。如果只是本科阶段的学习课本知识，笔者认为是完全不能胜任实务工作的，因为所学的内容和金融行业的具体任务都有很大的出入。所以这就需要你更多地充实自己，多考一些行业的资格，当然如果你立志于要做学术，那就要尽可能多地发表论文。

第七点：金融业基础法宝是法律和财务。

法律和财务，这是从事金融行业的最基础工具。不论是专业人才，还是综合管理，至少得精通其中之一。如果通过了司法考试，又通过了注册会计师和CFA认证，就达到了金融行业的"黄金标准"。

第八点：金融业最注重实践。

金融行业是一个实践性非常强的行业，在读书期间实习经历非常重要，接触不同类型的机构，非常有助于了解自己，认识自己，更好地规划自己的未来。

第九点：文理科生谁更适合学金融。

金融学是一种介于文理之间的学科，既有理科的严谨，又有社科的特点。数学、英语、政治、经济、哲学、心理学这些，一定程度上讲都是金融学的工具学科。所以，无论你高中是文科还是理科，都可以学习金融。对于文科学生来讲，如果思维严谨、崇尚逻辑的人更适合学习金融；如果思维跳跃、天马行空，金融专业可能就不太适合。而对于理科学生来讲，如果对政治、经济、历史也比较有兴趣，对学习金融也是非常有帮助的。

第十点：金融从业的两大方向是资源和技术。

金融从业两大方向，一是资源类，二是技术类。简单来讲，资源决定做什么，技术决定怎么做。如果没有资源，那就要考虑做有技术含量的工作，数学、统计、物理，都适合未来从事技术方面的工作；如果有资源，财务、法律，这些专业都能让你未来可攻可守，可进可退。

第十一点：学金融不等于一劳永逸。

如果你是幻想着选择了金融相关的专业，将来就能坐在高大上的办公室，谈笑间讨论着世界经济，分分钟几千万上亿的交易，年薪百万轻松走上人生巅峰，那都是不切实际的，金融行业80%的业绩是由10%的人创造的！残酷的现实是，对于大多数学金融的人来说，很难从事到金融领域里面最高端的那部分工作，金融本科毕业能找到一个机构当客户经理已经很不错了，即便如此，也要面临非常残酷和激烈的竞争。

第十二点：养成持续学习的习惯胜过一切。

专业不对口，不是问题。出身不是名门，也不是问题。最核心的竞争力就是执行力加持续的学习能力，执行力强，能让你眼前过得很好，但如果想走得远，那就要依靠持续的学习能力以及跨界的持续学习能力，别无他法。

九、相近专业介绍

（一）金融学

该专业学生主要学习金融学基本理论和基本知识，受相关业务的基本训练。毕业生应获得以下几方面的知识和能力：具有一定的人文社会科学和自然科学基本理论知识，具备较好的科学与人文素养；有较扎实的学科理论基础，有处理银行、证券、投资、保险和信托等方面业务的实践能力；具有独立获取知识、提出问题、分析问题和解决问题的能力；有扎实的管理学、汉语写作、数学、计算机、外语等五个方面的基础和较强应用能力；有创新意识和创业能力，具有从事金融、经济管理专业业务工作能力和适应相邻专业工作的能力与素质。

本专业面向金融服务领域，通过引进国际先进的教育理念与教育资源，培养具有国际视野和较强创新实践能力，熟练掌握英语，有较强国际沟通技巧与能力，系统掌握经济和金融基础理论，具备投资、财务管理等方面的基本技能，熟悉金融管理和经济法律相关知识，适应现代市场经济与经济全球化发展需要，具有在银行、证券、投资、保险等各类金融机构、金融监管部门、金融中介组织从事金融管理和金融实务工作能力的德智体美劳全面发展的复合型高级应用创新型人才。

本专业是以融通货币和货币资金的经济活动为研究对象，具体研究个人、机构、政府如何获取、支出以及管理资金以及其他金融资产的学科。学生主要学习经济学、金融学、投资学等方面课程，能够熟练掌握英语和金融投资领域的国际先进理论与方法，接受金融理论、货币银行学、投资学、财务管理等方面基本技能的训练，具有从事金融领域工作所需的基本知识和综合应用技能。

主要课程有管理学、微观经济学、财务会计学、宏观经济学、金融学、计量经济学、金融市场学、公司金融、商业银行业务与经营、投资学、金融风险管理等，实践性教学包括军事技能、劳动实践、创业创新实践，金融认识及运营实习、专业课程实践与实验、毕业实习、毕业设计等。

随着人民币国际化进程和"一带一路"倡议的不断推进，迫切需要大量具有较高外语水平、熟悉国际金融规则，能满足人工智能、大数据、物联网、云计算为代表的新兴技术发展要求，同时拥有较高金融理论研究水平和实践工作能力的国际化复合型专业人才。学生毕业后主要就业方向包括银行、保险、证券、基金、信托和互联网金融等金融领域及各类经济管理部门，可以在政府部门、企事业单位以及国内外各类金融机构从事相关的业务和管理工作。

政府单位：进入发改委、商务局、财政局、金融办等部门和单位从事管理工作。考研进修：考取国内知名高校攻读硕士学位。出国留学：到国外名校留学深造。金融机构：进入中国建设银行、中国工商银行、中国农业银行、中国银行、国信证券、中信证券、中国人寿保险公司等金融机构从事管理类、金融类、财务类岗位。

（二）金融工程

该专业学生主要学习金融学、金融工程学导论、投资学、计算机编程与数据库应用、应用时间序列分析、固定收益证券、保险精算、证券投资等方面的基本理论和基本知识，受到相关业务的基本训练，具有从事金融产品开发与管理工作的基本能力。毕业生应获得以下几方面的知识和能力：具有一定的人文社会科学和自然科学基本理论知识，具备较好的科学与人文素养；具有较扎实的学科理论基础，具有合理的专业知识结构，掌握数据处理与数据分析等基本技能；具有独立获取知识、提出问题、分析问题和解决问题的能力；有较扎实的数学、计算机、外语、汉语写作等四个方面的基础和较强应用能力；有创新意识和创业能力，具有从事金融产品开发与管理工作的基本能力和适应相邻专业工作的能力与素质。培养德智体美劳全面发展，掌握经济、管理、法律及金融财务方面专业知识，具有扎实的金融工具运用、金融工具组合方案设计、金融产品定价分析及风险管理能力，能够在银行、证券及上市公司投资管理部门胜任金融风险管理、投资分析以及金融产品市场研究等工作，富有社会责任感，具有创新意识和创业精神的高素质应用型专门人才。总之，金融工程专业具有计算性、创造性和实践性的专业特点，未来具有广阔的发展前景。

金融工程主要是研究金融学基本理论、现代金融工程学理论及证券投资分析技术与融资操作等技能的应用经济学科。金融工程侧重于金融数量方法的研究，强调对于金融问题的分析、研究、应用能力和金融工程素质的培养，本专业学生在学习外语、计算机、微观经济学和宏观经济学等课程的基础之上，完成金融学、商业银行业务与管理、金融计量分析、金融风险管理、金融工程等专业课程的学习。

主要课程有高等数学、微观经济学、宏观经济学、计量经济学、统计学、经济法、金融学、财政学、管理学、会计学、商业银行业务与管理、金融风险管理、金融计量分析、PYTHON 语言程序设计、金融工程、公司金融、国际金融、现代征信学等。

信息时代，金融工程专业就业前景将日益广阔。综合运用金融理论、数学知识和计算机编程创造性解决金融问题，将会在金融产品设计、投资理财、绩效评估、风险管理、市场预测等领域获得高额收入。

目前就业方向为：

1.进入银行、保险公司。从事信贷结算、金融产品设计、理财咨询、风险管理等业务；

2.进入证券、信托、基金公司。从事证券分析、基金绩效评估、投资经纪等业务；

3.进入投资管理公司、公司投资部门或政府部门，从事项目投资、资产评估、风险控制、产业分析等工作。

（三）保险学

保险业是二十一世纪的朝阳产业，也是国民经济中最具活力及潜力的行业之一。随着国内保险市场的进一步开放和发展，保险主体的迅速增多，不仅国有独资的保险机构，而且股份制及民营性质的保险机构、外资及中外合资的保险机构，都将对保险学专业人才产生极大的需求。同时随着市场经济走向成熟和逐步与国际接轨，将涌现风险管理师、保险规划师、保险经纪人、保险独立代理人等各种新业态岗位人才需求，保险学专业人才培养与教育前景广阔。

该专业学生主要学习保险学方面的基本理论和基本知识，受到相关业务的基本训练，具有从事保险金融领域实际工作的基本能力。毕业生应获得以下几方面的知识和能力：具有一定的人文社会科学和自然科学基本理论知识，具备较好的科学与人文素养；有较扎实的学科理论基础，有处理保险业务的基本能力；具有独立获取知识、提出问题、分析问题和解决问题的能力；有扎实的经济管理、汉语写作、数学、计算机、外语等五个方面的基础和较强应用能力；有创新意识和创业能力，具有从事保险金融、经济管理专业业务工作能力和适应相邻专业工作的能力与素质。

主要专业课程有金融学、保险学原理、人身保险、财产保险、利息理论、寿险精算、非寿险精算、保险经营管理学、再保险、保险营销学、保险经济学、国际金融、行为金融学、公司金融、金融风险管理、金融市场学。

保险学专业毕业生就业去向多元，可在保险公司、保险中介机构、保险监管机构、银行与证券公司或其他企事业单位等，从事金融风险分析与管理、核保与理赔、保险产品设计和开发、保险运营与管理、保险监管以及相关行业的咨询服务工作，或在国内外高校继续攻读硕士学位。

（四）投资学

本专业方向是建立在经济学和管理学基础之上，与金融学、统计学、工程管理等学科密切相关的一门综合性、基础性、实践性的独立、交叉学科。本专业跟踪国内外投资与融资领域理论与实践前沿，系统研究投资与融资领域资本运行规律、投资决策与管理等相关问题。近年来分别在宏观和微观层次深入展开，在资本与技术创新、科技金融、工业化 4.0 与投资、基础设施投融资、投融资体制改革、投资项目管理、资本市场等领域都取得了较好的成绩。

该专业学生主要学习投资学的基本理论和基本知识，熟悉与投资学专业密切相关的经济学、金融学、数理分析等相关学科的基本知识和方法，受到相关业务的基本训练，具有从事投资领域实际工作的基本能力。毕业生应获得以下几方面的知识和能力：具有一定的人文社会科学和自然科学基本理论知识，具备较好的科学与人文素养；有较扎实的汉语写作、数学、计算机、外语等四个方面的基础和较强应用能力；具有较扎实的学科理论基础，具有合理的专业知识结构；具有处理金融投资与实务投资等方面的业务技能；能将投资学的基本理论和方法应用于实践，具有较强的投资分析、决策能力和创新精神。

主要专业课程有微观经济学、宏观经济学、管理学、会计学、统计学、金融学、金融市场学、金融经济学、投资学、保险学、国际金融、金融会计、金融风险管理、投资银行学、资产评估学、资产重组、投融资项目（实验）、公司金融理论与方法（实验）、证券分析（实验）等。

就业方向：本专业毕业生能够胜任商业银行、证券公司、保险公司、基金管理公司、投资公司、投资发展规划、互联网金融企业、信用评级机构，中央银行、金融监管部门，企业投融资或资产管理部门等工作。

（五）金融数学

金融数学（Financial Mathematics）又称数理金融学、分析金融学，其主要工作是利用现代数学工具对实际数据进行分析，为金融部门提供较深入的技术分析和咨询，从而指导金融研究和实践。金融数学的发展在 20 世纪两次引发了"华尔街革命"，催生了证券投资组合理论和期权定价公式，推动了期权交易的发展，改变了世界金融市场的格局。

近年来，金融数学的发展加速了金融产品的创新，使金融交易的内容日益丰富，金融数学专业人士也日益成为华尔街最抢手的人才，由此带来的是国外金融数学人才培养的蓬勃发展。芝加哥大学、加州伯克利大学、斯坦福大学、密歇根大学和纽约大学等著名学府都已经设立了金融数学相关的学位或专业证书教育。在亚洲，香港中文大学、科技大学、城市理工大学等学校较早开设了金融数学专业课程，开始了该领域专业人才培养，并得到了银行金融业界的热烈响应。

我国金融数学人才的培养工作起步较晚起步，直至 2012 年底，金融数学专业才第一次进入中国教育部《普通高校本科专业目录》，属于经济学学科下金融学类专业，毕业生授予经济学学士学位。金融数学是一门新兴的跨学科专业，利用数学工具研究金融，进行数学建模、理论分析、数值计算等定量分析，以求找到金融学的内在规律并用以指导实践。本专业主要培养系统地掌握金融数学的基本理论和方法，能在金融、保险、银行、证券等部门从事决策分析实务的高级人才，或在科研、教育部门从事研究和教学工作。学生毕业后从事经济、金融信息的分析预测和决策工作，或从事公司财务管理、证券组合分析、投资项目评估、保险精算等业务。

核心课程有数学分析、高等代数、概率论、数理统计、随机过程、微观经济学、宏观经济学、会计学、金融学、金融工程等。

（六）信用管理

信用管理专业是集金融业、会计、管理方法为一体的新兴技术专业，致力于培育具备信用管理基础知识和剖析能力，可以担任政府部门和企业信用等级现行政策制定、资信调查、信用评级和风险管控等有关作业的高端专业人才。信用管理专业规定学员具有坚实的经济学说和投资学基础理论基本知识，把握企业信用评级与信用管理层面的基本理论，了解概率统计和计量经济基本上统计分析方法，把握当代信用管理专业必不可少的基本理论专业知识、鉴定人和职位实际操作技术性与能力，能在政府机构、金融市场部、企业单位从业个人信用现行政策的制订、资信调查、信用评级、公司的顾客关系管理、风险管控等有关业务工作，及其在高等学校从业信用管理课堂教学、科学研究领域的工作中。

现阶段此专业非常小众，或是需看我国将来两年或是十几年的现行政策迈向，现阶段非常重视机构及自身的个人信用。可是假如等方方面面的管理体系都完善可能还需要较长时间，一个现行政策从执行到营销推广要经过较长的时段。报考这些技术专业算得上一步险棋。但是不一定非得去金融机构证券基金等企业，还可以去第三方的信用评级组织。现在在招标投标流程中许多招标会方都必须公司给予第三方评估组织出来的公司 AAA 个人信用报告。因此这一人才需要量也是非常大的。

（七）经济与金融

经济学对理解与指导中国经济的改革与发展、对帮助人们在日常工作与生活中进行理性决策都具有十分重要的作用。作为社会科学中科学性较强的一门学科，经济学本身的发展充满了活力，同时也对社会科学其他学科——特别是管理学、法学、政治学的发展起着重要的推动作用。经济学的研究和应用具有广阔的前景。金融则是经济学应用最为广泛与深入的领域之一。在原有"经济学"

和"金融学"专业的基础上，加以整合，开设"经济与金融"专业，经过四年本科学习，学生可为众多的职业选择打下坚实的基础。

经济与金融专业主要培养具有系统的经济学和金融学理论基础，掌握企业投融资的主要知识和方法，以及现代信息技术应用技能，熟悉国家经济与金融政策法规，具有国际化视野、较强的实践能力和一定创新意识的应用型人才。学生毕业后，在金融机构、企业及政府部门从事经济问题分析和金融实务操作，以及投融资等经济与金融工作，在国内外高校继续深造（包括攻读经济学之外的研究生），进入国家经济管理部门，服务于证券公司、投资银行、商业银行、保险公司、各类投资基金及管理公司等金融机构，以及在管理与财务咨询公司和大型企业就业，等等。

该专业既强调为学生提供一个扎实的基础，也重视让学生根据自己的兴趣与职业取向来选择专业课和其他学科的课程。基础课程包括经济学、金融学、会计与管理学基础理论课，数学和统计课，以及英语、写作与沟通、信息与网络技术等技能性课程。在基础课之上，该专业开设大量经济学与金融学（包括保险）专业课程供学生选择。该专业也鼓励学生选修其他院系的课程来开拓视野。

十、本专业有价值的一些小的信息卡片

金融学类专业与经济学类专业的区别：

（1）研究领域不同

经济学是一门研究人类行为及如何将有限或者稀缺资源进行合理配置的社会科学。金融学是研究公司、个人、政府与其他机构如何招募和投资资金的学科。

（2）内容不同

金融学包括宏观层面的金融市场运行理论和微观层面的公司投资理论。经济学概念并不明显，金融学是经济学的一个分支。

（3）就业方向不同

经济学毕业可以从事的行业有会计学、财务、证券、期货、投资、营销、市场、银行、金融、老师等。

金融学可以去商业性质的银行（包括中国工商、建设、农业银行等四大行）和招商等股份制商行、城市商业银行、外资银行驻国内分支机构以及证券公司（含基金管理公司、上交所、深交所、期交所等）。

（4）培养目标上的区别

经济学专业比较宏观，学习的知识也比较抽象，而金融专业的培养目标则比较细化，具体在金融的实际操作以及金融风险的防范等基本能力上。

金融学专业比较注重实际应用，比较具体，而经济学专业比较注重理论，偏理论研究一些。

后记 "

亲爱的同学和家长朋友们，行文至此，这本《学长学姐讲专业》的全部内容就告一段落了，希望各位同学和家长朋友们通过阅读本书，对常见的大学热门专业的学习内容、就业去向、升学情况以及未来规划等相关问题的疑惑能稍有减少。

本书为同学和家长们在有限的篇幅内尽可能详细地介绍了报考人数与报考热度较多的几个大学专业，通过我们对专业定义、常见误区、未来学习内容以及就业等方方面面的介绍，各位同学和家长朋友们可以对每一个专业了解得更为"立体"，就像六面的魔方一样，每一面都是我们精心准备的内容，并且每一面的内容都是独特的。

本书在撰写过程中力求高度的专业性，每个专业的内容撰写邀请的都是本专业内具有名校就读经历的顶尖学历人才，相信各位学长学姐的经历具有一定的代表性和参考性。同时，本书采用的数据也都是来自教育部或者各所高校官方网站等公布的数据，具有一定程度的权威性与客观性。

本书力求做到理想与务实的统一，各位同学们对大学生活一定是充满期待与憧憬的，所以我们邀请各位优秀的学长学姐在每个专业谈及专业学习的乐趣与难点，并给出切实的规划与建议。这既适合对大学充满了期待的同学们阅读，也适合家长朋友们辅助孩子填报志愿时阅读。

本书同时也做到了注重当下与拥有长远目光，志愿专业的选择不仅关乎学生是否喜欢大学学习的内容，也同样关乎学生未来的升学或者就业。所以本书一方面系统介绍专业的课程内容、特点、相似专业，另一方面也针对未来会发生的升学或就业进行了相关介绍，可以说这是一本贯穿从高考到大学的"实用之书"。

总而言之，《学长学姐讲专业》可谓是干货满满，它凝聚着从规划者到编写者到编订者最后到出版审核者的众多心血，是为即将脱离高中生活走向理想大学生活的各位同学们准备的一份充满诚意的礼物，也是为各位家长朋友们点亮的一盏明灯，抑或是给正在读大学却对自身专业不甚了解缺乏长期规划的同学的一本宝典。

最后，恭喜各位同学们离开寒窗苦读的十年学海，乘风破浪归向理想的海岸。一路上风浪不足惧，暴风骤雨也已停歇。长虹已在雨后晴日高悬，同学们又将赶往下一程长路。希望这本书能竭尽所能给备好行囊的同学们提供一张前行的地图，通过这张地图，同学们最终可以在理想的未来里找到埋藏已久的宝藏。